vim 7
GE-PACKT

vi improved

3. Auflage

Reinhard Wobst

vim 7 GE-PACKT

vi improved

3. Auflage

Bibliografische Information Der Deutschen Bibliothek
Die Deutsche Bibliothek verzeichnet diese Publikation in der Deutschen Nationalbibliografie; detaillierte bibliografische Daten sind im Internet über http://dnb.ddb.de abrufbar.

ISBN 978-3-8266-1781-2
3. Auflage 2008

Printed in Germany

www.mitp.de

Lektorat: Sabine Schulz
Fachkorrektorat: Mario Lorenz, Thomas Fichte
Sprachkorrektorat: Petra Heubach-Erdmann
Satz: DREI-SATZ, Husby

mitp

Inhaltsverzeichnis

Über den Autor

Reinhard Wobst studierte Mathematik an der Technischen Universität Dresden und hielt damals wenig von »Rechenknechten«, die sich mit Lochkartenstapeln herumplagen mussten. 1980 promovierte er auf dem Gebiet der stochastischen Prozesse und kam ungefähr zu jener Zeit erstmals mit interaktiven Computern in Kontakt, die ihn sofort infizierten. Die Computerkrankheit ist seitdem chronisch geworden. Als Unternehmer entwickelt er wissenschaftliche und kommerzielle Programme in C/C++ unter UNIX/Linux und schrieb bisher mehr als 200 technische Artikel über dieses Gebiet sowie über sein zweites Betätigungsfeld, die Kryptografie. Dort ist er auch durch sein Buch »Abenteuer Kryptologie« bekannt, das bereits drei Auflagen und eine polnische sowie eine englische Übersetzung erlebte.

V Vorwort

Wer nicht über zaubernde Kinder schreibt, sondern nur über Informatik, kann seinen Lebensunterhalt normalerweise nicht als Buchautor bestreiten. Das wusste ich, und dennoch stimmte ich dem Vorschlag des mitp-Verlages zu, ein Buch über den Editor *vim* zu schreiben. Woher dieser Altruismus?

Nun, ganz so uneigennützig ist das Projekt nicht gewesen. Die effektivste Lernmethode ist, so lehren uns die Pädagogen, anderen etwas beizubringen. Dieses Buchprojekt zwang mich zu einer mehr als gründlichen Beschäftigung mit einem meiner wichtigsten Arbeitsmittel: Ich begann bereits vor 20 Jahren, mit *vi* zu arbeiten. Dessen Erweiterung *vim* (der Begriff »Erweiterung« ist eine Untertreibung!) zählt zu den besten und stabilsten frei verfügbaren Programmen, die ich kenne. Daher hoffe ich, dass mich *vim* auch die nächsten 20 Jahre noch begleitet und sich so der erhebliche Aufwand rentiert, den das Schreiben dieses Buches erforderte. (Bei der dritten Auflage zeigt sich bereits, dass ich wohl richtig lag mit dieser Vermutung ...)

Außerdem – und jetzt wird es doch uneigennütziger – gab es bisher nur ein Buch ausschließlich über *vim*, Steve Ouallines »Vi IMproved - Vim« [OUA]. Das Buch ist gut, wenngleich manches Interessante darin fehlt, denn es behandelt nur die Version 5.7. Vor allem aber ist es sehr umfangreich, und man verliert sich schnell darin. Als Nutzer weiß ich, dass eine kompakte Übersicht auf Dauer mehr leistet. Dieses Buch hier ist der Versuch, eine solche Hilfe bereitzustellen. Angesichts des außerordentlichen Funktionsumfangs von *vim* kann auch dieses Werk nur einen Ausschnitt seiner Fähigkeiten zeigen (aus dem gleichen Grund sehe ich kaum eine sinnvolle Möglichkeit, alle behandelten Befehle in das Stichwortregister zu pressen, obwohl das einige Leser wünschten – die Online-Hilfe ist im Zweifelsfall der schnellere Weg). Ich habe jedoch versucht, möglichst überall auf die richtige, manchmal nicht leicht zu findende Stelle der Hilfeseiten zu verweisen. Das erlaubte, mich auf die wesentlichen Kommandos zu beschränken – nach meiner Auffassung natürlich.

Und trotzdem: Ohne äußeren Anstoß hätte ich nicht noch einmal ein Buch in Angriff genommen. Daher muss ich an erster Stelle dem Verlag für die Anregung danken und gleich an zweiter der Lektorin, Frau Sabine Schulz, die mich beim Auslöffeln der selbst eingebrockten Suppe immer wieder ermunterte. Auch der Setzer, Herr Andreas Franke von mediaService, hat seine liebe Not damit gehabt, das ziemlich schwierige Layout in eine verdauliche Form zu überführen.

Dies alles half noch nicht bei den Recherchen. Die wichtigste Unterstützung hierbei war mir der Autor von *vim*, BRAM MOOLENAR, der in vielen langen Mails geduldig meine Fragen beantwortete und mir so manchen Zusammenhang aufzeigte. Vor allem aber hat die tatkräftige Hilfe der Korrekturleser und Kritiker MARIO LORENZ (er war besonders fleißig!) sowie THOMAS FICHTE einen großen Anteil daran, dass ich abends mit halbwegs ruhigem Gewissen einschlafe, wenn ich an dieses Buch denke.

Frei von Fehlern kann es trotzdem nicht sein. Ich nehme gern Kritik und Anregungen entgegen. Eine aktuelle Liste von Fehlern und Ergänzungen und vor allem auch **alle längeren Listings** dieses Buches finden Sie auf einer der folgenden **Webseiten**:

```
home.wtal.de/rwobst/vim
www.mitp.de/1781
www.vim.org
```

Dresden, im September 2007 Reinhard Wobst

E Einleitung

oder: Für wen dieses Buch nicht zu empfehlen ist

Die Schar der UNIX- und heute auch Linux-Jünger ist seit Jahrzehnten in zwei unversöhnliche Lager gespalten. Dabei geht es um nicht weniger als die Grundsatzfrage, welcher Editor besser ist: der klassische *vi* oder das Powertool *emacs*. Wenn Sie also ein überzeugter *emacs*-Verfechter sind, dann wird dieses Buch höchstens einen Zweck erfüllen: Es kann zeigen, wie leistungsstark der Nachfolger *vim* des »alten *vi*« inzwischen geworden ist. Aber vermutlich werden Sie deswegen nicht zu *vim* wechseln.

Die zweite Gruppe der Nicht-Leser stellen die Anwender, die ausschließlich mit Applikationen arbeiten und gar keinen Editor brauchen, d.h. ein Werkzeug, mit dem man nur einfachen Text ohne jeden Schriftsatz erstellen kann (so wie man ihn in einfacher E-Mail verwenden sollte).

Die dritte Gruppe umfasst jene, die zwar einen Editor verwenden, aber sich mit einfachsten Arbeiten zufriedengeben – und woran sich auch nichts ändern wird. Behaupten sie jedenfalls.

Für alle anderen sollte es sich lohnen, wenigstens einige der in diesem Buch beschriebenen nützlichen Fähigkeiten von *vim* auszuprobieren. Vor allem die *vi*-Nutzer seien hiermit angesprochen, die unter Linux in der Regel schon mit *vim* arbeiten, oft ohne es zu wissen.

Speziell die Programmierer unter den Lesern werden viele hilfreiche Tricks entdecken können. Das Kapitel 1 gibt einige Anregungen und gleichzeitig das Rüstzeug, die Hilfe qualifiziert zu nutzen. Auf diese wird sehr oft Bezug genommen.

Dieses Buch soll keine Einführung für Anfänger sein, denn schon nach kurzer Zeit ist ein Nutzer kein Anfänger mehr und will dann nicht zwischen Grafiken und langen Textpassagen den Befehl suchen müssen, der ihm gerade weiterhelfen könnte. Das Werk will vielmehr neben der reinen Übersicht auch die Systematik zeigen, die hinter vielen Befehlen steckt (also die berühmten »Eselsbrücken«) und ebenso einen Überblick über die extreme Anpassungsfähigkeit und Erweiterbarkeit dieses Editors geben. Letztere wird an praxisnahen Beispielen vorgeführt, die Sie sofort übernehmen können: Alle Listings dieses Buches stehen unter der GPL-Lizenz (vgl. [GPL]) und können von den unten genannten Webseiten abgerufen werden.

Es ist jedoch nicht möglich und wäre auch ermüdend, sämtliche Kommandos und Fähigkeiten von *vim* in solch ein kleines Buch zu pressen. Das ist auch gar nicht nötig, denn es gibt eine außerordentlich umfangreiche Online-Hilfe, auf die man immer wieder zurückgreifen sollte. Allerdings stellt nicht nur die Fülle des Stoffs ein Problem dar, sondern auch die Abhängigkeit der einzelnen Themen voneinander. Das ist ein Henne-Ei-Problem, und ganz ohne Vorgriffe sowie Bezüge auf nicht behandelte Themen geht es nicht ab. Doch dies ist kein Lehrbuch. Scheuen Sie sich nicht, es kreuz und quer zu lesen und bei offenen Fragen in die Hilfe zu schauen.

Der Editor *vim* läuft unter einer Vielzahl von Betriebssystemen: AmigaOS, Atari MiNT, BeOS, DOS, MacOS, NextStep, OS/2, OSF, RiscOS, SGI, UNIX, VMS, Win16 und Win32 (Windows95/98/00/NT/Vista)– insbesondere aber unter Linux und FreeBSD. Aus praktischen Gründen wird hier UNIX/Linux im Vordergrund stehen. Getestet wurden alle Kommandos und Skripte mit *vim 6.2* und vim 7 auf KDE-Konsolen unter SuSE Linux 8.0 und 9.0. Die grafische Oberfläche *gvim/evim* wird deutlich kürzer kommen als das traditionelle, textbasierte Interface, denn ohne die Kenntnis des Letzteren sind auch *gvim/evim* nur eingeschränkt nutzbar, während die »wirklich interessanten Dinge« wie Formatierung und Automatismen sowieso textbasiert sind.

Wenn bei einem Beispiel angegeben ist, dass es nur unter UNIX funktioniert, so bezieht sich das automatisch auch auf Linux, nicht aber umgekehrt. Kommandozeilen werden von der Shell interpretiert und dürften – mit Ausnahme des *vim*-Starts selbst – unter Windows in der Regel nur Fehlreaktionen liefern.

vim ist freie Software. Jeder darf sie unentgeltlich nutzen und weitergeben. Sie steht jedoch nicht unter der sehr verbreiteten General Public License (GPL): *vim* ist Charityware – der Autor BRAM MOLENAAR bittet die Nutzer um Unterstützung für die Waisen in Uganda. Lesen Sie dazu in 9.3 nach. Außerdem behält sich Molenaar vor, Änderungen selbst zu integrieren, um kein Versionswirrwarr entstehen zu lassen. Ein »zentraler Versionsverwalter« ist bei Open-Source-Software nicht unüblich.

1 vim ist mehr als vi

Hilfe dazu: »:help help«

Dieses Kapitel ist sozusagen Vorspeise. Wer noch nicht mit *vi* oder *vim* gearbeitet hat, lernt zunächst einige der ersten Schritte – gerade so viel, wie nötig sind, um einfachste Aufgaben zu erledigen und vor allem die eingebaute Hilfe in Anspruch zu nehmen. Außerdem findet er hier eine willkürliche Auswahl interessanter Fähigkeiten von *vim*, die *vi* nicht beherrscht.

Pflichtlektüre ist jedoch 1.2.1, denn dieser Abschnitt erklärt die Benutzung der Online-Hilfe. Auf sie wird im gesamten Buch ständig Bezug genommen. Wie hier oben finden Sie vor vielen Abschnitten die wichtigsten Hilfeseiten, die zwar meist einfach zu finden sind, aber nicht immer. Nur wer auch die Hilfe-Vervollständigung und das Kommando »helpg« kennt, darf 1.2.1 ignorieren ...

1.1 vim im Schnellgang: Versionen, Navigieren, Editieren

Die ersten beiden Abschnitte dieses Kapitels gehen davon aus, dass Sie textbasiert arbeiten, also Kommandozeilen eingeben können (unter Windows müssen Sie dazu ein DOS-Fenster öffnen). In der Regel werden Sie unter einem heutigen Linux (etwa SuSE 8) als *vi*-Nutzer bereits mit dem *vim* arbeiten, auch wenn Sie es gar nicht wissen – *vi* ist in der Regel nur ein Synonym (Link) zu *vim*. Testen Sie zunächst, welche Version Sie haben:

```
vi --version | more
```

Nur die erste Zeile der Ausgabe ist interessant. Wenn Sie eine Version kleiner als 6 haben sollten, empfehle ich Ihnen dringend, sich bei Gelegenheit die neueste Version von *www.vim.org* zu besorgen und zu installieren (vgl. Kap. 9). Eine Reihe nützlicher, im Buch beschriebener Fähigkeiten wird sonst nicht verfügbar sein, wie z.B. Farbschemata, Ausnahmebehandlung oder XML-Unterstützung. Dieses Buch setzt auf der Version 6.2 auf. Sollte Ihr Editor kein *vim* sein, so können Sie unter UNIX mit »`type vim`« oder »`locate vim|more`« testen, ob *vim* überhaupt verfügbar ist.

Falls Sie bisher weder mit *vi* noch mit *vim* gearbeitet haben, dann sei Ihnen wärmstens das Kommando **vimtutor** ans Herz gelegt. Das ist eine interaktive Einführung, die etwa eine halbe Stunde in Anspruch nimmt. Wer sich dieser kleinen Mühe unterzieht, braucht 1.1 nur zu überfliegen. Je nach Konfiguration wird der vimtutor-Text in Deutsch oder Englisch erscheinen.

Eingefleischte *vi*-Anwender hingegen können den Rest von 1.1 überspringen. Sie merken meist nur an dem veränderten *undo*-Kommando, dass sie nicht mit dem »echten« *vim* arbeiten. Dazu mehr unter 1.2.

1.1.1 Navigieren

Der »Rest der Welt« sollte als Erstes navigieren lernen: Kopieren Sie dazu eine Textdatei »zum Spielen« in ein Arbeitsverzeichnis und starten Sie dann *vim*:

```
vim dateiname
```

In einem KDE-Konsolenfenster erscheint dann beispielsweise ein Bild wie in Abbildung 1.1.

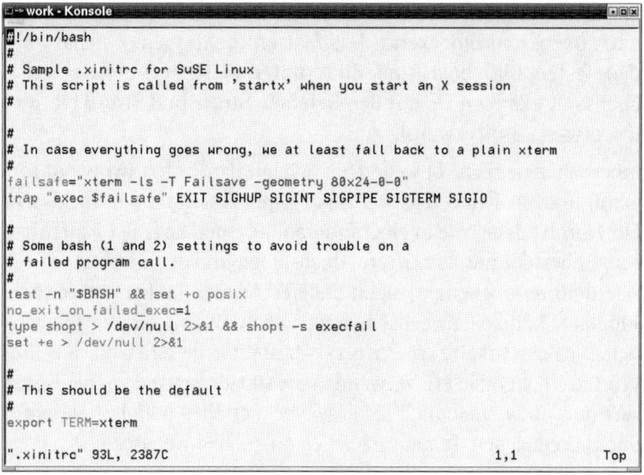

Abbildung 1.1: vim – der Normalfall

In der untersten Zeile werden der Dateiname und einige andere Informationen angezeigt. Diese Statuszeile spielt eine besondere Rolle bei *vi* und *vim*.

Nun können Sie sich erst einmal mit den **Cursortasten** frei bewegen. Das ist bei »echten« Experten verpönt, sie nutzen dazu die Tasten **h, j, k** und **l** (probieren Sie es aus). Ebenso können Sie sich mit der **Leertaste** nach rechts und mit der **Rücktaste** nach links bewegen: Unter *vim* führen meist viele Wege zum Ziel. Man sollte auf heutigen Systemen jedoch voraussetzen dürfen, dass die Cursortasten funktionieren. Bei der interaktiven Arbeit bedeutet das ein klein wenig geringere Anspannung während der Arbeit – ein Effekt, den man nicht unterschätzen darf.

Erreicht der Cursor den unteren Bildschirmrand, rollt dessen Inhalt nach oben, und umgekehrt. Das Blättern geht auch schneller: Mit den Tasten **Bild hoch** und **Bild runter** blättern Sie seitenweise. Ebenso gut können Sie mit den Befehlen **Strg/F** und **Strg/B** blättern (F=forward, B=backward).

Innerhalb einer Zeile bewegen Sie sich mit den Tasten »w« (word forward) und »b« (word backward) wortweise vorwärts und rückwärts. Ein Wort ist dabei wie in einer Programmiersprache (z.B. C) aufzufassen: Es besteht nur aus Ziffern, Buchstaben und dem Unterstrich »_«. Alle ununterbrochenen Folgen anderer Zeichen (außer Leerzeichen, Tabulator und Zeilenwechsel) werden ebenfalls wie ein Wort behandelt. Die Zeichenkette »`doc/usr.txt`« besteht in diesem Sinne aus fünf Wörtern (testen Sie es). Verwenden Sie stattdessen jedoch die Tasten »W« und »B«, werden die Wörter wie bei der Shell definiert: getrennt durch Leerzeichen, Tabulatorzeichen oder Zeilenwechsel.

Es gibt noch unzählige weitere Kommandos zum Navigieren, doch zum Bewegen auf den Hilfeseiten reicht das Gesagte bereits aus.

1.1.2 Modi und Editieren

Die Besonderheit des *vim* gegenüber anderen Editoren besteht in den so genannten **Modi**. In jedem Modus reagiert *vim* anders auf den gleichen Tastendruck. So bewirkt die Eingabe von **x** im **Einfügemodus**, dass das Zeichen x an der Stelle des Cursors in den Text eingefügt (bzw. am Ende angehängt) wird, so wie man es von Textverarbeitungen und vielen anderen Editoren her gewohnt ist. Im **Kommandomodus** (auch **Normalmodus** genannt) hingegen mutiert der Tastendruck zum Kommando: Das Zeichen unter dem Cursor wird gelöscht. Schließlich bewirken im Kommandomodus Zeichen wie :, / und ?, dass der Cursor zur Statuszeile springt und man dort so genannte *ex-Kommandos* eingeben kann (der Editor *vi* war ursprünglich eine Erweiterung des zeilenorientierten Editors *ex*, dessen Befehle heute noch auf diese Weise ausgeführt werden). Wir befinden uns im **Kommandozeilenmodus**. Nur von dort aus haben wir Zugriff auf Dateien und das Betriebssystem. Insbesondere erfolgt das Schreiben einer editierten Datei in der Regel von diesem Modus aus. Beim Start befindet sich *vim* standardmäßig im Kommandomodus.

Achtung! Vor der ersten Texteingabe müssen Sie also zuerst in den Einfügemodus wechseln (s.u.)! Das irritiert viele Neulinge.

Dieses Konzept mag exotisch erscheinen, doch es hat Vorteile: Die einzige Sondertaste, die *vim* unbedingt benötigt, ist die Escape-Taste »`Esc`«. Damit lässt sich der Editor noch an den exotischsten Terminals ohne Konfiguration nutzen und selbst dann, wenn eine Hand in Gips steckt (versuchen Sie damit beispielsweise einmal, `Umschalt/Alt/F6` einzutippen ...). Außerdem lassen sich die Buchstabenkommandos leichter merken, als es auf den ersten Blick scheinen mag.

Wie gelangt man nun von einem Modus in einen anderen?

- **Kommandomodus → Einfügemodus:** Kommandos zum Einfügen vor und nach dem Cursor (**i**=Einfügen, **a**=append), Editierbefehle wie **c**=change oder **s**=substitute
- **Einfügemodus → Kommandomodus:** `Esc`-Taste, `Strg/C`
- **Kommandomodus → Kommandozeilenmodus:** Taste »`:`« sowie »/« und »?« für Suchbefehle
- **Kommandozeilenmodus → Kommandomodus:** `Enter` (Ausführen des ex-Kommandos, automatische Rückkehr)

Weiterhin gibt es einen **ex-Modus**, in den Sie eher versehentlich geraten werden. Damit wird der *vim* zum alten, zeilenorientierten *ex*. Weil unsere heutigen Terminals Bildschirme statt mechanischer Fernschreiber sind, verlassen Sie diesen Modus so schnell wie möglich durch Eingabe von »`vi`«.

Wenn Sie über alle möglichen Modi und die Wechsel zwischen ihnen Bescheid wissen möchten, lesen Sie 1.2.1 über die Hilfe doch und geben dann »`:help vim-modes`« und »`:help mode-switching`« ein.

Theoretisch können Sie mit diesem minimalen Wissen bereits arbeiten. Probieren Sie es aus:

- Starten Sie *vim* wie folgt: `vim dateiname`
- Navigieren Sie mit den Cursortasten und blättern Sie mit `Strg/F` sowie `Strg/B` (oder auch »`Bild hoch/runter`«) seitenweise vorwärts und rückwärts.
- Löschen Sie Zeichen unter dem Cursor mit »`x`«.
- Fügen Sie Text vor oder nach dem Cursor mit den Tasten »`i`« oder »`a`« ein. Dabei gelangen Sie in den Einfügemodus, den Sie mit »`Esc`« wieder verlassen. Durch Drücken von »`Enter`« fügen Sie im Einfügemodus einen Zeilenwechsel ein.
- Ganze Zeilen löschen Sie mit dem Befehl **»dd«** (Taste `d` zweimal drücken).
- Sehr einfaches Editieren ist im »visuellen Modus« möglich – dazu im nächsten Abschnitt mehr.
- Nach Eingabe von »/« wechselt *vim* in den Kommandozeilenmodus. Tippen Sie eine Zeichenkette aus Buchstaben ein und drücken Sie `Enter`: Das nächste Vorkommen dieser Zeichenkette wird gesucht; danach springt *vim* wieder zum Kommandomodus zurück. Mittels »?« suchen Sie rückwärts. Die gleiche Suche in gleicher Richtung kann mit der Taste »`n`« wiederholt werden.
- Abspeichern der Änderungen und Verlassen von *vim*: »`:wq`« (oder »`ZZ`«); nur Verlassen: »`:q`«. Wenn Sie Änderungen vorgenommen haben und diese verwerfen wollen, müssen Sie »`:q!`« eingeben.

1.2 Was vi nicht kann: Hilfe, Undo-Stack, Farbe ...

Um die neuen Fähigkeiten auszuprobieren, darf *vim* nicht auf den Mode »vi-kompatibel« voreingestellt sein. Das merken Sie am einfachsten daran, ob das Undo-Kommando wie unten beschrieben funktioniert. Sollte dies nicht der Fall sein, geben Sie entweder das ex-Kommando »`:set nocp`« oder tragen in die Konfigurationsdatei `$HOME/.vimrc` (`_vimrc` unter Windows) eine Zeile »`set nocompatible`« ein. Wenn die Konfigurationsdatei vorhanden ist, startet *vim* in der Regel schon im gewünschten Modus. Falls nicht, hilft auch der Schalter `-N` beim Start:

```
vim -N datei
```

1.2.1 Die Hilfe

Der wichtigste Unterschied zwischen *vi* und *vim* besteht in der eingebauten **Hilfe**. Die Benutzung ist zwar anfangs etwas gewöhnungsbedürftig, aber nicht schwierig:

- Sie können *vim* ohne Angabe eines Dateinamens starten.
- Geben Sie das Kommando »`:help`« ein. Der Bildschirm teilt sich in zwei Fenster auf: Ein schmales unteres und ein breites oberes mit dem Hilfetext. Sie sehen eine kurze Einführung (ähnlich wie beim Kommando *vimtutor*) und sollten diese gleich testen. Bringen Sie den Cursor wie empfohlen zwischen die senkrechten Balken, das heißt, zeigen Sie auf das Wort »bars« und geben Sie **Strg/]** ein. Das ist auf der deutschen Tastatur leider nur umständlich zu erzeugen: Die (rechte) AltGr- und die Strg-Taste gedrückt halten und dann »9« tippen. Der Befehl entspricht dem Verfolgen eines Links in einem Webbrowser. Die Rückkehr zum Ausgangspunkt ist einfacher: **Strg/T**, und mit »`:q`« verlässt man die Hilfe wieder. Das Fenster verhält sich wie gewohnt, denn bei der Hilfe werden lediglich be-

stimmte Dateien mit *vim* in einem speziellen Modus geöffnet. Daher können Sie alle *vim*-Kommandos zum Navigieren anwenden.

Farbe: Die Hilfeseite sollte farbig erscheinen, weil das beim Navigieren sehr hilft. Sollte sie nur schwarz-weiß dargestellt werden, probieren Sie es mit dem Kommando »`:syntax on`«. Falls das nicht hilft, gibt es in 6.9.1 weitere Tipps.

Strg/]: Diese Tastenkombination erfordert auf deutschen Tastaturen ziemliche Fingerakrobatik. Sie können sich den Befehl auf eine noch freie Funktionstaste legen, z.B. F11, wenn Sie in `$HOME/.vimrc` folgende Zeile eintragen:

```
map <F11> <C-]>
```

(mehr dazu in 6.2 über Mapping).

- Blättern Sie mit `Strg/F` oder »`Bild runter`« eine Seite weiter. Dort sehen Sie gleich mehrere Inhaltsverzeichnisse hintereinander – eines für den Überblick, eines für die ausführliche Referenz und eines für die Seiten, die alles ganz genau und detailliert erklären. Viele Kommandos sind an mehreren Stellen der Hilfe aufgeführt und beschrieben, um die Suche nach ihnen etwas abzukürzen.
- Sie können auch direkt nach einem Thema oder einem Kommando suchen. Naives Vorgehen ist erlaubt: Versuchen Sie es einmal mit »`:help ^B`« (also erst »`^`«, dann »`B`« tippen). Dort wird das schon bekannte Kommando zum Rückwärtsblättern erklärt.
- An manchen Stellen erscheinen Stichwörter in Sternchen eingefasst, z.B. »`*initialization* *startup*`«. Diese Stichwörter können Sie nach »`:help`« angeben. Auch Wortteile reichen aus, wenn sie eindeutig sind, im genannten Beispiel »`:help init`«. Ansonsten kann man alle möglichen Fortsetzungen durchprobieren, wenn man wiederholt auf die Tabulatortaste drückt.

- Nach Optionen wie »hls«, die mit dem »set«-Befehl gesetzt werden, sucht man, indem man sie in Apostrophe einklammert: »:help 'hls'«.
- Durch bestimmte Präfixe lässt sich die Suche genauer spezifizieren: »:help v_u« sucht den Befehl »u« im visuellen Modus (2.7), »:help i_^A« (»^« = Deckelzeichen!) sucht »Strg/A« im Einfügemodus (i=insert); auch »i_CTRL-A« ist möglich, »:help :buffers« sucht nach dem ex-Befehl »:buffers«, »:help -o« sucht nach der Aufrufoption »-o«.
- Die Hilfe arbeitet recht tolerant. Einträge werden ebenso ohne die zuvor genannten Präfixe gefunden, bei Klein- statt Großschreibung und vor allem auch dann, wenn nur ein Wortteil angegeben wird. Es fragt sich dann nur, welcher Eintrag erscheint. Siehe dazu den nächsten Punkt!
- Testen Sie, was passiert, wenn Sie »:help change« eingeben, aber nicht mit Enter abschließen, sondern mit Strg/D: Alle Seiten mit dem Wort »change« im Titel werden angezeigt. Durch fortgesetztes Drücken der Tabulatortaste können Sie durch die Einträge wandern und einen mit Enter auswählen. Sie ahnen, welch erdrückende Funktionsvielfalt *vim* bietet. Zum Glück braucht man nur einen kleinen Teil davon – doch man weiß vorher nicht, welchen! Der Trick mit Strg/D ist deshalb manchmal ein wichtiger Rettungsanker.
- Lesen Sie, was unter »:help help« erscheint. Sie können auch ein bestimmtes Kapitel direkt ansteuern, z.B. mit »:help usr_41«. Und probieren Sie einmal »:help holy-grail«.
- Wenn alle Stricke reißen, nutzen Sie »:helpg *muster*«, wobei *muster* eine Zeichenkette oder allgemein ein regulärer Ausdruck ist (vgl. 2.6.3). *vim* führt eine Suche mittels *grep* nach diesem Muster über alle Hilfedateien durch. Ich empfehle, bei Erfolg das ex-Kommando »:cw« zu geben. Es öffnet sich ein neues Fenster mit

allen Suchergebnissen. Vorn stehen Dateiname und Zeilennummer, darauf folgt die Zeile mit dem gefundenen Text. z.B.:

```
change.txt|209| - When the 'cpoptions' option contains '$'
and the change
```

Wenn Sie den Cursor auf einen solchen Eintrag positionieren, brauchen Sie nur »Enter« zu drücken, um zur Hilfeseite zu springen. Alle Fenster lassen sich mit »:q« schließen. Lesen Sie in 2.9.3 über das Arbeiten mit geteilten Fenstern nach.

Ein praktisches Beispiel zum letzten Punkt: Um drei Wörter durch neuen Text zu ersetzen, gibt man bei *vi* wie bei *vim* das Kommando »c3w« (auf das change-Kommando folgt ein Positionierbefehl, in diesem Fall »springe drei Wörter weiter«). Während *vi* jedoch den zu ändernden Text stehen lässt und dessen Ende mit einem $ markiert, löscht *vim* den zu ändernden Bereich sofort. Einen Kollegen irritierte das, er wollte gern sein gewohntes *vi*-Verhalten wiederhaben. Das naheliegende »:help change« brachte zunächst nichts, und ich wusste auch nicht so recht, wonach ich suchen sollte. Also fahndete ich nach der Zeichenkette »'$'«, die vermutlich in Nähe der richtigen Stelle auftauchen würde:

```
:helpg '$'
```

In der Tat: Es zeigte sich, dass »:help change« schon richtig war, nur hätte ich dort mittels »/'\$'« nach dieser Zeichenkette suchen müssen. Das führte mich an die Lösung heran, die »:help cpoptions« hieß. Dies alles erfordert zwar einige Kreativität, ist jedoch wesentlich leistungsfähiger als das umfassendste Stichwortverzeichnis im besten Referenzbuch.

Alles, was man über *vim* wissen kann, steht auf diesen Hilfeseiten; theoretisch wird damit dieses Buch überflüssig. Das Ganze hat nur einige kleine Haken:

- Die Hilfe ist in Englisch. Manche Nutzer stört das kaum, manche mehr – ändern lässt es sich vorerst nicht, denn alle Hilfeseiten zusammen umfassen etwa 3,5 Megabyte an reinem Text. Es hat sich noch niemand gefunden, der dieses Äquivalent eines vielbändigen Werkes übersetzt hat. Das ist bisher nur für das Tutorial geschehen sowie für die Fehler- und sonstigen Meldungen des Editors.
- Es ist nicht immer so einfach, auf Anhieb die richtige Information zu finden.
- Und nicht zuletzt sind die Hilfeseiten als Referenz gedacht. Das heißt, alle notwendige Information muss zwar enthalten sein, aber sie wird in der Regel mit sämtlichen Feinheiten erklärt, die oft gar nicht interessieren. Allein die Beschreibung der Optionen, die man mit dem ex-Befehl »`:set ...`« einstellen kann, umfasst über 6.000 Zeilen.

Aus diesem Grund beschränkt sich dieses Buch auf Übersichten, die sich in der Hilfe nicht oder nicht so leicht finden lassen, auf Tipps, Beispiele und Erklärungen – und es wird für weiterführende, oft verwirrende Details wiederholt auf den konkreten Hilfeeintrag verweisen. Wenn Sie also die Antwort auf eine wichtige Frage hier nicht finden, dann sollten Sie in die Hilfe sehen.

1.2.2 Undo

Ein weiterer wichtiger Unterschied zwischen *vi* und *vim* besteht im Undo-Kommando. Geben Sie in *vim* eine Zeile wie folgende ein:

```
eins eins zwei zwei drei drei
```

Dann löschen Sie nacheinander je eines der doppelt angeführten Wörter (z.B. per Kommando »`dw`«). Mit dem undo-Befehl »`u`« (natürlich im Kommandomodus, ggf. müssen Sie zuvor die »`Esc`«-Taste drücken) wird die letzte Änderung wieder rückgängig gemacht. Unter *vi* machte nun ein erneutes undo-Kommando die Änderung der Änderung rückgängig, stellte also den Ausgangszustand wieder her. Unter *vim* hingegen wird die vorletzte Änderung rückgängig gemacht – und so weiter. Dieser Undo-Stack hat unter UNIX/Linux und 32-Bit-Windows standardmäßig eine Tiefe von 1.000. Wer die Änderungsliste in umgekehrter Richtung durchlaufen will, muss `Strg/R` (»redo«) eingeben. Probieren Sie es aus! (Falls es nicht klappt: Lesen Sie die Bemerkung am Anfang von 1.2.)

Dieses Feature kann ungemein nützlich sein, z.B. beim Programmieren: Sie merken zu spät, dass Sie zu viel Code an Stellen gelöscht oder geändert haben, die Sie längst verlassen haben. Mit dem undo-Kommando können Sie ansonsten vielleicht unwiderruflich verlorenen Code wieder »hervorzaubern«.

»undo« ist das einzige Buchstabenkommando, das unter *vim* anders funktioniert als unter *vi*. Man gewöhnt sich aber sehr schnell daran, mehr noch: Es wird nach kurzer Zeit unentbehrlich.

1.2.3 Visueller Modus

Noch ein Leckerbissen für gestandene *vi*-Nutzer ist der so genannte **Visuelle Modus** (auch **Visual Mode** genannt). Die Anwendung ist äußerst einfach. Probieren Sie einmal Folgendes aus:

- Laden Sie einen beliebigen Text und platzieren Sie den Cursor mitten hinein.
- Tippen Sie »`V`« (Großbuchstabe!). (Auch »**v**« und »`Strg/V`« sind möglich, wie wir in 2.7 sehen werden.)
- Fahren Sie mit dem Cursor einige Zeilen abwärts. Alle überstrichenen Zeilen erscheinen in inverser Darstellung.
- Tippen Sie »`d`« zum Löschen. Die markierten Zeilen verschwinden.
- Machen Sie das Löschen mit »`u`« (undo) wieder rückgängig und geben Sie anschließend das Spezialkommando »`gv`« ein, das die letzte visuelle Markierung wieder hervorholt.

- Geben Sie das Verschiebe-Kommando »>«. Alle markierten Zeilen rücken nach rechts (der Betrag ist mit »:set sw=...« frei einstellbar). Ein Drücken der Taste ».« (Punkt), auch mehrfach, wiederholt die letzte Änderung. In diesem Fall rücken alle ehemals markierten Zeilen noch weiter ein.
- Selbst dieser Effekt lässt sich mit »u« komplett rückgängig machen!
- Markieren Sie erneut etwas Text, diesmal mit »v« (Kleinbuchstabe). Damit können Sie auch Teile einer Zeile auswählen.
- Tippen Sie »~« (Tilde). Dieses Kommando verwandelt normalerweise Groß- in Kleinbuchstaben und umgekehrt. Diesmal wird es auf alle ausgewählten Zeichen gleichzeitig angewandt.
- Machen Sie diese Änderung mit »u« rückgängig und geben Sie abermals »gv« ein.
- Tippen Sie wieder »u«. Das Kommando wirkt jetzt anders: Es verwandelt alle Buchstaben in Kleinbuchstaben.
- Sie sind nun zurück im Kommandomodus. Geben Sie »u« und »gv« ein, um zum Ausgangszustand zurückzukommen.
- Tippen Sie »c« (change): Der markierte Bereich verschwindet, Sie befinden sich im Einfügemodus und können den markierten Text ersetzen. Das ist zwar nicht immer die effektivste, aber für den Anfang einfachste Möglichkeit des Editierens. Wie immer verlassen Sie den Einfügemodus mit »Esc«.
- Verlassen Sie den Editor aus dem Kommandomodus heraus mit »:q!«.

Die Konvertierung in Kleinbuchstaben zeigte, dass der Visuelle Modus tatsächlich ein eigener Modus ist, ähnlich wie Einfüge- und Kommandomodus: Das gleiche Kommando »u« wirkt in jedem Modus anders. Der Visuelle Modus ist für »entspanntes« Umsortieren von Text genauso gut geeignet wie für das Formatieren von Programmteilen mit einem einzigen Tastendruck. – Wenn Sie durch v, V oder Strg/V versehentlich in den Visual Mode gelangten, können Sie ihn mit den gleichen Kommandos oder auch »`Esc`« bzw. »`Strg/C`« wieder verlassen.

1.2.4 Farbe

Vielleicht haben Sie bisher nur schwarze Schrift auf hellem Grund gesehen (je nach Voreinstellung Ihres Terminals – das hat nichts mit *vim* zu tun). Wenn das der Fall ist, rufen Sie nochmals die Hilfe von *vim* auf (»`:help`«) und geben folgendes ex-Kommando:

```
:so $VIMRUNTIME/syntax/syntax.vim
```

oder einfacher

```
:syntax on
```

Einige Teile der Hilfe sollten nun farbig werden, vor allem die in senkrechte Striche | eingefassten »Hyperlinks«. So arbeitet es sich leichter. Doch welche Vorteile Farben wirklich haben, zeigt sich spätestens beim Editieren einer C-, C++- oder HTML-Datei. Nicht mit »"« abgeschlossene Zeichenketten oder Tippfehler bei Schlüsselwörtern fallen sofort auf. Farben sind keine Spielerei, sie helfen bei der Orientierung und beim Vermeiden von Fehlern.

vim **unter Red Hat Linux** und **Debian:** *vim* setzt selbst die Umgebungsvariablen `VIM` und `VIMRUNTIME`. Wenn Sie von *vim* aus eine Shell starten, können Sie das leicht überprüfen. Unter mindestens einer Red-Hat-Linux-7.0- sowie einer Debian-Distribution (die sich offenbar an Red Hat anlehnte) funktionierte das aus unerfindlichen Gründen nicht. Pro forma handelte es sich zwar um *vim* 6.1, doch bei »`:version`« wurden unzählige Patches angezeigt. Vermutlich wurde er eigenwillig gepatcht. Mein Tipp: Es ist wirklich sehr leicht und keineswegs zeitraubend, *vim* selbst zu übersetzen und zu installieren – tun Sie das. In 9.2 erfahren Sie, wie das geht.

Natürlich ist es zu umständlich, diese Zeile jedes Mal einzutippen. Dazu gibt es Konfigurationsdateien, die in Kapitel 4 beschrieben werden. Legen Sie in Ihrem Homeverzeichnis (`$HOME`) eine Textdatei `.vimrc` an (`_vimrc` unter Windows) und schreiben Sie diese Zeile hinein. Fortan werden Farben automatisch aktiviert (allerdings auch bei Arbeit über das Netz).

1.2.5 Tastaturkürzel, Aufzeichnen (Recording)

Schreiben Sie einen beliebigen, kurzen Text mit ca. 40 Zeichen pro Zeile, ohne Einrückungen. Platzieren Sie den Cursor in einem Absatz und geben Sie das Kommando `gqap`. Der Absatz wird formatiert (mehr dazu in 6.7). Dieses Kommando ist zugegeben nicht gerade mnemonisch. Schon unter *vi* gab es für solche Fälle das **»Mapping«**, das heißt die Belegung von Sondertasten mit beliebigen Kommandofolgen. Unter *vim* ist Mapping nun freundlicher und flexibler geworden. Schreiben Sie

```
:map <F3> gqap
```

– im Folgenden bewirkt ein Druck auf die Funktionstaste F3 das Gleiche. Unter *vim* sind die Bezeichnungen der Sondertasten einfach zu merken: <F3> ist die Funktionstaste F3, <S-F3> bezeichnet »Umschalten/F3«, <CR> die Enter-Taste und so weiter. Schauen Sie unter »`:help keycodes`«, was *vim* alles versteht. Doch der Editor kann noch mehr: Geben Sie

```
:imap <F3> aua<Space>
```

ein. Nach wie vor formatiert »`F3`« den Absatz – im Kommandomodus. Wechseln Sie z.B. per »`i`« in der Einfügemodus und tippen nochmals »`F3`«: Nun wird das Wort »aua« mit angehängtem Leerzeichen eingefügt. Jeder Modus hat also zusätzlich eigene Tastenbelegungen. Nur wenn nichts anderes angeben wurde, benutzt *vim* eine eventuelle

Belegung per »:map«. Beliebige Tastenfolgen lassen sich so nachbilden. Selbstverständlich kann man schwierigere map-Kommandos in .vimrc oder in Skripten unterbringen, um sich Tipparbeit zu sparen.

Wie immer gibt es unter *vim* noch andere Möglichkeiten der »Abkürzung«. Eine besonders bequeme, *vi*-Nutzern unbekannte ist das **Aufzeichnen** von Tippfolgen. Gehen Sie erneut mit dem Cursor in einen unformatierten Absatz und tippen Sie »qa«. Nach dem »a« erscheint in der Statuszeile »recording«. Nun geben Sie von Hand gqap ein – das Kommando wird wie gewohnt ausgeführt – und brechen die Aufzeichnung mit »q« wieder ab. Im Folgenden können Sie mit @a die Tastenfolge gqap »abspielen« – so, als hätten Sie sie selbst eingetippt. Sogar die »gemappte« Taste F3 dürfen Sie dabei einsetzen. Das Aufzeichnen wirkt rein mechanisch.

Bemerkung: Wenn Sie KDE-Konsolen nutzen, dann achten Sie darauf, dass bei »Einstellungen > Tastatur« die xterm-Konsole aktiviert ist, falls Ihre Umgebungsvariable TERM auf »xterm« gesetzt ist, denn sonst werden die Funktionstasten nicht richtig erkannt. (Dies bestätigt die oben getroffene Aussage, dass sich ein auf jedem System nutzbarer Editor nicht zwingend auf Sondertasten verlassen sollte!) Oder Sie setzen TERM auf »linux« und aktivieren die Linux-Konsole.

1.2.6 Marken

Marken sind schon von *vi* her bekannt. Die Anwendung ist einfach: Im Kommandomodus setzt man an beliebiger Stelle mit »mb« die Marke »b«, und mit dem Kommando »`b« (linksgeneigter Apostroph und »b«) springt man wieder an diese Stelle zurück. Neu gegenüber *vi* ist jedoch das ex-Kommando

```
:marks
```

– es listet alle von Ihnen sowie die automatisch gesetzten Marken auf. Das macht das Leben leichter, denn Marken sind prinzipiell unsichtbar. Außerdem kennt *vim* noch mit Großbuchstaben bezeichnete Marken. Diese gelten über Dateigrenzen hinweg. Falls Sie beim Start also mehrere Dateinamen angegeben haben, können Sie mit entsprechenden Kommandos der Form »`K« zwischen markierten Stellen bequemer hin und herspringen, auch wenn sie nicht in derselben Datei liegen. Schließlich gibt es noch Ziffernmarken, die sich auf in früheren Sitzungen gemerkte Positionen beziehen ... doch dazu mehr in 2.4.7.

1.2.7 »Tabbed Windows«: Mehrere Fenster bei vim7

Wer mehrere Dateien nacheinander (oder gleichzeitig) editieren wollte, konnte sie in der Kommandozeile wie folgt angeben:

```
vim datei1 datei2 datei3 ...
```

Der Wechsel zwischen den Dateien musste relativ umständlich mittels der so genannten ex-Kommandos wie `:e datei2` erfolgen. Seit Version 7 bietet *vim* nun »tabbed windows« an, die schnell zu einem meiner Lieblingsfeatures avancierten. Starten Sie *vim* einfach mit dem Schalter »-p«:

```
vim -p datei1 datei2 datei3 ...
```

Und schon erscheint eine Reihe von »Tabs« oben am Bildschirm mit den Namen der Dateien (lange Namen werden abgekürzt). Der Wechsel zwischen den Tabs erfolgt mit den neuen Kommandos `gt` (vorwärts) und `gT` (rückwärts). Wenn in einem der Tab-Fenster eine Änderung vorgenommen und noch nicht abgespeichert wurde, erscheint ein »+« vor dem Dateinamen – man gewöhnt sich sehr schnell an solche nützlichen Kleinigkeiten. Auch das Transportieren von Textteilen (visuell markieren, Puffern mit y-Kommando) zwischen den Tabs wird ganz einfach, da sich alle Tabs die gleichen Puffer teilen.

Tabbed Windows waren einer der Hauptgründe, so schnell wie möglich auf allen Arbeitsumgebungen die neue Version 7 von vim zu installieren, was zum Glück einfach ist (vgl. 9.2.1).

1.2.8 Navigieren in Archiven und Verzeichnissen mit vim7

Schon Version 6 von *vim* erlaubte dank eines Standard-PlugIns, mit `gzip` komprimierte Dateien direkt zu editieren, doch *vim7* kann viel mehr: Editieren Sie einmal ein zip- oder tar-Archiv, oder auch ein komprimiertes tar-Archiv (tgz-Dateien, die zwar von UNIX/Linux stammen, aber von *winzip* ebenso verstanden werden). Anstelle eines »binären Gestammels« erscheint eine Liste der Archivdateien nebst Hilfetext oben. Sie brauchen nur einen der Einträge mit dem Cursor anzuwählen, ENTER zu tippen – und schon können Sie den Eintrag im Archiv direkt bearbeiten. Bequemer geht es nicht mehr!

Auch Verzeichnisse werden von Version 7 des *vim* verstanden. Tippen Sie einfach »`vim .`«, und schon können Sie Verzeichnisse wechseln und Dateien daraus editieren oder sogar ausführen. Ein kleiner »Explorer« ist also im *vim* nun eingebaut – und wie er bedient wird, steht oben am Bildschirm. Probieren Sie es einfach aus!

1.2.9 Weitere Unterschiede zu vi

Es ist nicht einmal im Rahmen der Hilfe möglich (und auch nicht so interessant), sämtliche Unterschiede zwischen *vi* und *vim* aufzuzählen. Wen ein grober Überblick über weitere, neue Möglichkeiten interessiert, der lese unter »`:help vi_diff`« nach und blättere möglichst gleich zum Punkt 4 vor.

1.3 Grafische Oberfläche: gvim, evim

Wenn Sie *vim* unter dem Namen *gvim* starten, wird ein neues Fenster geöffnet, das zum Beispiel wie in Abbildung 1.2 aussieht.

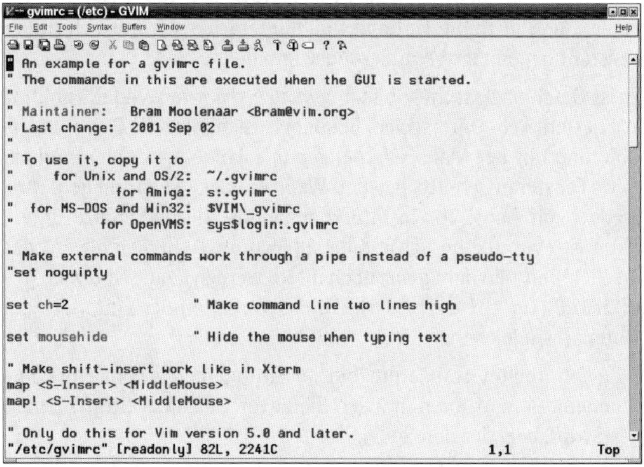

Abbildung 1.2: gvim, die grafische Version von vim

Die Bedienung ist intuitiv, und obendrein funktionieren alle gewohnten *vim*-Kommandos. Zusätzlich können Sie den Cursor bequem mit der Maus setzen und durch Überstreichen eines Bereiches sogar Text markieren (*gvim* wechselt dann automatisch in den Visuellen Modus). Die Icons werden in der Regel durch kleine Hilfe-Ballons erklärt, wenn man den Mauszeiger kurze Zeit darauf hält. Stöbern in den Menüs lohnt sich. Interessant ist für »echte« Gurus z.B. »`Tools > Convert to Hex`«. Die Schriftart kann man unter »`Edit > Select Font`« einstellen; es empfiehlt sich, den Fontnamen aus dem Reiter »Schriftinformationen«

per *Copy & Paste* in eine Konfigurationsdatei `$HOME/.gvimrc` zu übertragen, in der Form:

```
set guifont=...
```

Allerdings lässt sich damit nicht die Schrift der Menüeinträge einstellen, und auch die Farbe des Bildhintergrunds zeigte sich bisher resistent gegenüber Veränderungswünschen.

Es ist Geschmackssache, ob man *vim* oder *gvim* verwendet. Funktional besteht kein Unterschied. Bequem ist sicherlich die Cursorpositionierung mit der Maus, allerdings nur, solange man sich innerhalb eines Fensterausschnitts bewegt. Wenn es dagegen darum geht, Anwender mit Angst vor Tastaturkommandos an *vim* heranzuführen, dann ist **evim** die gesuchte Killerapplikation. Äußerlich gleicht das Erscheinungsbild dem *gvim*, doch intern werden einige Optionen gesetzt (z.B. »`:set insertmode`«), die das Verhalten des Editors einem Notepad angleichen:

- *evim* arbeitet standardmäßig im Einfügemodus. Um ein Kommando auszuführen, müssen Sie zuvor jedes Mal **Strg/O** geben (**Strg/L** beendet den Spuk).
- Die gängigen Cut-, Copy- und Paste-Befehle (`Strg/X`, `Strg/C`, `Strg/V`) funktionieren.

Die Manualseite warnt: »*evim* ist nur für Nutzer gedacht, die mit *vim* nicht wie üblich arbeiten können. Das Editieren wird viel ineffizienter.« Und zum Abschluss folgt noch die höhnische Bemerkung: »Auch als 'vim für Einfaltspinsel' (=*gumby*, eine Gestalt aus Monty-Python-Filmen – R.W.) gedacht. Wenn Sie *evim* nutzen, erwartet man von Ihnen, dass Sie ein Taschentuch mit Knoten in den Zipfeln auf dem Kopf tragen.«

Aber das brauchen Sie dem Anwender, den Sie von *vim* überzeugen wollen, ja nicht zu sagen.

2 Aufruf, Einfüge- und Kommandomodus

Dieses Kapitel enthält die eigentliche »Bedienungsanleitung« von *vim*: alle Befehle im Einfüge- und im Kommandomodus. Von den ex-Kommandos können nur die notwendigsten erwähnt werden, denn diese gehören in das Kapitel 3. Ebenso stiefmütterlich wird die Konfiguration behandelt (obwohl sie die Arbeit erst richtig effektiv machen kann): Ihr ist Kapitel 4 gewidmet.

Die Befehle sind nach Funktionalität geordnet, innerhalb einer Gruppe alphabetisch. Oft wird der englische Begriff mit angegeben, von dem sich der Befehlsname ableitet. Wenn Sie wissen wollen, was ein bestimmter Befehl wie etwa »`Strg/K`« bewirkt, lesen Sie einfach unter »`:help ^K`« nach (»`^`« ist das »Deckelzeichen«; Sie können auch »`:help CTRL-K`« tippen).

Die im Folgenden häufig erwähnten Optionen der Form »`:set hls`« können Sie entweder als ex-Kommando von Hand eingeben oder – ohne den führenden Doppelpunkt! – in Ihre Konfigurationsdatei `$HOME/.vimrc` schreiben: Dann wird sie beim Start von *vim* automatisch gesetzt.

2.1 Start und Beenden von vim

2.1.1 Aufruf von vim

Im Normalfall wird man mit einem Kommando wie

```
vim [optionen] datei1 ...
```

starten (die Optionen dürfen fehlen – daher in eckigen Klammern –, und die drei Punkte deuten an, dass weitere Dateinamen folgen können). Existiert *datei1* noch nicht, wird sie von *vim* erst beim Abspeichern angelegt. Gibt man mehrere Dateien an, so werden sie der Reihe nach bearbeitet (vgl. 2.1.5, Beenden von vim).

Im Unterschied zu *vi* erlaubt *vim* auch ein Minuszeichen »-« als Dateinamen: Dann wird `stdin` editiert, was unter UNIX Tricks wie folgende erlaubt:

```
grep '^[1-9]+\.' out.txt | vim -
```

Dabei werden alle Zeilen, die mit mindestens einer Ziffer beginnen, gefolgt von einem Punkt, aus der Datei `out.txt` extrahiert und können mittels *vim* bearbeitet und nach Belieben abgelegt werden, ohne dass eine Zwischenspeicherung notwendig ist.

Des Weiteren kann *vim* auch unter anderem Namen gestartet werden:

- **gvim** und **evim** kennen Sie bereits aus Kapitel 1 (die gleiche Wirkung haben die hier nicht erwähnten Optionen »`-g`« und »`-y`«).
- **view** und **gview** (synonym zu »`[g]vim -R`«) startet den Editor im readonly-Modus. Diese Aufrufform wird dann genutzt, wenn man *vim* als Betrachter nutzt und sich gegen versehentliches Überschreiben einer Datei schützen will.
- **vimdiff** (synonym zu »`vim -d`«) wird in 6.12 behandelt.

Die anderen Aufrufformen finden Sie unter »`:help vim-arguments`« oder noch schneller unter »`:help ex`«.

Es kann vorkommen, dass *vim* nicht wie üblich startet, sondern eine Meldung der Form

```
Found a swap file by the name ".inhalt0.swp"
```

anzeigt und am Ende vier Möglichkeiten anbietet: nur zum Lesen öffnen, trotzdem editieren, wiederherstellen oder abbrechen. Meldungen dieser Art treten meist dann auf, wenn zwei *vim*-Editoren auf dieselbe Datei zugreifen (oder nach Abbrüchen, vgl. Option »`-r`«). Sie helfen, sehr gemeine Fehler zu vermeiden. Mehr dazu in 4.6.1.

2.1.2 Aufrufoptionen (Schalter)

Hilfe dazu unter »`:help vim-arguments`«

Aufrufoptionen, auch Schalter genannt, erlauben die Steuerung des Editors von der Kommandozeile aus und eignen sich daher besonders für die Verwendung in Skripten. Wie unter UNIX üblich, beginnen die meisten mit einem Minuszeichen »-«. Eine vollständige, aktuelle Liste aller Optionen gibt es außer von »`:help vim-arguments`« unter UNIX auch per »`man vim`«. Nach einzelnen Optionen können Sie mit Befehlen wie »`:help -R`« suchen. Manche davon werden Sie vermutlich kaum brauchen, z.B. zum Editieren in Hebräisch oder Arabisch, doch einige sollten hier gelistet werden.

-c *cmd* **+*cmd*** **--cmd *cmd***	*(command execute)* Das ex-Kommando *cmd* wird nach der Initialisierung ausgeführt. Beispiel: »`vim +$ out.txt`« (Positionierung auf die letzte Zeile beim Start). Alle drei Formen sind gleichberechtigt. Die Option darf bis zu zehnmal auf der Kommandozeile erscheinen.
-D	*(debug)* Start im Debug-Modus, um Fehler in *vim*-Skripten zu suchen, vgl. 5.9
-e -s **-es**	*(ex-mode, silent)* Start als ex-Editor (Schalter `-e`) und im Batch-Modus (Schalter `-s`, der nach `-e` erscheinen muss). Die Befehle werden von der Standardeingabe erwartet.
-i *datei*	*(info file)* Eine andere *viminfo*-Datei als die standardmäßige `.viminfo` wird benutzt (vgl. 4.6.2).
-M	*(modifiable off)* Dieser Schutz gegen Veränderungen wirkt besser als »`-R`« oder Start als *view*: Auch Modifikationen sind nicht mehr möglich, zusätzlich ist das Schreiben verhindert. Kann mit den ex-Befehlen »`:set modifiable`« und »`:set write`« umgangen werden.

-n	Kein Anlegen einer Swap-Datei *datei*.`swp` (vgl. 4.6.1). Sinnvoll aus Sicherheitsgründen beim Editieren verschlüsselter Dateien (siehe 7.3).
-p	Bei Angabe mehrerer Dateien werden diese gleichzeitig geladen und ihre Namen als Reiter angezeigt (»tabbed windows«, vgl. 2.9.4).
-r ***[datei]***	*(recover)* Nach einem Absturz (oder häufiger: versehentlichem Beenden einer Desktop-Sitzung) kann die abgebrochene *vim*-Sitzung wieder hergestellt werden. Man muss dazu im selben Verzeichnis wie vor dem Abbruch arbeiten. Ist kein Dateiname angegeben, werden alle `.swp`-Dateien angeboten (vgl. 4.6.1).
-R	*(readonly)* Setzen des readonly-Modus; mit gleicher Wirkung kann *vim* auch als *view* gestartet werden. Wie bereits unter 2.1.1 erwähnt, schützt man sich damit gegen *versehentliches* Überschreiben einer Datei – möglich ist es trotzdem, wenn man »`:w! ...`« eingibt. Wirksamer ist »`-M`«.
-s ***datei***	*(scriptin execute)* Ausführen einer mit »`-w`« oder »`-W`« erzeugten Kommandodatei
-S ***datei***	*(ex script execute)* Analog zur Option »`-c`«, nur dass ex-Befehle in der Datei *datei* untergebracht sind.
-T ***terminal-name***	*(terminal type)* Wenn beim Arbeiten über das Netz der lokale Terminaltyp nicht richtig gesetzt oder auf dem entfernten Rechner nicht verfügbar ist, kann diese Option helfen (vgl. »Problemhilfe« in 8.3).
-u ***datei***	Statt der üblichen persönlichen Konfigurationsdatei `.vimrc` kann eine andere angegeben werden. Das erlaubt komplexe Initialisierungen, ist aber auch ein potenzieller Angriffspunkt, dem *vim* allerdings weitgehend vorbeugt (vgl. »`:help trojan`«). Wenn *datei* die Zeichenkette `NONE` ist, wird keine Initialisierung durchgeführt; die Angabe von `NORC` überspringt nur das Lesen von `.vimrc`, lädt jedoch die PlugIns.

-w *datei* -W *datei*	*(write scripting)* Alle Kommandos, die Sie ausführen, werden in die Datei *datei* geschrieben und können mit »`vim -s` *`datei`*« auf eine andere Datei angewandt werden. Das erspart manchmal die Denkarbeit, ein ex-Skript zu schreiben. Falls *datei* schon existiert, wird sie bei -W überschrieben, wogegen `-w` nur Kommandos anhängt.
-x	*(encryption)* Verschlüsseln der Klartextdatei. Diese Option ist nicht zu empfehlen, denn die eingebaute Chiffrierung ist schwach (sie ist die gleiche wie bei *pkzip*), und es gibt ein frei verfügbares Crackprogramm (vgl. [ABKRYPT]). Sicherere Lösungen finden Sie in 7.3.

2.1.3 Initialisierung

Alle Details finden Sie unter »`:help startup`«.

Beim Start laufen bis zu zwölf Initialisierungsschritte ab, die auf der genannten Hilfeseite im Detail nachzulesen sind. Über einige sollte man allerdings Bescheid wissen, um den Editor richtig zu nutzen und sich manche Verhaltensweise besser erklären zu können:

- Als Erstes wertet *vim* die **Umgebungsvariablen** `SHELL` und `TERM` aus (unter Windows `COMPSPEC`, falls `SHELL` nicht gesetzt ist). Die zweite Variable ist vor allem bei der Arbeit auf entfernten Rechnern wichtig: Hat sie einen falschen Wert oder ist sie nicht gesetzt, erkennt *vim* z.B. keine Cursortasten. Auch die Schalter »`-T`« beim Start oder die Option »`term=`« können hier helfen. So lange jedoch alles wie gewohnt funktioniert, brauchen Sie sich nicht darum zu kümmern.
- Danach werden die **Optionen** ausgewertet, nach »`-c`« angegebene Kommandos aber noch nicht ausgeführt.
- Falls eine **Systemkonfigurationsdatei** gefunden wird, führt *vim* diese im vi-kompatiblen Modus (!) aus. Wo sich diese Datei befindet, verrät Ihnen das Kommando »`:version`«. Unter SuSE Linux 8 ist

das /etc/vimrc, doch nach der Übersetzung einer neueren *vim*-Version suchte das Programm die Datei in /usr/local/share/vim, und dort befindet sich standardmäßig noch keine. In meinem Fall störte das zwar nicht, doch es kann eine Quelle für langwierige Fehlersuche sein, z.B. wenn Sondertasten nicht mehr wie gewohnt arbeiten (/etc/vimrc enthält zahlreiche Mappings für Tastencodes).

- Beim Start mit der Option »-u NONE« wird auch die System-Konfigurationsdatei nicht ausgeführt.
- Erst jetzt werden die Befehle aus **$HOME/.vimrc** ausgeführt (unter Windows: $HOME/_vimrc), oder aber die in der **Umgebungsvariablen** VIMINIT angegebenen Befehle, die mit einem senkrechten Strich »|« zu trennen sind, was nicht bei allen Befehlen möglich ist (vgl. 5.1).

> Achtung! *vim* sucht zuerst nach VIMINIT, dann erst nach .vimrc ! Wenn VIMINIT definiert ist und .vimrc trotzdem noch ausgeführt werden soll, muss VIMINIT einen Befehl »so ~/.vimrc« enthalten!

- Dieser Schritt wird beim Start mit Option »-u NONE« ebenfalls übergangen.
- Anschließend werden die **PlugIns** geladen (vgl. 4.1).
- Danach liest *vim* die **viminfo-Datei** ein (vgl. Option »-i«), in der Informationen aus der letzten Sitzung wie Markenpositionen, Kommandos, Suchmuster usw. gespeichert sind (vgl. 4.6.2).
- Schließlich werden die mit dem Start verbundenen **Autokommandos** (vgl. 6.4) abgearbeitet und erst zum Schluss die nach Schaltern »-c« angegebenen Kommandos.

Was beim Start tatsächlich ausgeführt wurde, können Sie mit dem Befehl

```
:script
```

selbst nachprüfen.

PlugIns und andere Skripte werden in den in der Option »`runtimepath`« angegebenen Verzeichnissen gesucht. Sie können bei der Initialisierung wie auch beim Nachladen einer Datei selbst bestimmen, ob ein eigenes Skript vor oder nach den Systemskripten geladen wird, z.B. wenn Sie es in `$HOME/.vim/plugin/` oder aber in `$HOME/.vim/after/plugin/` unterbringen. Lesen Sie dazu Details in »`:help runtimepath`«.

2.1.4 Dateien und Puffer

Eine Datei ist grob gesagt eine Menge von Bytes, die das Betriebssystem verwaltet. Wenn *vim* sie bearbeitet, speichert er sie in einem **Puffer** ab. Dies ist also nur ein Speicherbereich, der den Namen der Datei trägt. Sie werden manchmal im Text Formulierungen wie »Sprung zur nächsten Datei« lesen, obwohl es genau genommen »Sprung zum nächsten Puffer« heißen müsste. Wo Verwechslungen drohen, wird aber der korrekte Begriff verwendet werden.

2.1.5 Einlesen, nächste Datei, Speichern, Beenden von vim

Normalerweise nutzt man ex-Kommandos, um Änderungen abzuspeichern, zur nächsten Datei überzugehen oder *vim* ganz zu verlassen. Die Ausnahme ist das Kommando »ZZ« zum Beenden, das wegen seiner Einfachheit beliebt ist.

Einlesen

:r *datei*	Einlesen der Datei *nach* der aktuellen Zeile. Um sie vor der ersten Zeile einzufügen, schreiben Sie »`:0r` *`datei`*« (die vorangehende »`0`« setzt den Cursor virtuell vor die erste Zeile).

Wechsel zwischen Dateien (Puffern)

:n	*(next)* Übergang zum nächsten Puffer. Nicht möglich, wenn Änderungen vorgenommen wurden.
:n!	*(force next)* Wie »`:n`«, nur wird der Wechsel erzwungen, und eventuelle Änderungen werden verworfen.
:prev **:prev!**	*(previous, force previous)* Analog zu »`:n`« und »`:n!`«, nur Übergang zum vorigen Puffer in der Liste
:rew **:rew!**	*(rewind, force rewind)* Analog zum vorigen Befehl »Zurückspulen« zum ersten Puffer in der Liste. Auch »`:first`« ist erlaubt.
:buffers	Anzeige aller Puffer. Die Erklärung der vorgesetzten Zeichen erfahren Sie unter »`:help :buffers`«.
:args	Anzeige der Argumente, genauer: der Dateinamen der Aufrufzeile.
[*zahl*]Strg/^	(»Dachzeichen« ^) Sprung zum Puffer *zahl*, falls ein Wert angegeben ist (Sie entnehmen ihn der Ausgabe von »`:buffers`«), ansonsten Hin- und Herspringen zwischen dem aktuellen und dem zuletzt benutzten Puffer. Sehr bequem zum Arbeiten mit zwei Dateien!

Speichern und Beenden

ZZ	Änderungen werden gespeichert, und *vim* lädt die nächste Datei, die in der Kommandozeile angegeben wurde. Ist man bereits bei der letzten Datei angelangt oder wurde nur eine angeben, bricht *vim* ab.

:w [*datei*]	*(write)* Abspeichern der Änderungen. Die Angabe des Dateinamens ist optional. Wird ein Bereich vor dem »w« angegeben (vgl. 3.2), werden nur die Zeilen aus dem Bereich abgespeichert. Damit kann man Dateien zertrennen oder auch nur eine Zeile abspeichern, wie in »`:.w oneline.txt`«. – Das Kommando »`:w`« sollte man beim Arbeiten in kurzen Zeitabständen geben, wenn man seine Ergebnisse nicht durch eine Fehlbedienung o.Ä. verlieren will.
:w! [*datei*]	*(force write)* Abspeichern der Änderungen, auch wenn die *readonly*-Option gesetzt ist (Aufruf als *view* oder `vim -R`), oder aber wenn der (optionale) Dateiname sich vom aktuellen unterscheidet und die Datei bereits existiert (es ist eine Vorsichtsmaßnahme von *vim*, das normale Schreiben dann zu verhindern). Ist die Datei schreibgeschützt, müssen Sie erst den Schreibschutz aufheben (mit »`:sh`« die Shell aufrufen oder einfacher »`:!chmod u+w %`« eingeben) und dann mit »`:w!`« abspeichern.
:w >> *dateiname*	*(append-write)* Wie »`:w`«, aber die Ausgabe wird an *datei* angehängt.
:x [*datei*] ***:x! [datei]***	*(exit)* Analog zu »`:w`«, aber der Puffer wird nur nach Veränderungen abgespeichert.
:q	*(quit)* Beenden von *vim* ohne Abspeichern. Sind noch weitere Puffer zu bearbeiten oder wurden Änderungen vorgenommen, verweigert *vim* die Ausführung.
:q!	*(force quit)* Wie »`:q`«, nur dass *vim* in jedem Fall abbricht und ggf. Änderungen verwirft.
:qa **:qall** **:qa!** **:qall!**	*(quit all, force quit all)* Wie »`:q`« und »`:q!`«, nur wird *vim* auch dann verlassen, wenn noch nicht alle Dateien aus der Kommandozeile bearbeitet wurden. Bei gesplittetem Fenster (z.B. beim Betrachten der Hilfe) Schließen aller Fenster. Wenn man also aus einer Hilfeseite heraus *vim* ganz verlassen möchte,sollte man »`:qa`« eingeben.

Diese Befehle können auch kombiniert werden. Gebräuchlich sind z.B. »:wq«, »:wq!«, »:xn« und »:wqa«.

Es kann vorkommen, dass *vim* das Speichern mit einer Meldung wie

```
WARNING: The file has been changed since reading it!!!
```

verweigert und rückfragt, ob man wirklich speichern will. Das ist eine sehr nützliche Vorkehrung: Beim Laden merkt sich *vim* nämlich die Modifikationszeit der Datei. Hat sich diese zum Zeitpunkt des Abspeicherns geändert, arbeitet vermutlich jemand anderes mit dieser Datei oder editiert sie gar. Antworten Sie nur mit »ja«, wenn Sie genau wissen, warum die Meldung erscheint.

2.2 Syntax und Systematik der vim-Befehle

Die Leistungsfähigkeit von *vi* wie *vim* basiert nicht zuletzt auf der flexiblen Befehlssyntax im Kommandomodus. Hat man diese erst einmal verstanden, lassen sich fast nach Belieben geeignete Kommandos bauen.

Die Standardsyntax ist recht einfach zu beschreiben:

```
["registername][zähler]befehl[positionierbefehl]
```

Dabei sind die Teile in eckigen Klammern optional und nicht immer zulässig. Im Einzelnen bedeuten:

registername	Einer der 26 Klein- oder Großbuchstaben, also kein Umlaut (in der Regel Kleinbuchstabe). Nur bei bestimmten Befehlen erlaubt, die Text in Registern löschen oder speichern. Dieser Text kann dann später wiederverwendet werden. Standard ist das namenlose Register. Mehr dazu in 2.8.

zähler	Eine positive ganze Zahl, die angibt, wie oft ein Befehl ausgeführt werden soll. Standard ist 1.
befehl	Der Befehl selbst, aus einem oder wenigen Tastendrücken bestehend
positionier-befehl	Ein Befehl zum Cursor-Positionieren; darunter zählen auch Suchbefehle. In Verbindung mit bestimmten Editierbefehlen.

Nachteilig ist, dass man das Kommando blind eintippen muss. Wenn man jedoch die Option »`:set showcmd`« interaktiv (oder – ohne Doppelpunkt – in `.vimrc`) setzt, sieht man rechts unten in der Statuszeile, was man gerade tippt. Zwar kann man auch Kommandos in Registern speichern und diese ausführen (vgl. 2.8), aber das ist für den normalen Gebrauch keine Option.

Wenn in den folgenden Tabellen auf der linken Seite mehrere Kommandos stehen, haben sie die gleiche Wirkung. Optionale Bestandteile stehen wie üblich in eckigen Klammern, Kursivschrift bezeichnet variable Bestandteile wie z.B. *datei*.

Beispiele für Befehle:

x	Löschen des Zeichens unter dem Cursor
3x	Löschen von drei Zeichen, beginnend ab Cursor
"a3dw	Löschen von drei Wörtern und speichern im Register `a`. »`w`« ist der Positionierbefehl »springe zum nächsten Wort«. Es wird also dreimal der Befehl »lösche ein Wort« ausgeführt. Mit gleichem Effekt hätte man in diesem Fall schreiben können: »`"ad3w`« (oder »`"ad3e`«, was logischer ist).

d/Win[a-z]*\.c	Löschen des Textes ab Cursor bis vor den Beginn des ersten Auftretens einer Zeichenfolge, die mit »`Win`« beginnt, eventuell gefolgt von Kleinbuchstaben, und mit »`.c`« endet. Dieser Befehl nutzt einen Suchbefehl mit einem so genannten regulären Ausdruck (vgl. 2.6.3); der Teil »`[a-z]*`« bedeutet: kein oder beliebig viele Zeichen aus dem Bereich »a-z«. Wie üblich bei Suchbefehlen springt nach Eingabe von »`/`« der Cursor in die Statuszeile. Dieses Kommando zeigt schon recht gut, wie universell *vi/vim*-Befehle kombiniert werden können.

Auch die Befehle selbst sind oft logisch und von einer englischen Bedeutung abgeleitet, z.B. `c` für »change« und `w` für »word«. Ein Großbuchstaben-Kommando wirkt meist analog zum entsprechenden Kleinbuchstaben, nur in irgendeinem Sinne »verstärkt« oder entgegengesetzt.

Beispiele:

- »`w`« positioniert ein Wort weiter in Sinne der C-Syntax, in der ein Wort aus Buchstaben, Ziffern und »_« besteht. »`W`« hingegen bezieht sich auf Wörter im Sinne der Shell, also Zeichenfolgen, die durch Leerzeichen, Tabulatoren und Zeilenwechsel getrennt werden.
- »`c`« ersetzt Zeichen bis zu der Stelle, auf die sich der folgende Positionierbefehl bezieht. »`C`« ersetzt bis zum Zeilenende.
- »`f`« findet ein Zeichen in der gleichen Zeile rechts vom Cursor, »`F`« sucht in der Gegenrichtung.

Sonderfälle, die sich nicht recht einordnen lassen, sind Kommandos wie »`dd`« (Löschen der aktuellen Zeile) und »`cc`« (wie `dd`, Übergang zum Einfügemodus).

vi hat fast jeden Buchstaben bereits mit einem Kommando belegt und damit für *vim* nicht viel »übrig gelassen«. Die Verwendung von »`V`« für den visuellen Modus ist sicherlich einprägsam, und dass »`q`« für den »Recorder« herhalten muss, lernt man schnell. Viele der neuen, nützlichen Befehle tummeln sich leider in der Schublade »`g`«, wovon man sich mittels »`:help g`« leicht selbst überzeugen kann. Zum Glück braucht man nur einige davon für die meisten Aufgaben, und Mappings erlauben, eigene Vorstellungen von Mnemonik zu verwirklichen.

Trotzdem gibt es noch ein paar Tastendrucke, die *vim* nicht als Kommando versteht, z.B. »\«. Diese erzeugen einen Warnton. Wenn Sie ein Kommando begonnen haben und es abbrechen wollen, können Sie das mit der Escape-Taste `Esc` oder mit `Strg/C` tun. Allgemein ist `Esc` unter *vim* der »Notanker«, der einen immer wieder zurück in den Kommandomodus führt.

Die Syntax der ex-Kommandos hat mit den genannten Kommandos nichts zu tun und wird in Kapitel 3 näher behandelt.

Den ultimativen Überblick über alle Kommandos bekommen Sie unter »**:help index**«.

2.3 Einfügen

Alle Feinheiten erfahren Sie unter »`:help insert`«.

Auch im Einfügemodus bietet *vim* gegenüber *vi* einige nützliche Erweiterungen wie z.B. das Benutzen der Cursortasten oder die Vervollständigung (die allerdings erst in 2.9.4 behandelt wird). Ich empfehle Ihnen, von Hand (als ex-Kommando) oder besser in Ihrer Datei `.vimrc` die Option »`set showmode`« zu setzen. Dann erkennen Sie in der Statuszeile, wann Sie im Einfügemodus sind.

2.3.1 Wechseln in den Einfügemodus

Beim Start befindet sich *vim* standardmäßig im Kommandomodus. Um Text einzugeben, müssen Sie erst in den Einfügemodus wechseln.

a	*(append)* Einfügen rechts vom Cursor
A	*(append after line)* Anhängen an das Zeilenende
i **Einfg**	*(insert)* Einfügen vor dem Cursor
I	*(insert before line)* Einfügen vor dem sichtbaren Zeilenanfang (also ohne führende Leerzeichen und Tabulatoren)
gI	Einfügen vor dem »echten« Zeilenanfang, also in Spalte 1
o	*(open)* Einfügen *nach der* aktuellen Zeile
O	*(open before line)* Einfügen *vor der* aktuellen Zeile

(Ich verwende alle diese Kommandos häufig, bis auf »`gI`« und die Einfügetaste.)

Bei allen diesen Kommandos kann ein Zähler vorgesetzt werden, der aber erst nach Verlassen des Einfügemodus wirksam wird. Das erscheint willkürlich, kann jedoch in Einzelfällen nützlich sein. Um z.B. in einer Leerzeile eine waagerechte Trennlinie aus 78 Minuszeichen unterzubringen, tippt man

```
78i- Esc
```

2.3.2 Arbeiten im Einfügemodus

Im Einfügemodus können Sie so schreiben, wie Sie es gewohnt sind – jedes druckbare Zeichen erscheint sofort auf dem Bildschirm. Beim Drücken der **Enter**-Taste wird eine neue Zeile begonnen, und die **Rücktaste** (Backspace) löscht Geschriebenes wieder, nicht jedoch Zeilenwechsel (das ist konfigurierbar, vgl. »`:help i_backspace`«). Im

Unterschied zu *vi* verschwinden bei diesem Löschen auch die Zeichen wieder vom Bildschirm, was ein entspannteres Arbeiten erlaubt. *vim* versteht eine ganze Reihe weiterer Kommandos im Einfügemodus, wie die folgende Übersicht zeigt. Zähler können Sie dabei natürlich nicht angeben, da getippte Ziffern als normale Eingabe aufgefasst würden.

Befehle zum Modifizieren

Rücktaste (Backspace)	Wie beschrieben, Löschen des gerade getippten Zeichens. Ob dabei auch Zeilenwechsel, automatische Einrückungen und bereits existierender Text gelöscht werden darf (standardmäßig alles nicht), entscheidet die Option »`backspace`« – vgl. »`:help bs`«.
Strg/A	Der zuletzt im Einfügemodus geschriebene Text wird nochmals eingefügt. Das erlaubt bequemes Editieren, wenn eine Zeichenfolge an verschiedenen Stellen eingefügt werden soll und man zu diesen Stellen am einfachsten mit den Cursortasten wechselt. Ansonsten ist das Punkt-Kommando »`.`« (Wiederholen der letzten Änderung) hier besser.
Strg/D	Umkehrung von `Strg/T`: Eine automatische Einrückung (s. Text nach der Tabelle) wird um einen Schritt verkleinert. Das ist wichtig beim Schreiben von Programmen.
Strg/K	Eingabe eines **Digraphen**, womit man Zeichen eingeben kann, die auf der Tastatur nicht vorgesehen sind. So können Sie mittels »`Strg/K C u`« das Euro-Zeichen € eingeben. Eine Übersicht aller verfügbarer Sonderzeichen gibt das ex-Kommando »`:digraphs`«.

Strg/T	Umkehrung von `Strg/D`: Eine automatische Einrückung (s. Text nach der Tabelle) wird um einen Schritt vergrößert. Das ist wichtig beim Schreiben von Programmen. Man kann zwar ebenso Leerzeichen einfügen, doch wenn die Schrittweite verschieden von 1 ist, justiert `Strg/T` automatisch auf den nächsten »Tabulator«.
Strg/U	Löschen des neu eingegebenen Textes in der aktuellen Zeile
Strg/V	Eingabe eines Zeichens, das sonst vom *vim* interpretiert würde. Beispiel: »`Strg/V Strg/A`« fügt ein »`Strg/A`« (ASCII-Code 01) ein. ASCII-Codes können auch direkt als Zahl eingeben werden: »`Strg/V 48`« erzeugt eine Null. Dabei empfiehlt es sich, »`:set showcmd`« zu setzen, damit man nicht blind tippen muss. **Achtung!** Der Code `10` (oder auch »`Strg/J`«) erzeugt ein Nullbyte, das intern durch den Zeilenwechsel dargestellt wird. – Näheres dazu erfahren Sie unter »`:help i_CTRL-V_digit`«.
Strg/W	Löschen des zuletzt eingegebenen Wortes
Entf (Delete)	Löschen des Zeichens unter dem Cursor. Unter Linux gibt es damit wegen der eigenwilligen Behandlung von Rück- und Löschtaste gelegentlich Schwierigkeiten, vgl. dazu »`:help fix`«.

(Ich verwende davon vorwiegend »`Strg/D`«, »`Strg/T`« und »`Strg/W`«.)

Eine nützliche Fähigkeit sollten Sie für die Arbeit im Einfügemodus noch kennen:

Automatisches Einrücken: Wenn die Option »`autoindent`« gesetzt ist (»`:set autoindent`« oder »`:set ai`«, von Hand oder in der Konfigurationsdatei einzugeben), wird jede neue Zeile so weit eingerückt wie die vorangehende. Da man diese Fähigkeit beim Schreiben von Texten wie von Programmen ständig benötigt, sollte man sie nutzen. Die Einrücktiefe gibt man dabei von Hand vor (Eingabe von Leerzeichen und/oder Tabulatorzeichen), oder man steuert sie mit den oben erwähnten Kommandos `Strg/D` und `Strg/T`. Die dabei verwendete Schrittweite beträgt standardmäßig 8, was für die meisten Zwecke zu groß ist. Zumindest für Texte setze ich sie lieber gleich 1: »`:set sw=1`« (»`sw`« ist die Abkürzung für »shiftwidth«). Wesentlich leistungsfähigere Einrückungsmechanismen lernen Sie in 6.8 kennen.

Befehle zum Positionieren

Eine weitere Neuerung von *vim* gegenüber *vi* ist, dass die **Cursortasten** im Insertmodus benutzt werden können, ohne diesen zu verlassen, genauer: *vim* verlässt den Einfügemodus nur zeitweilig und startet ihn nach der Cursorbewegung sofort wieder. Das merkt man z.B. beim »undo«-Befehl. Eine repräsentative Auswahl von Möglichkeiten zeigt die folgende Liste.

Cursortasten	Funktionieren wie gewohnt, ggf. rollt der Bildschirm auf und ab.
Umschalt/Cursor_links **Umschalt/Cursor_rechts** **Strg/Cursor_links** **Strg/Cursor_rechts**	Ein Wort nach links/rechts, analog zum Positionierkommando »`w`«
Bild hoch **Bild runter**	Eine Bildschirmseite rück- bzw. vorwärts. Ähnlich wie beim UNIX-Kommando `more` überlappen sich altes und neues Fenster dabei um zwei Zeilen.
Pos1 (Home)	Zum Zeilenanfang

Ende (End)	Zum Zeilenende
Strg/Pos1 (CTRL/Home)	Zum Pufferanfang
Strg/Ende (CTRL/Home)	Zum Pufferende

(Ich verwende davon nur die Cursortasten, »`Bild hoch/runter`« und »`Pos1/Ende`«.)

Erwarten Sie nicht, dass alle angegebenen Kommandos funktionieren. Zumindest bei der Kombination mit Umschalt- und Strg-Taste kann es Probleme geben, die sich nicht immer lösen lassen. Manche dieser Kombinationen erzeugen vielleicht gar keinen eigenen Code. Obendrein wird jede Tastatureingabe zuerst vom Fenstermanager des Desktops (wie KDE, Gnome oder Motif) und dann von der Fensterapplikation (Xterm, Konsole unter KDE) empfangen und ggf. schon von diesen Programmen abgearbeitet. Das heißt, die Eingabe kommt unter Umständen niemals bei *vim* an! Ich arbeite beispielsweise extensiv mit virtuellen Konsolenfenstern unter KDE, zwischen denen man mit »`Umschalt/Cursor_(rechts,links)`« sehr schnell wechseln kann. Wer trotzdem unbedingt im *vim*-Einfügemodus wortweise springen will, hat folgende Möglichkeiten:

- Er konfiguriert seine Tastatur, falls sie nicht die entsprechenden Codes erzeugt.
- Er konfiguriert seinen Desktop um, falls die Ursache dort liegt.
- Er konfiguriert *vim* um, in der Regel mittels entsprechender `map`-Kommandos in `.vimrc` (oder `vimrc` auf Systemebene).
- Er versucht es mit *gvim*. Diese Applikation öffnet ein eigenes Fenster und arbeitet nicht unter der KDE-Konsole.

2.3.3 Verlassen des Einfügemodus

Der Einfügemodus wird normalerweise mit der **Escape**-Taste verlassen. Diese verursacht in keinem Fall unerwünschte Änderungen.

Wenn Sie also ein Kommando eingeben wollen und sich nicht sicher sind, ob sich *vim* noch im Einfügemodus befindet, drücken Sie `Esc`. Manchmal müssen Sie eine Sekunde warten, bis die Taste wirkt (das hängt mit der Interpretation von Tastencodes zusammen). Die schlimmste mögliche Reaktion des Editors darauf ist ein Piepton.

Etwas exotischer ist das Verlassen mit der `Einfg`-Taste. Dabei geht *vim* in den Ersetzungsmodus über, so als hätten Sie das Kommando »`R`« gegeben (vgl. 2.5.1).

2.4 Positionieren

Weitere Details erfahren Sie unter »`:help navigation`«.

Alles Folgende in diesem Kapitel bezieht sich auf den Kommandomodus. Die Suchbefehle werden wegen der komplizierten Syntax regulärer Ausdrücke erst in 2.6.3 behandelt.

Ein direktes Positionieren ist für effektive Arbeit wichtiger, als man glaubt. Wenn ich anderen Anwendern über die Schulter schaue, sehe ich viel zu oft, dass sie vorwiegend die Cursortasten benutzen und dabei viel Zeit verschenken. Man braucht wirklich nicht alle Positionierkommandos zu kennen, um schneller zu sein! Außerdem benötigt man Positionierkommandos für viele Editierbefehle.

Auch Positionierkommandos erlauben Zähler, wie unter 2.2 beschrieben.

2.4.1 Zeichenweise

Unter dieser Rubrik sind Kommandos der untersten Stufe aufgelistet: Der Cursor bewegt sich nur einen Schritt oder springt zu bestimmten Zeichen der gleichen Zeile.

Cursortasten **Leertaste** **Rücktaste**	Selbstverständlich arbeiten die Cursortasten ebenso im Kommandomodus. Im Unterschied zum Einfügemodus sind auch Zähler erlaubt. Bei senkrechter Bewegung versucht der Cursor, in der gleichen Spalte zu bleiben und macht nur bei zu kurzen Zeilen und Tabulatoren (s. »`0`«) »Umbögen«. Die Rücktaste wirkt wie »Cursor links«, die Leertaste wie »Cursor rechts«.
h, j, k, l	Alternativ dazu (von Experten und Puristen empfohlen) kann man auch diese Tasten benutzen. Das ist sogar notwendig, wenn die Cursortasten wegen Konfigurationsproblemen nicht funktionieren oder man *vim*-Befehle im Klartext aufschreiben muss, z.B. in einem Tastaturmapping oder in einem vim-Skript: »`5k`« setzt den Cursor fünf Zeilen höher. Der Vorteil dieser Form gegenüber Cursortasten ist, dass diese Tasten »bereits unter den Fingern sind«. Eselsbrücke: »`Strg/H`« ist das ASCII-Zeichen für »backspace«, also den Rückschritt, und »`Strg/J`« bedeutet im ASCII-Code »newline«, also Zeilenwechsel.
^	(»Dach«, »Deckel«) Sprung zum ersten sichtbaren Zeichen der Zeile
0 (Ziffer 0) **Pos1 (Home)**	Sprung zum ersten Zeichen der Zeile, auch wenn es ein Leerzeichen ist. Manchmal steht der Cursor dann trotzdem nicht in der ersten Spalte und lässt sich nicht weiter nach links bewegen. In diesem Falle ist das erste Zeichen ein Tabulator, und der Cursor steht auf dem rechten Rand des Tabulator-Bereiches. Das erkennt man schnell beim Einfügebefehl »`i`«, denn dann springt der Cursor tatsächlich in die Spalte 1 (um nach Drücken von `Escape` wieder an die alte Stelle zurückzukehren).

$ **Ende**	Sprung zum letzten Zeichen der Zeile. Bei Fließtext (den man leider in mancher E-Mail findet) erkennt man so, wie lang die aktuelle Zeile wirklich ist.
f ***zeichen***	*(find)* Springe vorwärts zum ersten Auftreten von *zeichen*. »3fß« springt zum dritten Vorkommen von »ß« rechts vom Cursor. Ist das nicht möglich, ertönt ein Piepton, und es geschieht nichts.
F ***zeichen***	*(find backward)* Wie »f« in umgekehrter Richtung
t ***zeichen***	*(till before)* Analog zu »f«, allerdings bleibt der Cursor eine Stelle vor dem gesuchten Zeichen stehen. Das Kommando ist sinnvoll in Kombination mit Lösch- und Editierbefehlen, z.B. »dt,«: Lösche alle Zeichen bis vor das nächste Komma.
T ***zeichen***	*(till, backward)* Wie »t« in umgekehrter Richtung
;	(Semikolon) Wiederholung des letzten Zeichensuchbefehls (f, F, t oder T)
,	(Komma) Wie »;«, aber in entgegengesetzter Richtung
|	(senkrechter Strich) Sinnvoll in Kombination mit einem Zähler: »30|« setzt den Cursor in die Spalte 30. Zur Kontrolle empfiehlt es sich, den »Ruler« zu setzen (»:set ruler«), der rechts unten in der Statuszeile die aktuelle Zeile und Spalte anzeigt (alternativ ist auch »Strg/G« möglich).

(Ich verwende davon: Cursortasten, »Pos1/Ende«, »^$fFtT,;«.)

2.4.2 Wortweise

vim unterscheidet zwei Arten von Wörtern:

- Zum einen im Sinne von Programmiersprachen wie C, deshalb hier kurz **C-Wort** genannt. Es besteht nur aus Buchstaben, Ziffern und dem Unterstrich »_«. Beispiele: `A_12`, `23`, `ein` (die Definition ist nicht ganz sauber, denn `12` ist kein Bezeichner in C). Alternativ besteht ein C-Wort nur aus anderen Zeichen außer Leerzeichen/Tabulator, etwa »+/:«.
- Zum anderen kann ein Wort wie in der Shell aufgefasst werden: Eine durch Leerzeichen, Tabulatoren und ggf. Zeilenwechsel abgegrenzte Zeichenfolge. Diese Art wird hier **Shell-Wort** genannt.

(vgl.a. »`:help word`«). Die Befehle mit Kleinbuchstaben beziehen sich auf C-Wörter, die mit Großbuchstaben auf Shell-Wörter. Standardmäßig werden auch Zeilenwechsel mit übersprungen.

w **W**	Sprung zum Beginn des nächsten C-Worts/Shell-Worts
e **E**	Sprung zum Ende des nächsten C-Worts/Shell-Worts
b **B**	Sprung zum Beginn des vorangehenden C-Worts/Shell-Worts
ge **gE**	Sprung zum Ende des vorangehenden C-Worts/Shell-Worts

(Bis auf »`ge/gE`« benötige ich alle Befehle sehr oft.)

2.4.3 Zeilenweise

Es gibt nur relativ wenige wichtige Befehle, die ausschließlich einen Zeilenwechsel bewirken:

Cursor runter **j** **Strg/J**	Wechsel zur nächsten Zeile; wenn möglich, bleibt der Cursor in der gleichen Spalte (beachten Sie aber das unter 2.4.1, Zeichenweise, Befehl `0`, über Tabulatoren Gesagte!)

Cursor hoch **k**	Analog eine Zeile höher
Enter **+** **Strg/M**	Eine Zeile tiefer und Positionierung auf das erste sichtbare Zeichen (also synonym zu »`j^`«)
-	(Minuszeichen) Wie »`Enter`«, aber eine Zeile höher

(Ich benötige davon Cursortasten, »`Enter`«, »`j`«, »`k`« und »`-`« oft.)

2.4.4 Satzweise

Diese Kommandos werden Sie vermutlich nur beim Schreiben von Texten brauchen. Erläuterungen folgen nach der Liste.

)	Zum Beginn des nächsten Satzes
(	Zum Beginn des vorangehenden Satzes
}	Einen Absatz vorwärts
{	Einen Absatz zurück

(Ich verwende diese Kommandos kaum.)

Ein Absatz wird dabei durch mindestens eine Leerzeile (bzw. Pufferanfang oder -ende) begrenzt, ein Satzende wird wie zu erwarten an einem Punkt, Ausrufe- oder Fragezeichen (»`.`«, »`!`«, »`?`«) erkannt, gefolgt von einem Leerzeichen. *vim* erkennt auch mit `Strg/L` getrennte Kapitel sowie UNIXern noch geläufige *nroff*-Kommandos. Wie üblich finden Sie weitere Details in der Hilfe, z.B. unter »`:help sentence`« und »`:help paragraph`«.

2.4.5 Seitenweise, Rollen

Unter dieser Rubrik sind Befehle angeführt, die den Cursor senkrecht bewegen und sich dabei an den Grenzen der Bildschirmseite orientieren.

Strg/B **Bild hoch**	*(backward)* Eine Seite rückwärts blättern. Alte und neue Seite überlappen sich um zwei Zeilen.
Strg/D	*(down)* Eine halbe Seite vorwärts blättern
Strg/E	Eine Zeile nach oben rollen. Der Cursor bleibt dabei, wenn möglich, an der gleichen Stelle im Text.
Strg/F **Bild runter**	*(forward)* Analog zu »`Strg/B`« eine Seite vorwärts blättern
Strg/U	*(upward)* Analog zu »`Strg/D`« eine halbe Seite rückwärts blättern
Strg/Y	Analog zu »`Strg/E`« eine Zeile nach unten rollen
H	*(home)* Cursor in die linke obere Ecke, auf das erste sichtbare Zeichen
M	*(middle)* Cursor in Bildschirmmitte, auf den sichtbaren Zeilenanfang
L	*(low)* Analog zu »`H`« Cursor in die linke untere Ecke, auf das erste sichtbare Zeichen. Wird z.B.bei »`dL`« gebraucht: Löschen des Textes auf der Bildschirmseite, wenn der Cursor auf der ersten Bildschirmzeile steht (Wiederholung mit Punkt »`.`«).

(Meine Favoriten: »`Bild hoch/runter`«, »`L`«.)

Die folgenden Kommandos belassen den Cursor in der gleichen Zeile und rollen nur den Bildschirm.

z.	(kleines »`z`«, gefolgt von einem Punkt) Die Zeile mit dem Cursor wird in die Bildschirmmitte gebracht, der Cursor auf das erste sichtbare Zeichen der Zeile gesetzt. Ein wichtiges Kommando, wenn man z.B. nach einer erfolgreichen Suche den Kontext sehen will.

z Enter	Analog zu »z.«, nur steht die Cursorzeile danach am oberen Bildschirmrand
z-	(kleines »z«, gefolgt von einem Minuszeichen) Analog zu »z.«, nur steht die Cursorzeile danach am unteren Bildschirmrand.

(Ich nutze davon fast nur »z.«.)

2.4.6 Globale Positionierung

Dieser Abschnitt sammelt einige sehr nützliche Positionierkommandos, die sich an anderer Stelle nicht einordnen lassen.

G	*(goto line)* Zur letzten Zeile des Puffers. Ist ein Zähler angegeben, endet der Sprung auf dieser Zeile: »30G« bringt den Cursor auf die Zeile 30. Das Kommando wird sehr häufig beim Editieren von Quelltexten nach Compiler-Fehlermeldungen gebraucht. Eine Kontrolle über den Ruler (vgl. 2.4.1, Kommando »|«) empfiehlt sich. (Eigentlich müsste »G« auf die erste Zeile führen, weil der Zähler standardmäßig gleich 1 ist, doch diese Schreibweise hat sich eingebürgert).
gg	Synonym zu »1G«, das heißt Sprung zur ersten Zeile
:zahl	Weil man beim »G«-Kommando die Zeilennummer blind tippen muss, kann man auch auf den ex-Befehl zur Positionierung zurückgreifen, der wie üblich mit Enter abzuschließen ist.
%	Dieses Kommando ist z.B. bei C-Programmierern sehr beliebt. Es sucht die nächste öffnende oder schließende Klammer rechts vom Cursor und springt zur zugehörigen Klammer gleicher Ebene. Dabei werden alle drei Klammerarten erkannt: {[()]}. Außerdem werden sogar noch C-Präprozessoranweisungen #if, #else, #elif, #ifdef und #endif sowie die Grenzen von C-Kommentaren erkannt!

])	Springe zur nächsten schließenden runden Klammer.
[(	Springe zur vorangehenden öffnenden runden Klammer.
]}	Springe zur nächsten schließenden geschweiften Klammer.
[{	Springe zur vorangehenden öffnenden geschweiften Klammer.

(Bisher verwende ich davon fast nur »G« und »gg«, sehr oft aber »%«.)

Die letzten vier Kommandos sind für C-Programmierer interessant. Wenn man eine `case`-Anweisung geschrieben hat, führt »`[{`« zur `switch`-Anweisung am Beginn des Blocks und »`2]}`« vielleicht hinter das Ende der `for`-Schleife, die den `switch`-Block einschließt. *vim* interpretiert dabei Backslashzeichen »\« vor den Klammern richtig und erkennt auch, wenn Klammern nur Bestandteile von Zeichenketten sind. Natürlich ist das alles konfigurierbar. Details finden Sie unter »`:help various-motions`«.

2.4.7 Marken, Sprunglisten

Marken

Marken sind benannte Positionen in Puffern und spielten schon bei *vi* eine wichtige Rolle. Allerdings war es etwas anstrengend, sie zu nutzen, denn man arbeitete meist blind. Auch bei *vim* werden keine Markenpositionen im Text angezeigt. Dennoch ist die Arbeit mit ihnen komfortabler geworden.

Marken bleiben selbst dann erhalten, wenn vor oder nach ihnen Text eingefügt oder gelöscht wird. Löscht man dagegen Text, der eine Marke enthält, verschwindet diese. Sie kann jedoch bei einem späteren `undo`- oder `redo`-Kommando wieder hervorgeholt werden.

Sprünge zu Marken sind insbesondere auch Positionierbefehle und können daher mit speziellen Editierbefehlen kombiniert werden, was trickreiche Anwendungen erlaubt: »"bd`a« löscht den Text bis zur Marke a und speichert ihn im Register b (solche Befehle werden beim Umbau von Text oder Programmen benötigt).

Ein Markenname unter *vim* ist ein Klein- oder Großbuchstabe oder aber eine Ziffer. Die 26 **Kleinbuchstaben** a bis z haben die gleiche Funktion wie unter *vi*: Sie beziehen sich nur auf den lokalen Puffer. Es kann also für jeden Puffer eine Marke »a« definiert sein. Beim normalen Verlassen von *vim* werden alle Marken in der `.viminfo`-Datei abgelegt und können bei der nächsten Sitzung wieder verwendet werden!

Ist der Markenname hingegen ein **Großbuchstabe** A bis Z, so wird die Marke global, das heißt zusätzlich an den Dateinamen gebunden und standardmäßig in der `.viminfo`-Datei mit abgelegt. Auch diese Marken bleiben daher nach dem Verlassen von *vim* gültig. Wenn Sie eine globale Marke anspringen, wird die betreffende Datei in den aktuellen Editierpuffer geladen, falls das nicht schon geschehen ist.

Achtung! Nach dem Anspringen einer Großbuchstaben-Marke ändert sich zwar der Dateiname, Sie bleiben jedoch an der gleichen Stelle in der Argumentliste. Beispiel: Sie haben *vim* mit dem Aufruf

```
vim a b
```

gestartet und bearbeiten gerade Datei `b`. Von dort aus springen Sie die Marke A an, die sich in `a` befindet. Obwohl z.B. beim Kommando »`Strg/G`« der Dateiname `a` angezeigt wird, können Sie nicht mehr mit »:n« zur vermeintlich nächsten Datei `b` übergehen. Der Befehl »`:arg`« schafft Klarheit: Er zeigt »`a [b]`« an.

Globale Marken mit **Ziffernnamen** 0 bis 9 können Sie nicht selbst setzen, das erledigt *vim* automatisch. Sie werden analog zu Marken mit Großbuchstaben-Namen behandelt, also in `.viminfo` gespeichert. Marke 0 enthält die Cursorposition und den Dateinamen beim Beenden der letzten *vim*-Sitzung. Sie können also nach dem Start mit »`` `0 ``« eine abgebrochene Arbeit fortsetzen. Die Marken 1 bis 9 entsprechen der Marke 0 der vorangegangenen Sitzungen. Die Sondermarke »"« wird ebenfalls in `.viminfo` abgelegt und steht an der Stelle, an der sich der Cursor beim Verlassen des Puffers befand. Sie können also beim erneuten Editieren einer Datei bequem mit »`` `" ``« an den Punkt springen, wo Sie zuletzt aufgehört hatten.

> **Achtung!** Wenn sich Datei- oder Verzeichnisnamen zwischen den Sitzungen ändern, zeigen in `.viminfo` enthaltene Marken zwangsläufig ins Leere!

Es kann also in allen bearbeiteten Dateien zu jedem Buchstaben und zu jeder Ziffer höchstens eine Marke existieren. Noch mehr Einzelheiten finden Sie unter »`:help mark-motions`«.

Die Zahl der wichtigen Befehle für die Arbeit mit Marken hält sich in Grenzen:

m *name*	Setze die Marke *name*. Dabei ist *name* ein Klein- oder Großbuchstabe, kein Umlaut: *name* = a-z, A-Z. Sie bekommen beim Setzen keine Rückmeldung.
` *name*	(`= linksgeneigter Apostroph, *name* = a-z, A-Z, 0-9) Springe zur Marke *name*.
`` `` ``	(zwei linksgeneigte Apostrophe) Zurück zur Position vor dem letzten Sprungbefehl, z.B. dem Sprung zu einer Marke. Dieses Kommando ist sehr praktisch, um nach Markensprüngen oder Suchbefehlen wieder zum Ausgangspunkt zurückzukehren.

`.	(linksgeneigter Apostroph und Punkt) Sprung zur letzten Änderung. Das kann ein Rettungsanker sein, wenn man beim Editieren eines Quelltextes durcheinander gekommen ist.
:marks	Das ist der ex-Befehl, den *vi*-Nutzer schmerzlich vermissten: Er listet alle Marken auf.

(Die ersten drei Befehle verwende ich sehr häufig!)

Befehle mit linksgeneigten Apostrophen sind »punktgenau«; verwendet man stattdessen gewöhnliche Apostrophe, wird der Cursor auf das erste sichtbare Zeichen der Zeile gesetzt.

Sprunglisten

Bei jedem Sprung zu einer Marke, einem Suchbefehl oder beim Zeilen-Positionierkommando »`G`« merkt sich *vim* die Ausgangsposition. Diese Daten werden wie globale Marken behandelt (also auch in `.viminfo` gespeichert); die aktuellsten 100 von ihnen legt *vim* in einer eigenen Liste ab. Drei Befehle gibt es, diese Liste zu nutzen:

Strg/O	*(old)* Der Cursor springt zur nächstälteren Marke, man bewegt sich also rückwärts in der Sprungliste.
Tab	Sprung zur nächstjüngeren Marke, man bewegt sich also vorwärts in der Liste (nur möglich nach vorangehendem »`Strg/O`«).
:jumps	Anzeigen der Sprungliste

(Sprunglisten nutze ich nicht oft, aber wenn, dann sind sie eine große Hilfe!)

Die Sprungliste kann z.B. in dem Fall nützlich sein, wenn man in einem Text wiederholt nach einem Wort sucht und dieses dann ersetzt. Wenn einem dann viel zu spät einfällt, dass die Änderung an einer Stelle zu viel des Guten war, ist es eigentlich schon zu spät: Der Suchbefehl findet sie nach der Ersetzung nicht mehr. Zuerst wird man wohl an den Undo-Befehl denken, doch er macht auch sinnvolle Änderungen rückgängig. In diesem Fall rettet uns die Sprungliste.

Eine genaue Übersicht über alle Befehle, die Einträge zur Sprungliste hinzufügen, finden Sie unter »`:help jump-motions`«.

2.5 Editieren

Alle Details finden Sie unter »`:help change.txt`«

Mit »Editieren« sind hier Befehle gemeint, die den Text verändern. Das allgemeine Format der Befehle lernten Sie bereits in 2.2 kennen:

```
["registername][zähler]befehl[positionierbefehl]
```

Manche dieser Befehle löschen Text ab der Cursorposition und starten dann den Einfügemodus. Der gelöschte Text ist danach im angegebenen Register enthalten, standardmäßig im unbenannten Register (vgl. 2.8). Die beiden Operationen »Löschen« und »Einfügen« könnte man ebenso nacheinander angeben, jedoch ist das bei häufigem Gebrauch zu umständlich. Prinzipiell führen im *vim* aber fast immer viele Wege zum Ziel: Man wird zwar schneller, wenn man viele Kommandos beherrscht, doch arbeiten kann man bereits mit geringen Kenntnissen, wie Sie in 1.1 sahen.

2.5.1 Ohne folgendes Positionierkommando

Dieser Abschnitt listet Befehle, auf die kein Positionierkommando folgen darf. Wo ein Zähler und/oder ein Registername vorgesetzt werden dürfen, ist dies angegeben. Ein Zähler ist nur in einigen Fällen sinnvoll, obwohl meist möglich.

C	*(change tail)* (Register, Zähler) Ersetzen des Textes ab Cursorposition bis Zeilenende (Löschen, dann Einfügemodus). Äquivalent zu »`c$`«.

cc	*(change line)* (Register, Zähler) *Zähler* Zeilen löschen und ersetzen. Der Unterschied zu »ddi« (also »dd«, dann »i«) ist, dass bei gesetzter Option »autoindent« die Einrücktiefe der ersten eingefügten Zeile erhalten bleibt.
D	*(delete tail)* (Register, Zähler) Löschen ab Cursorposition bis Zeilenende. Äquivalent zu »d$«.
dd	*(delete line)* (Register, Zähler) *Zähler* Zeilen löschen
gR	*(replace)* (Zähler) Start des virtuellen Ersetzungsmodus, der eigentlich ein spezieller Einfügemodus ist. Dabei können Sie den Bildschirm überschreiben, ähnlich wie beim *evim* (vgl. 1.3), und zwischendurch mit den Cursortasten frei positionieren. Das ist eine sehr einfache, wenngleich uneffektive Nutzungsart, die allerdings selbst für Gurus etwas bietet: In diesem Modus überschreibt ein Tabulator auch mehrere Zeichen, es ist also echtes WYSIWYG (»what you see is what you get«). Wer eine Text-Tabelle ändern will, wird das Kommando nützlich finden.

J	*(join)* Verbinden zweier Zeilen. Das ist ein wichtiges Kommando, weil man das Zeilenwechselzeichen »\n« nicht einfach löschen kann. Standardmäßig wird dabei »\n« durch ein Leerzeichen ersetzt, es sei denn, die nächste Zeile beginnt mit »)« (das würde beim Editieren von Quelltexten sonst zu viel Ärger bereiten). Insbesondere wird aus
	`a+f_lst(img_,dlt)*`
	`fold(h1,h2)`
	nach dem Join-Kommando
	`a+f_lst(img_,dlt)* fold(h1,h2)`
	Wenn das Leerzeichen stört, kann man mit »gJ« vereinen oder es noch einfacher mit »x« löschen, da der Cursor bereits auf dem Leerzeichen steht (man gibt also die Befehlsfolge »Jx«).

r	*(replace char)* (Zähler) Ersetzen eines einzelnen Zeichens unter dem Cursor. Anschließend befindet sich *vim* wieder im Kommandomodus. Auch bei gesetzter Option »`showmode`« wird kein Replace-Mode angezeigt.
R	*(replace mode)* (Zähler) Übergang zum Ersetzungsmodus, der eine Sonderform des Einfügemodus ist, in dem der alte Text vom neuen überschrieben wird (man könnte ihn also auch Überschreibemodus nennen). Achtung! Tabulatoren werden dabei als ein Zeichen aufgefasst. Wenn Sie einen Text einschließlich Tabulatorsprüngen überschreiben, kommt die Formatierung durcheinander. Hier hilft der virtuelle Ersetzungsmodus »`gR`«.
s	*(substitute char)* (Register, Zähler) Ähnlich »`r`«, nur dass das Zeichen unter dem Cursor durch eingefügten Text ersetzt wird (also u.U. durch mehrere Zeichen), und *vim* in den Einfügemodus über geht. Synonym zu »`cl`« (`l`= »`Cursor rechts`«).
S	*(substitute tail)* (Register, Zähler) Die Zeile wird von Cursorposition bis Zeilenende durch eingefügten Text ersetzt.
x	(Register, Zähler) Löschen des Zeichens unter dem Cursor. Sinnvoll auch mit kleinem Zähler: »`3x`« löscht drei Zeichen ab Cursor.
X	(Register, Zähler) Löschen des Zeichens links vom Cursor. Dieses Kommando wird relativ oft benötigt!
<<	*(shift left)* (Zähler) Verschieben der aktuellen Zeile um *shiftwidth* nach links. Standardmäßig ist *shiftwidth* gleich 8 und sollte mit »:set shiftwidth=*nn*« (oder »:set sw=*nn*«) auf einen kleineren Wert *nn* gesetzt werden.

`>>`	*(shift right)* (Zähler) Analog zu »`<<`« Verschieben nach rechts. Beide Verschiebekommandos sind sehr hilfreich beim Strukturieren von Texten und Programmen. Sie können mit dem Universal-Kommando »`.`« (Punkt) wiederholt und mit Undo »`u`« rückgängig gemacht werden – um eine Zeile beliebig nach links und rechts zu schieben, braucht man also nur einmal »`<<`« oder »`>>`« einzugeben und kann dann schon die Wiederholfunktion der Tastatur ausnutzen.

(Meine davon häufig genutzten Befehle: `dd`, `D`, `J`, `r`, `R`, `s`, `x`, `X`, `<<`, `>>`)

2.5.2 Mit folgendem Positionierkommando

Es gibt nur wenige Befehle, die den Text verändern und auf die ein Positionierkommando folgen muss. Trotzdem sind gerade sie die »Powertools«, auf die man oft zurückgreift. Denn es ist jede Art von Positionierkommandos erlaubt bis hin zu Markensprüngen und Suchbefehlen. Das erlaubt trickreiches Arbeiten; einige Beispiele dazu werden Sie im Text finden.

Ein kleiner Stolperstein ist dabei jedoch zu beachten: Es gibt so genannte **exklusive** und **inklusive** Positionierkommandos. Suchbefehle sind z.B. exklusiv: Das Kommando »`d/mitp`« löscht alle Zeichen vom Cursor bis *vor* das erste Auftreten der Zeichenkette »`mitp`«, sie selbst bleibt erhalten.

Faustregel: Die meisten Positionierkommandos sind exklusiv. Inklusiv hingegen sind die, bei denen man es erwartet: Wortweises Springen außer »w« und »W«, zeichenweise Suche in der aktuellen Zeile mit »f, F, t, T, 0, ^, $« sowie der »Klammersprung« »%«. Bei den Rückwärtssprüngen »b, B, 0, ^« wird zwar das Zeichen auf dem »Sprungziel« mit gelöscht (»d^« löscht also auch das erste sichtbare Zeichen der Zeile), doch nicht das »Startzeichen« unter dem Cursor: Wenn dieser auf dem »e« in »eine« steht und man »db« tippt, bleibt »e« übrig. Deswegen sind diese Kommandos in der Hilfe (etwas irritierend) als exklusiv angegeben.

Achtung! Beim wortweisen Positionieren mit »w« und »W« gibt es eine Ausnahme. Wird solch ein Kommando mit einem Editierbefehl verbunden, z.B. in »c3w«, weicht *vim* von der Wort-Definition ab:

»c3w« wirkt wie »c3e«, weil der Anwender diesen Befehl anders interpretiert (»lösche drei Wörter«), als es *vim* eigentlich machen müsste (»lösche alle Zeichen bis ausschließlich Beginn des dritten Wortes«).

Noch mehr erfahren Sie dazu unter »:help exclusive«.

c	*(change)* (Register) Ändern bis zur danach angegebenen Position, Übergang zum Einfügemodus Beispiele: »cw« (*change word*, ein Wort ersetzen), »cfy« (*change find char*, Ersetzen bis einschließlich zum ersten Auftreten von »y«), »c`b« (*change till label*, Ersetzen bis zu einer Marke, ausschließlich).

d *(delete)* (Register) Löschen bis zur danach angegebenen Position. *vim* bleibt im Kommandomodus.

Beispiele: »`d0`« (alle Zeichen links vom Cursor löschen, einschließlich Zeichen unter dem Cursor), »`d%`« (wenn der Cursor auf einer Klammer steht: Damit kann ein ganzer Block in C oder C++ sehr einfach gelöscht werden).

< *(shift left)* Analog zu »<<«: Verschiebe alle Zeilen ab aktueller bis einschließlich der, in die das danach angegebene Positionierkommando führt, um `shiftwidth` nach links. Beachten Sie die Hinweise unter »<<« zu `shiftwidth`!

> *(shift right)* Analog Verschiebung nach rechts

Beispiel: »<%« – wenn der Cursor auf einer geschweiften Klammer steht, lässt sich so ein ganzer Block in C und C++ verschieben. Bevor ich meinen eigenen *vim*-Formatierungsstil für C definierte (vgl. 6.8.1), habe ich Blöcke z.B. so formatiert:

- *shiftwidth* war auf 1 gesetzt, und alle Anweisungen des Blocks einschließlich »`{`« und »`}`« (jeweils auf gesonderten Zeilen) begannen in der gleichen Spalte, etwa so:

```
for(i=1; i--;)
{
k *= (i+1);
l += k;
}
```

- Den Cursor positionierte ich auf »`{`« und tippte »`>%..`« (Verschieben des Blocks, zweimal wiederholen).
- Anschließend tippte ich »`<<`«, »`%.`«.
- Das Programm sah nun so aus:

```
for(i=1; i--;)
   {
    k *= (i+1);
    l =+k;
   }
```

!	Filterfunktion: Die durch die Cursorbewegung beschriebenen Zeilen werden als Standardeingabe in ein externes Programm geleitet, und dessen Ausgabe ersetzt die beschriebenen Zeilen. Nach Angabe des Positionierkommandos geht *vim* in den ex-Modus; in diesem ist dann der Name des Filterprogramms einzugeben. Beispiel: »`!5j`« – der Cursor springt in die Statuszeile, wo »`:.,.+5!`« erscheint. Tippt man danach »`sort`« ein, werden die sechs ausgewählten Zeilen sortiert. Näheres dazu in 3.3 sowie unter »`:help complex-change`«.

(Bis auf das Filterkommando verwende ich diese Befehle sehr häufig.)

Alle genannten Befehle können ebenso im visuellen Modus angewandt werden. Mehr dazu in 2.7.

Nicht zu vergessen sind die ex-Kommandos, mit denen man Änderungen an vielen Stellen gleichzeitig vornehmen kann. Sie werden in Kapitel 3 näher behandelt.

2.6 Suchen und reguläre Ausdrücke

Komplette Hilfe dazu finden Sie unter »`:help pattern-searches`« und »`:help usr_27`«.

2.6.1 Suchbefehle und Optionen

Suchbefehle sind Positionierkommandos. Sie wurden trotzdem nicht unter 2.4 aufgeführt, weil sie im Zusammenhang mit der Such-Geschichte und den regulären Ausdrücken behandelt werden sollen.

Es gibt nur wenige wichtige Suchbefehle. Bei allen kann ein Zähler angegeben werden, allerdings werden Sie vermutlich nur selten von Fähigkeiten wie »Suche nach dem 5. Auftreten von 'andreasf'« Gebrauch machen.

/muster	Suche nach dem regulären Ausdruck *muster*. Der Cursor steht danach auf dem ersten Zeichen der gefundenen Zeichenkette. Der Befehl ist mit »`Enter`« abzuschließen. Drücken Sie dagegen »`Escape`«, wird er nicht ausgeführt, sondern nur in der Such-Geschichte (vgl. 2.6.2) abgelegt.
?	Wie »/«, aber Suche rückwärts
n	Wiederholung der Suche mit dem gleichen Muster in der gleichen Richtung
N	Wiederholung der Suche mit dem gleichen Muster in der umgekehrten Richtung
*****	Suche nach dem Wort unter dem Cursor. Das ist ein hilfreicher Befehl für Programmierer! Was ein Wort genau ist (und wie man die Definition konfiguriert) und was in welchen Fällen gesucht wird, findet man im Detail unter »`:help *`«. C- oder C++ - Programmierer interessiert in erster Linie, dass damit Bezeichner gefunden werden können. Der Unterschied zum einfachen Suchbefehl ist, dass *vim* nicht nach Wortteilen sucht, sondern nach ganzen Wörtern. So kann man relativ einfach alle Vorkommen einer Variablen in einer Funktion finden.
#	Wie »*«, nur Suche rückwärts
/\%x9c	Suche nach dem (nicht druckbaren) Zeichen mit dem hexadezimalen Code 0x9c. Analog können Sie den Code dezimal und oktal und vor allem auch als Unicode mit `\%d`, `\%o` und `\%u` angeben. Näheres dazu unter »`:help pattern-overview`«. Den Code des Zeichens unter dem Cursor ermitteln Sie mit »`ga`«. Das ist sehr nützlich bei Texten, die spezielle Sonderzeichen enthalten (z.B. von Word erzeugte Textdateien). Dieser Abschnitt gehört eigentlich eher unter 2.6.3 (reguläre Ausdrücke), doch Sie werden vermutlich hier danach suchen.

gd	Lokale Deklaration der Variablen suchen, auf die der Cursor zeigt. Die Suche ist heuristisch (vgl. »`:help gd`«), denn *vim* versteht keine Syntax von Programmiersprachen, aber bei Misserfolg kann man allemal mit »``« oder »`Strg/O`« an die alte Stelle zurückspringen.
gD	Analog zu »`gd`« Suche nach einer globalen Deklaration im aktuellen Puffer

(Bis auf die beiden letzten Kommandos verwende ich alle Befehle der Liste sehr häufig.)

Es gibt einige Optionen, die für die Suche wichtig sind. Man kann sie wie üblich per »`:set ...`« von Hand oder besser in der `.vimrc`-Datei setzen (vgl. 4.1). In der zweiten Zeile ist die Kurzform angegeben, die man beim Aktivieren von Hand bevorzugen kann:

hlsearch **hls**	*(highlight-search)* Das gefundene Muster wird invers oder farbig hervorgehoben. Das kann sehr angenehm sein, zumal der Cursor manchmal wenig auffällt. Ich nutze es sogar zur Stilverbesserung – das Skript stelle ich in 7.5.2 vor. Auf der anderen Seite kann dieser Komfort auch ungemein nerven. Nach ex-Kommandos wie »`:s/^/1 /`« werden alle gefundenen Muster, in diesem Fall die Zeilenanfänge, hervorgehoben! Vergessen Sie daher nicht, wie man die gerufenen Geister wieder los wird: mit »`:set nohls`«. Standardmäßig ist `hls` abgeschaltet.
ignorecase **ic**	Groß- und Kleinschreibung werden nicht unterschieden. Mit »`:set noic`« wird die Unterscheidung wieder aktiviert. Man kann ebenso nur für ein Muster die `ignorecase`-Option einschalten, indem man ein »`\c`« einfügt (am besten an das Muster anhängt). Standardmäßig abgeschaltet.

wrapscan **ws**	Erreicht *vim* bei einer Suche das Pufferende, setzt er sie ab Pufferanfang fort (bei Misserfolg Stopp an der aktuellen Cursorposition). Dafür ist diese standardmäßig gesetzte Option verantwortlich, die mit »`:set nows`« abgeschaltet werden kann.
incsearch **is**	»Inkrementelle Suche«. Manche schwören auf dieses Feature, ich nicht: Noch während des Eintippens eines Suchmusters wird die Zeichenkette hervorgehoben, die beim Drücken von Enter in diesem Moment gefunden würde. Bei eingeschaltetem »`hlsearch`« leuchten dann alle Vorkommen auf dem Bildschirm gleichzeitig auf. »`incsearch`« ist standardmäßig abgeschaltet.

2.6.2 Such-Geschichte (Such-History)

Mehr dazu unter »`:help history`«.

vi-Nutzer waren oft verzweifelt, wenn das komplizierte Suchmuster einen Tippfehler enthielt. Damit ist jetzt Schluss. Im Normalfall merkt sich *vim* die letzten 20 Suchmuster und speichert sie nach Verlassen der Sitzung sogar in `.viminfo` ab. Angesichts der verblüffend einfachen Nutzung bei maximalem Komfort verdient *vim* allein dafür einen Ergonomiepreis:

- Tippen Sie »`/`« bzw. »`?`«, je nach Suchrichtung.
- Nun können Sie mit den Tasten »`Cursor hoch/runter`« ganz einfach die alten Suchmuster abrufen und diese editieren, wenngleich nur mit wenigen Befehlen: Cursortasten, »`Ende/Pos1`«, Rücktaste und »`Strg/W`« zum Löschen des Wortes links vom Cursor (mehr gibt es unter »`:help history`« zu lesen). Mit »`Enter`« starten Sie die Suche, mit »`Strg/C`« brechen Sie ab.

- Es geht noch komfortabler (erst ab Version 6 !): Geben Sie »q/« (oder »q?«) ein. Es wird ein neues, kleines Fenster mit den alten Suchmustern geöffnet. Sie können die gewohnten *vim*-Befehle zum Editieren nutzen. Sobald Sie in einer Zeile »Enter« drücken, wird das dort angegebene Muster gesucht.
- Mit »:q« und »:qa« verlassen Sie dieses **Kommandozeilenfenster** (bzw. *vim* gleich mit). Als Bonbon funktionieren sogar noch die ex-Kommandos »:w« und »:r«. Das erlaubt, besonders trickreiche Suchmuster abzuspeichern und wieder einzulesen.

2.6.3 Reguläre Ausdrücke

Reguläre Ausdrücke waren schon immer eine »Geheimwaffe« der UNIXer. Im Prinzip sind es nur Suchmuster mit variablen Bestandteilen. Der Unterschied zu den Metazeichen der Shell (wie in »*.txt«) besteht in der wesentlich genaueren Beschreibung variabler Bestandteile und der außerordentlichen Flexibilität. Da reguläre Ausdrücke bei Ersetzungsbefehlen im ex-Modus eine noch wichtigere Rolle als beim Suchen spielen, ist ihre Kenntnis früher oder später sowieso notwendig.

Der Aufbau regulärer Ausdrücke ist eigentlich nicht so schwierig zu verstehen. Zwei Wermutstropfen trüben die Freude leider etwas:

- Reguläre Ausdrücke sind »write-only«, wie es sarkastisch heißt: Das Entwerfen eines Suchmusters ist oft schnell getan, doch beim Versuch, fremde Muster zu verstehen, raucht nicht selten der Kopf.
- Die Syntax der regulären Ausdrücke von *vim* weicht leider stark vom POSIX-Standard und von UNIX-Tools wie *egrep*, *awk* und den Sprachen *Python* und *Perl* ab. Oft handelt es sich um ein Backslash »\«, das *vim* vor den meisten Sonderzeichen fordert.

  Solche Inkompatibilitäten können ein ziemliches Ärgernis sein, z.B. wenn man mühsam konstruierte Muster aus *awk* in ex-

Skripte übernehmen möchte. Auch ist die Eingabe der vielen Backslashes »\« ärgerlich, und lesbarer werden die Ausdrücke dadurch gewiss nicht. Es gibt leider keine Option, die die Ausdrücke POSIX-kompatibel macht. Immerhin findet sich dieser Punkt aber in der TODO-Liste (»`:help TODO`«). Die folgende Beschreibung beschränkt sich daher hauptsächlich auf die Elemente des POSIX-Standards und weist auf Unterschiede zwischen *vim* und POSIX hin. Etwas »mildern« kann man das Problem durch ein dem Muster vorgesetztes »`\v`«. Dank dieses Tricks können existierende vim-Skripte mit regulären Ausdrücken trotzdem noch verwendet werden. Näheres erfahren Sie unter »`:help \v`«.

Das Regelwerk zur Konstruktion eines regulären Ausdrucks ist nicht sehr lang:

1. Die kleinste Einheit ist ein Ausdruck, der auf ein Zeichen passt. Das sind sechs mögliche Ausdrücke:
   - 1.1. Ein **gewöhnliches Zeichen** wie ein Buchstabe oder eine Ziffer: »`a`« sucht den Kleinbuchstaben a.
   - 1.2. Der **Punkt** »`.`« passt auf jedes einzelne Zeichen.
   - 1.3. **Spezialzeichen** müssen mit einem vorangesetzten Backslash »geschützt« werden, wenn man nach ihnen suchen will: »`\.`« sucht den Punkt.
     Spezialzeichen sind: »`^ $ . [ { ( ) | * + ? \`«
     Das Muster »`\\`« findet also den Backlash selbst. *vim*, aber nicht POSIX, erlaubt das Zeichen »`\t`« für den Tabulator und vor allem »`\s`« für »whitespaces«, sprich Tabulator- und Leerzeichen gemeinsam. Das macht häufig gebrauchte Muster wie »`\s*`« lesbarer. Eine weitere nützliche *vim*-Erweiterung ist »`\n`«, das auf den Zeilenwechsel passt: Man kann damit Textmuster finden, die sich über mehrere Zeilen erstrecken.
   - 1.4. Ein **Bereich** der Form »`[a-z]`« (alle Kleinbuchstaben) oder »`[A-Z_@]`« (alle Großbuchstaben sowie Unterstrich und

Klammeraffe). Wenn die Zeichen »]« und »-« selbst in der Liste enthalten sein sollen, müssen sie wegen der Eindeutigkeit am Anfang oder am Ende stehen; bei beiden zugleich muss »]« am Anfang auftauchen.

1.5. Ein **negierter Bereich**, der durch »^« am Anfang gekennzeichnet wird: `[^abc0-9]` (alle Zeichen außer a, b, c und Ziffern).

1.6. In Bereichen (und nur dort!) können zudem noch **Zeichenklassen** angegeben werden. Eine Zeichenklasse hat die Form »`[:name:]`«. POSIX kennt zwölf Zeichenklassen:

`[:alnum:]`	Ziffern und Buchstaben
`[:alpha:]`	Buchstaben
`[:blank:]`	Leerzeichen und Tabulator
`[:cntrl:]`	Steuerzeichen
`[:digit:]`	Ziffern
`[:graph:]`	druckbare Zeichen, kein Leerzeichen
`[:lower:]`	Kleinbuchstaben
`[:print:]`	`[:graph:]` zuzüglich Leerzeichen
`[:punct:]`	Interpunktionszeichen
`[:space:]`	»whitespace«, also Leerzeichen, Tabulator und Zeilenwechsel
`[:upper:]`	Großbuchstaben
`[:xdigit:]`	Hexadezimalzahlziffern

Zusätzlich kennt *vim* noch vier weitere Zeichenklassen: `[:return:]`, `[:tab:]`, `[:escape:]` und `[:backspace:]`. Zeichenklassen benötigt man z.B., wenn man nach Text sucht, der auch Umlaute enthalten kann, denn diese werden von Bereichen wie »`[a-zA-Z]`« nicht erfasst.

Beachten Sie, dass »`[:alpha:][:alpha:]`« nicht nach zwei aufeinander folgenden Buchstaben sucht. Richtig wäre z.B.

»[[:alpha:]]\{2\}«. Das erste Muster würde nach zwei aufeinander folgenden Zeichen aus der Menge »:ahlp« suchen, was bestimmt nicht so gedacht war!

2. Folgen reguläre Ausdrücke aufeinander, müssen sie unmittelbar aufeinanderfolgenden Mustern im Text entsprechen (**Verkettung**). Das klingt komplizierter, als es ist: »ab« passt auf »haben«, »a.e« ebenfalls, »a.b« jedoch nicht (zwischen a und b steht kein Zeichen).
3. Ein regulärer Ausdruck in »\(...\)« ist wiederum einer und kann als unteilbare Einheit (Atom) behandelt werden. (POSIX: Einfache Klammern reichen aus.)
4. Sind zwei reguläre Ausdrücke mit »\|« verbunden, so braucht nur einer von ihnen auf den Text zu passen: »ab\|a.e« (POSIX: einfacher senkrechter Strich). Mehr als zwei Teile sind nicht zulässig, man muss sich ggf. mit Klammern helfen: »\(habe\|\(sei\|mei\)\)n« passt auf »haben«, »sein« und »mein« (in POSIX-Schreibweise übersichtlicher: .»(habe|(sei|mei))n«).
5. Reguläre Ausdrücke können an bestimmte **Positionen** im Text gebunden werden:
   5.1. Ein vorgesetztes **Dachzeichen** »^« bindet den Ausdruck an den Zeilenanfang. »^[0-9]\.« sucht also alle Zeilen, die mit einer Ziffer beginnen, gefolgt von einem Punkt.
   5.2. Ein nachgestelltes **Dollarzeichen** bedeutet das Zeilenende: »\s$« sucht nach Leerzeichen und Tabulatoren am Zeilenende.
   5.3. »\<« bedeutet **Wortanfang**, »\>« **Wortende** (nicht in POSIX). Was ein Wort ist, bestimmt die Option »iskeyword«, der *vim* einen sinnvollen Wert zuweist, wenn er (was die Regel ist) den Dateityp korrekt erkannt hat. C-/C++-Programmierer dürfen davon ausgehen, dass ein Bezeichner ein Wort ist. Mehr unter »«:help 'isk'« und »:help 'isf'«.
6. Wiederholungszeichen *nach* einem Ausdruck geben an, wie oft dieser auftreten soll:

6.1. Ein **Stern** »`*`« bedeutet: Nicht oder beliebig oft. »`Ha*`« passt also zu »`H`«, »`Ha`«, »`Haa`« usw. Eine beliebige, auch leere Zeichenkette wird mit »`.*`« bezeichnet – das wird oft verwendet!

6.2. Ein **Fragezeichen** »`\?`« bedeutet: Höchstens einmal, eventuell auch gar nicht. »`hax\?ben`« passt also noch zu »haben« (POSIX: »`?`«).

6.3. Ein **Pluszeichen** »`\+`« bedeutet: Mindestens einmal. »`Pap\+`« passt also zu »Papst« wie zu »Pappe«, aber nicht zu »Pastor« (POSIX: »`+`«).

6.4. Mit **geschweiften Klammern** kann man explizit festlegen, wie oft ein Muster auftreten soll:
»`muster\{`*m*`,`*n*`\}`« bedeutet: *muster* soll mindestens *m*-, höchstens jedoch *n*-mal auftreten (bei *vim* darf der zweite Backslash »`\`«fehlen, bei POSIX nicht). Eine der beiden Zahlen kann fehlen:
»`\{`*m*`,\}`« heißt »mindestens *m*-mal«,
»`\{,`*n*`\}`« heißt »höchstens *n*-mal«,
»`\{`*m*`\}`« heißt »genau *m*-mal«.
Beispiel: »`\(r.*\)\{5,\}`« passt zu »Dürrröhrsdorf«. Der Ausdruck »`r.*`« (»`r`« eventuell gefolgt von mehreren Zeichen) steht hier bei jedem Vorkommen für ein anderes Muster: zweimal »r« selbst, dann »röh«, »rsdo« und »rf«. Es wird also wirklich darauf getestet, ob fünfmal hintereinander das Muster »`r.*`« passt und nicht etwa, ob eine Zeichenkette, die auf »`r.*`« passt, fünfmal hintereinander vorkommt!
Diese Konstruktion wird allerdings selten gebraucht.

6.5. **Achtung!** Die beschriebenen Konstruktionen beziehen sich immer auf die **kleinstmögliche vorangehende Einheit**. Das »`+`« in »`ba+`« bezieht sich daher nur auf das »`a`«, nicht etwa auf »`ba`«. Somit findet das Muster »`ba`«, »`baa`«, jedoch nicht »`baba`«, »`bababa`« usw. Wenn Letzteres gemeint ist, muss man gruppieren: »`\(ba\)\+`«. Andererseits versucht jedes Teilmuster,

so viel wie möglich zu »überdecken«. Das führt zu diffizilen Problemen: So passt »`h.*\(ab\)*ben`« auf »haben«, »`h.*\(ab\)*\(ben\)\+`« jedoch nicht. Es ist besser, solche fehlerträchtigen Konstruktionen zu vermeiden.

7. Eine **Ziffer** mit vorgesetztem Backslash »`\`*n*« bedeutet den *n*-ten Klammerausdruck »`\(...\)`«, von links an gezählt. Genauer: »`\1`« steht für die Zeichenkette, die auf den ersten Klammerausdruck von links passt. Im Unterschied zum Punkt 6.4 lassen sich hier also Wiederholungen erzwingen: »`\(r.*\)\1\1`« passt noch auf »Dürrröhrsdorf«, »`\(r.*\)\1\1\1`« nicht mehr.

Shell-Metazeichen: Auch die Shell unter UNIX kennt ähnliche Muster, selbst unter MS-DOS schrieb man schon »`*.txt`« (wobei im Unterschied zu DOS unter UNIX die Metazeichen von der Shell interpretiert werden, niemals von der Applikation). Die Shell-Muster sind wesentlich weniger leistungsfähig als reguläre Ausdrücke. Allerdings gibt es wesentliche Abweichungen, die Sie beachten sollten:

- Der reguläre Ausdruck »`.*`« entspricht »`*`« bei der Shell (beliebig lange Zeichenkette, auch leer). Dieser Unterschied ist häufig Grund für Missverständnisse.
- Der reguläre Ausdruck »`.`« entspricht »?« bei der Shell (ein beliebiges Zeichen).
- Negierte Bereiche »`[^a-ce-z]`« werden bei der Shell mit »`!`« geschrieben: »`[!a-ce-z]`«.

Wenn Sie unter »`:help pattern`« nach der kompletten Syntaxbeschreibung der regulären Ausdrücke unter *vim* schauen, wird Sie die unüberschaubare Vielfalt der Ausdrücke vermutlich erschrecken. OUALLINE [OUA] schreibt in seinem umfangreichen *vim*-Buch nicht ohne Grund gerade bei den regulären Ausdrücken auf Seite 214: »Die einfachste

Lösung, die Sie sich merken können, ist viel schneller als die trickreiche, die Sie vergessen haben.« Weniger (und insbesondere POSIX-Kompatibilität) wäre hier mehr gewesen, doch andererseits wollte der Entwickler MOOLENAAR die *vi*-Kompatibilität nicht aufgeben.

2.7 Visueller Modus

Alle Feinheiten gibt es unter »`:help Visual`« (mit großem »V«!).

Den visuellen Modus haben Sie schon in 1.2.3 kennen gelernt. Ausgehend von der aktuellen Cursorposition können Sie mittels Positionierkommandos einen Bereich markieren und danach eine größere Zahl von Editierkommandos auf den ganzen Bereich anwenden (wie z.B. Löschen, Verschieben). Wie der Bereich hervorgehoben wird, ist natürlich konfigurierbar (siehe »`:help 'highlight'`«), in der Regel invers.

Hier erst einmal einige Befehle zum Markieren des Bereiches:

v	Zeichenweiser Modus; Sie können nicht nur mit den Cursortasten arbeiten, sondern jedes Positionierkommando aus 2.4 nutzen, mit Ausnahme der Sprunglisten-Befehle.
V	Zeilenweiser Modus
Strg/V	Blockweiser Modus; mit ihm markieren Sie einen rechteckigen Bereich.
gv	Nach dem Ausführen eines Kommandos verschwindet die Hervorhebung. »`gv`« holt sie wieder zurück.
o	Sprung zum anderen Ende des markierten Bereiches. Der Cursor kann zwar je nach Darstellung unsichtbar sein, aber man merkt sofort den Effekt einer Cursorbewegung. Beim blockweisen Modus Sprung zur diagonal gegenüberliegenden Ecke.
O	Wie »`o`«, aber beim blockweisen Modus Sprung zur anderen Ecke auf der gleichen Zeile

$	Beim blockweisen Modus: Bereich nach rechts so weit ausdehnen, dass die längste Zeile darin enthalten ist. Dank diesem Befehl konnte ich in einem alten Fortran-Programm Kommentare in Großbuchstaben in besser lesbare Kleinbuchstaben verwandeln (per Kommando »u«), ohne das Kommentarzeichen »C« in der ersten Spalte zu ändern.
Esc **Strg/C**	Beenden des visuellen Modus (nach »Esc« muss man u.U. eine Sekunde warten). Die gleiche Wirkung hat ein erneut gegebener Befehl v, V bzw. Strg/V.

(Die ersten vier Befehle nutze ich ständig.)

Nach einem Kommando wird der visuelle Modus verlassen.

Mancher Anwender, der bisher vielleicht Notepads und Textverarbeitungen in recht einfacher Weise nutzte, mag einwenden, dass das alles mit der Maus viel einfacher und schneller gehen würde. Abgesehen von Geschwindigkeit und Problemen bei kleingedruckten Sonderzeichen überzeugt dieses Argument wenig, denn die Maus versagt kläglich, wenn es sich um Bereiche über mehrere Seiten hinweg handelt. Und mit cleveren Positionierkommandos wie »%« kann sie sowieso nicht konkurrieren.

Wenn ein Bereich markiert ist, können Sie folgende Befehle auf ihn anwenden:

```
~ = ! < > : c C d D I J p P r R s S u U y Y x X
```

Bei manchen dieser Befehle ist die Wirkung klar, z.B. »c« und »d«. Sie erlauben ein entspanntes Arbeiten, das in einigen Fällen fast so schnell wie das »klassische« Vorgehen ist, z.B. wenn in

```
void get_qualified_state(char *buf, TRANS& d_domain);
```

der Cursor auf dem Zeilenanfang steht und das »qualified« in ein »quant_sized« zu ändern ist. Traditionell würde man die Befehlsfolge »flc2fi...« tippen (also: »fl«, »c2fi«). Ein »flv« mit nachfolgender

Cursorbewegung und anschließendem »c« kostet kaum mehr Zeit, dafür aber weniger Gehirnschmalz.

Besonders nützlich sind nach meiner Erfahrung folgende Befehle:

<, >	Verschieben um »`shiftwidth`« (vgl. 2.5.1, »<<«) nach links bzw. nach rechts. Links vom markierten Bereich werden Leerzeichen/Tabulatorsprünge eingeschoben. Das unter 2.5.2, »>« gezeigte Formatierungsbeispiel kann damit besser so ausgeführt werden: Cursor auf »`{`» setzen und »`v%`« eingeben. Dadurch wird der Block markiert. Anschließend kann er mit »`>..`« um drei Stellen nach rechts verschoben werden. Im visuellen Modus hat man gleich die Kontrolle darüber, ob man den richtigen Block wählte. Noch bequemer geht es allerdings mit »=«, vgl. 2.9.4.
c	*(change)* Löschen des Bereiches und Übergang zum Einfügemodus
d	*(delete)* Löschen des Bereiches

I	*(insert)* Nur sinnvoll im blockweisen Modus. Der eingegebene Text wird nach Verlassen vor jeder Blockzeile eingefügt. Beispiel (der markierte Block ist invers dargestellt):
	`abcde`
	`defgh`
	`ijklm`
	
	Nach der Eingabe von »`IXX`« und Verlassen mit `Esc` sieht der Block so aus:
	`abXXcde`
	`deXXfgh`
	`ijXXklm`
	
	Das Kommando kann für die Arbeit in Text-Tabellen nützlich sein. Ich kommentiere damit Bereiche in Python-Programmen und Shellskripten aus: Die erste Spalte als visuellen Block markieren, »#« wie beschrieben einfügen (früher nutzte man dazu ex-Kommandos).

J	*(join)* Füge alle Zeilen des Bereiches zu einer einzigen zusammen. (vgl. »J«-Kommando unter 2.5.1). So kann man leicht Fließtext erzeugen, vor allem, wenn die Absätze nicht durch Leerzeilen getrennt sind (vgl. a. 5.7).
u, U, ~	Alle Buchstaben in Klein- (u) bzw. Großbuchstaben (U) transformieren; die Tilde »~« vertauscht Groß- und Kleinschreibung.
:	Start des ex-Modus; nach dem »:« erscheint »'<,'>«, was den Zeilenbereich des visuellen Bereichs bezeichnet. Sie ersparen sich so die u.U. mühsame Angabe eines Zeilenbereiches für den ex-Modus (vgl. 3.2).
=	Automatische Formatierung des markierten Bereiches nach den Regeln, die für die Sprache der aktuellen Datei eingestellt wurden. »=%« und »=« für markierte Bereiche sind meine Favoriten unter den *vim*-Befehlen. Mehr dazu in 6.8.
!	Analog zum Filterkommando, das in 2.5.2 erklärt wurde; der zu filternde Bereich wird durch die Markierung vorgegeben.

Es gibt auch noch einen »**Select-Modus**«, bei dem man sich die Eingabe von »c« sparen kann – also etwa so, wie man in Textverarbeitungen selektierte Bereiche einfach überschreibt. Man kann ihn analog zum visuellen Modus mit »gh«, »gH« und »g Strg/H« starten. Wer ihn braucht und mehr darüber wissen will, schlage bei »:help Select« (mit großem »S«) nach.

2.8 Register

Neugierige finden noch mehr unter »:help registers«.

Register sind interne Puffer, die man oft und vielseitig einsetzt. Sie werden bei Kommandos mit angegebenem Registernamen belegt. Zusätzlich belegt jedes Kommando, das die Angabe eines Registernamens erlaubt, das unbenannte Register. Diese Bezeichnung ist irreführend, denn das Register hat einen Namen, nämlich »"« (doppelte Anführungsstriche).

Registerinhalte können an anderer Stelle und, falls sie einen Buchstaben-Namen haben, sogar in anderen Puffern eingefügt werden. Sie sind die erste Wahl beim »Umschaufeln« von Text. Es gibt drei wichtige Registertypen, die Sie vielleicht schon von *vi* her kennen (dort wurden sie als Puffer bezeichnet):

"	Das »unbenannte« Register, das immer mit belegt wird
a-z	Die benannten Register. Sie bleiben über Puffergrenzen und sogar über die Sitzung hinaus erhalten, denn ihr Wert wird in `.viminfo` gespeichert. (Großbuchstaben-Register werden hier nicht behandelt, vgl. »`:help quote_alpha`«.)
0...9	Von *vim* automatisch belegte Register. Die Register 1...9 enthalten wie schon bei *vi* die letzten neun Werte des unbenannten Registers (Nr.1 ist das aktuellste). Dort waren sie bei versehentlichen Löschungen oft der letzte Rettungsanker – unter *vim* haben Sie dafür den Undo-Stack ...

Die gängigsten Befehle zur Nutzung von Registern (die ich fast alle ständig nutze) sind folgende:

"*name* p	*(put)* Einfügen des Registerinhaltes *name* (Kleinbuchstabe oder Ziffer) *nach* dem Cursor. Fehlt »"*name*«, wird das unbenannte Register genommen.

"*name* P	*(put before)* Analog Einfügen *vor* dem Cursor
"*name* y [*Positio-nierung*]	*(yank)* Kopieren eines Bereiches in ein Register. Der Bereich wird entweder durch ein nachfolgendes Positionierungskommando angegeben oder ist ein im visuellen Modus markierter Bereich. Der Befehl wirkt wie das Kommando »d« ohne Löschen. Ohne Angabe des Namens wird wieder das unbenannte Register genommen.
"*name* Y **"*name* yy**	*(yank line)* Analog Speichern der aktuellen Zeile in ein Register
@*name*	Ausführen des Registerinhaltes als Kommandofolge. Nur bei diesem Befehl braucht man den Namen des unbenannten Registers: »@"«. Das erlaubt raffinierte Tricks. Sie können z.B. ein kompliziertes Kommando in eine Zeile schreiben, diese mit »dd« löschen und dann per »@"« ausführen. Und noch trickreicher: Register sind als Variable in *vim*-Skripten verfügbar, z.B. Register a als @a (vgl. 5.3) Das erlaubt, Register mittels *vim*-Skripten variabel zu belegen und anschließend gleich im Kommandomodus auszuführen.
:registers	Anzeigen aller Registerinhalte (solch ein Kommando hat man unter *vi* schmerzlich vermisst!)

Hinweis: Wenn Sie Register im visuellen Modus benutzen, ist ein Stolperstein zu beachten. Angenommen, Sie markieren drei Zeilen

```
Mit diesen Designschwächen,
die Komfortabilität vortäuschen
und Sicherheitslücken
zum Prinzip haben,
lässt sich keine
hinreichende Sicherheit erreichen.
```

im zeichenweisen Modus (also mit »v«). Dann löschen Sie den Bereich mit »d«, gehen an das Ende des Satzes und wollen die Zeilen mit »p« anhängen. Das Ergebnis wird nicht Ihren Erwartungen entsprechen:

```
Mit diesen Designschwächen,
lässt sich keine
hinreichende Sicherheit erreichen.die Komfortabilität vor-
täuschen
und Sicherheitslücken
zum Prinzip haben,
```

Der Grund ist, dass sich *vim* intern den Registertyp merkt. Sie hätten auf einer leeren Zeile nach der letzten Zeile das »p« geben müssen oder aber im zeilenweisen Modus (»V«) arbeiten müssen. Näheres unter »`:help linewise-register`«, »`:help blockwise-register`«.

Wenn Sie dennoch Bereiche im zeichenweise visuellen Modus in Puffern abspeichern, sollten Sie diese per »P« einfügen.

2.9 Sonstige Kommandos

In diesem letzten Abschnitt sammeln sich alle Kommandos, die weiter oben schlecht einzuordnen sind. Das heißt keineswegs, dass sie alle unwichtig sind – eines der nützlichsten ist beispielsweise das Punkt-Kommando.

2.9.1 Wiederholung, Undo, Redo

Die folgenden vier Befehle sind »Powertools« – sie erlauben Änderungen fast beliebiger Komplexität, ohne dass man sich darüber viele Gedanken zu machen braucht.

.	(Punkt) Wiederholung der letzten Änderung. Das Kommando arbeitet sehr intelligent und ist eigentlich eines der wichtigsten. Gestandenen *vi*-Nutzern werde ich damit nichts Neues erzählen. Globale Änderungen mit Rückfrage beispielsweise kann man zwar mittels ex-Befehlen erledigen, aber ebenso einfach geht es mit einem Suchbefehl und Änderung »von Hand«, weil man anschließend nur noch die Tasten »n« und ».« zu drücken braucht.
u	Das **undo**-Kommando, das schon in 1.2.2 beschrieben wurde. Es ist wie das Punkt-Kommando frappierend leistungsfähig und stellt praktisch immer den Zustand vor der letzten Änderung wieder her. Standardmäßig werden unter UNIX und Windows die letzten 1.000 Zustände gespeichert, was auch für ehrgeizige Programmierer reichen dürfte. Im Unterschied zu *vi* ergeben zwei Undo's nicht wieder den alten Zustand, sondern eben den vorletzten.
U	»undo« für die aktuelle Zeile, solange in keiner anderen Zeile etwas verändert wurde.
Strg/R	»**redo**«, das Gegenteil von »undo«: Der von »undo« wiederhergestellte Zustand wird durch den nächstneueren ersetzt.

Hilfe gibt es (wie zu erwarten) unter dem jeweiligen Kommandonamen, z.B. »`:help ^R`«, »`:help .`«.

Unter *vim7* gibt es zusätzlich noch **Undo-Zweige**: Mittels der bisher beschriebenen *undo*-Kommandos kann man sich nur auf einer Linie vor- bzw. rückwärts bewegen. Wenn Sie jedoch einige Änderungen rückgängig machen und den Text danach weiter ändern, öffnen Sie eine neue Linie von Änderungen, und Sie kommen nicht mehr auf den gerade verlassenen Zweig zurück. Die Spezialkommandos »`g+`« »`g-`« erlauben es, auf der Zeitachse vor- und rückwärts zu wandern. Ja, Sie können sogar mit »`:earlier 15m`« eine Viertelstunde rückwärts wandern, egal wie viele Undos Sie bisher eingeschoben haben!

Mehr dazu erfahren Sie unter »`:help usr_32.txt`«.

2.9.2 Aufzeichnen (Recording)

Das Aufzeichnen von Tastendrücken ist extrem einfach und rationell: Tippen Sie »**q**« und danach einen Kleinbuchstaben, also etwa »`qa`«. Wenn Sie die Option »`showmode`« eingeschaltet haben, erscheint unten links im Fenster »`recording`«. Nun geben Sie beliebige Kommandos (Sie dürfen auch zwischendurch in den Einfügemodus gehen). Beenden Sie die Aufzeichnung mit erneutem Drücken von »`q`« im Kommandomodus.

Die Tastenfolge ist nun – inklusive aller Vertipper und Korrekturen – im angegebenen Register enthalten, in unserem Beispiel »`a`« (überzeugen Sie sich mit »`:registers`«). Mit »**@a**« können Sie diese Tastenfolge jederzeit und überall vom Kommandomodus aus wieder »abspielen«, wie schon in 2.8 zu lesen war. Das Kommando »**@@**« wiederholt den letzten »Abspielbefehl«. Mehr Information gibt es unter »`:help q`«.

Nachteilig ist, dass man die Befehle blind eintippt. Wie in 2.8 erklärt, kann man Register aber auch mit anderen Mitteln belegen. Der Fantasie sind keine Grenzen gesetzt. Aufzeichnen mittels »`q`« bietet sich für kleine Routinearbeiten an.

2.9.3 Geteilte Fenster

Alle Feinheiten erfahren Sie unter »`:help windows`« und »`:help tab-page-commands`«

Einst schauten die *emacs*-Nutzer verächtlich auf die »*vi'ler*« herab: »Euer Editor kann ja nicht einmal mehrere Fenster gleichzeitig darstellen!« Gerüchteweise war das bei *vi* einst zwar vorgesehen, wurde aber nie verwirklicht. Sei es, wie es sei – inzwischen kann es auch *vim*, und das mit allen Raffinessen: Auf über 1.000 Zeilen wird in der Hilfe »`:help windows`« eine kaum zu überblickende Zahl von Befehlen und Optionen nur zu diesem einen Thema erklärt. Die Kommandoliste unter »`:help ^w`« wirkt regelrecht abschreckend.

Allerdings sollte man sich fragen, welchen Nutzen man heute noch davon hat. Wer lokal mit *vim* arbeitet, nutzt in der Regel eine grafische Oberfläche und wird, wenn er zwei Dateien gleichzeitig editieren will, zwei Fenster dafür »opfern«. Wesentlich komfortabler ist das Multiscreening, wie es beispielsweise die Konsole unter Linux/KDE bietet (der »*xterm*-Ersatz«). Dort kann man sehr schnell mit »`Alt + Cursor links/rechts`« zwischen virtuellen Bildschirmen wechseln und diese sogar per Tastatur mit »`Alt + Umschalt + Cursor links/rechts`« umsortieren. Wer über Netz arbeitet und nur ein Fenster zur Verfügung hat, kann sich unter UNIX oft mit *screen* helfen.

Ich sehe vor allem zwei Fälle, in denen eine Notwendigkeit besteht, sich schlimmstenfalls mit 12 Zeilen hohen oder 40 Zeichen breiten Ausschnitten zu plagen:

- Mehrere Fenster oder Multiscreening sind nicht verfügbar ...
- Es soll Text mittels Registern zwischen den Fenstern ausgetauscht werden ...

... und in beiden Fällen will man mehrere Texte gleichzeitig betrachten. Eine sinnvolle, allerdings über das hier Vorgestellte hinausgehende Anwendung ist *vimdiff*, die in 6.12 beschrieben wird. Auch bei der Hilfe (vgl. 1.2.1) lernten Sie bereits das Arbeiten mit geteilten Fenstern kennen.

Die Nutzung ist dennoch einfacher, als es die Hilfeseite erscheinen lässt. Am einfachsten startet man *vim* wie folgt:

```
vim -o datei1 -o datei2 ...
```

Dann wird der Bildschirm waagerecht geteilt, mit einer gemeinsamen Statuszeile (vgl. Abbildung 2.1).

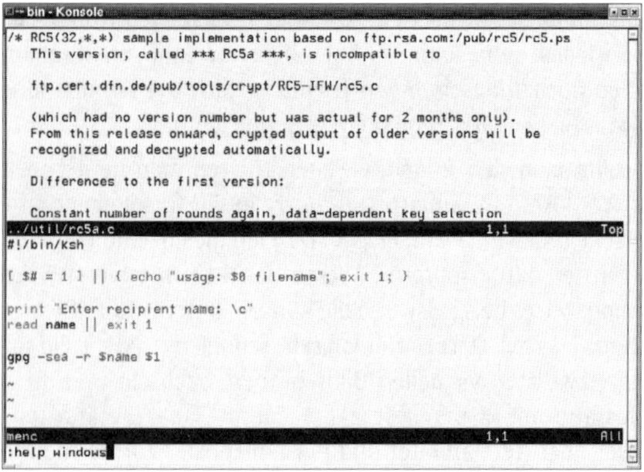

Abbildung 2.1: Splitten von Fenstern

Eine Auswahl nützlicher Befehle zum Arbeiten mit geteilten Fenstern bietet die folgende Tabelle.

:new ***datei*** **:vnew** ***datei***	Öffnen eines neuen Fensters mit der Datei *datei*; »`:new`« splittet horizontal, »`:vnew`« vertikal. Leere neue Fenster können auch mit »`Strg/W n`« (horizontal) und »`Strg/W n`« (vertikal) geöffnet werden.

Strg/W Cursortaste	Wechsel zum Fenster in Richtung der Cursortaste (erst »`Strg/W`« drücken, dann die Cursortaste)
Strg/W + **Strg/W -**	Vergrößern bzw. Verkleinern des aktuellen Fensters in senkrechter Richtung (bei waagerechtem Splitting). Ein vorgesetzter Zähler gibt an, um wie viele Zeilen sich die Größe ändern soll.
Strg/W > **Strg/W <**	Vergrößern bzw. Verkleinern des aktuellen Fensters in waagerechter Richtung (bei senkrechtem Splitting). Ein vorgesetzter Zähler gibt an, um wie viele Spalten sich die Größe ändern soll.
Strg/W =	Alle Fenster etwa gleich groß machen. Das Kommando ist z.B. bei *vimdiff* nützlich, wenn man das Terminalfenster nachträglich auseinander zieht und gleich breite Spalten haben möchte.
Strg/W _ **Strg/W |**	(Unterstrich, senkrechter Strich) Vergrößern des aktuellen Fensters auf den maximalen Wert (Höhe bei Unterstrich, Breite bei senkrechtem Strich).
z *nr*	Höhe des aktuellen Fensters auf *nr* Zeilen einstellen (mit `Enter` abzuschließen). Das Kommando »`z1`« ist nützlich, um ein Fenster weitgehend »verschwinden« zu lassen. Solche Situationen treten bei »`:helpg`« mit anschließendem Öffnen des Kommandofensters (»`:cw`«) auf, vgl. 1.2.1.
:q **:qa**	Die üblichen Kommandos zum Verlassen von *vim* wirken analog bei mehreren Fenstern: »`:q`« schließt das aktuelle Fenster, »`:qa`« beendet *vim*. Auch die Befehle zum Lesen und Speichern aus 2.1.5 funktionieren wie gewohnt.

Wer Fenster umsortieren möchte, mit einem »Vorschaufenster« arbeiten will, das Ergebnisse einer so genannten Tag-Suche anzeigt oder unbedingt einen Befehl in allen Fenstern gleichzeitig ausführen muss, sei wieder auf »`:help windows`« verwiesen. Eine andere Möglichkeit ist die Benutzung von *gvim*, der mausorientiert arbeitet. Aber die genannten Kommandos reichen bereits für die normale Arbeit aus, und es ist auch kein Problem, mit ihnen ein heilloses Chaos anzurichten (vgl. Abbildung 2.2).

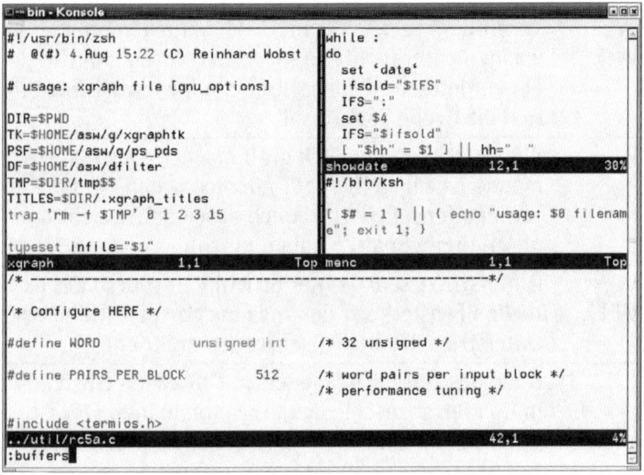

Abbildung 2.2: Was man nicht machen sollte...

2.9.4 vim7: Tabbed Windows als bessere Lösung

Wer mit Version 7 von vim arbeitet, kann die oben beschriebenen geteilten Fenster fast vergessen (außer bei *vimdiff*). Um mehrere Dateien gleichzeitig zu bearbeiten, starten Sie entweder vim wie folgt:

```
vim -p datei1 datei2 datei3 ...
```

- oder Sie fügen mit dem ex-Kommando »`:tabe` *`datei`*« eine weitere Datei zur Liste hinzu. Abbildung 2.3 zeigt, dass die Dateinamen oben als Reiter angezeigt werden.

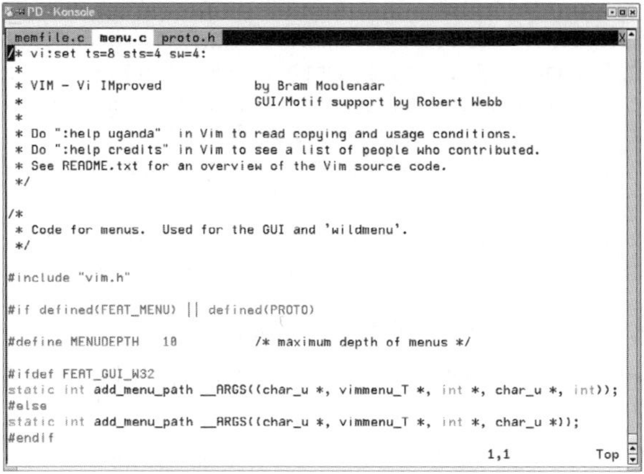

Abbildung 2.3: »Tabbed Windows«, gleichzeitiges Editieren mehrerer Dateien mit vim7

Der Name der gerade bearbeiteten Datei wird oben normal angezeigt, die anderen Namen sind grau unterlegt. Folgende Kommandos sollten Sie kennen, um bequem arbeiten zu können:

gt	Wechsel zum nächsten Tab (Reiter), vom letzten zum ersten zurück
gT	Wechsel zum vorigen Tab (Reiter) bzw. vom ersten zum letzten
3gt	Wechsel zum 3. Tag (die Zählung beginnt bei 1!)
:tabe *name*	Erzeugen eines neuen Tab rechts vom aktiven, mit der Datei *name*

Schließen Sie ein Fenster (z.B. mit »:q«), dann verschwindet der Reiter. Sind Dateinamen zu lang für einen Reiter, werden sie verkürzt, bei zu vielen Reitern wird nur eine begrenzte Zahl gleichzeitig angezeigt. Wurde der Inhalt im aktuellen Fenster verändert und noch nicht abgespeichert, so erscheint ein »+« vor dem Namen – ein nützliches Feature, an das man sich schnell gewöhnt. Ebenfalls nützlich ist, dass sich alle Fenster die gleichen Puffer teilen. Es ist also sehr bequem, Textteile von einem Fenster zum nächsten zu transportieren.

Wie Sie sehen, sind Tabbed Windows einfach zu nutzen und so nützlich, dass ich schon ihretwegen schnell von vim6 zu vim7 wechselte.

2.9.5 Nützliches und Fragliches

Ein paar Befehle, die man kennen sollte und die sogar oft gebraucht werden, bleiben übrig:

Strg/C	Wie fast überall die »Universal-**Abbruchtaste**«. Normalerweise kommt man mit »`Escape`« immer in den Kommandomodus zurück (evtl. nach einer Sekunde Wartezeit), doch »`Strg/C`« kann dies auch und obendrein komplizierte Suchen in riesigen Dateien abbrechen, die zu lange dauern. Selbst Skripte bricht der Befehl ab – recht nützlich bei versehentlichen Endlos-Schleifen.
Strg/G **g Strg/G**	»`Strg/G`« zeigt in der Statuszeile an, wie die aktuelle Datei heißt, wie viele Zeilen sie hat und wo man sich befindet (in Prozent). Das zweite Kommando liefert noch mehr Informationen: Spalte, Zeile, Wort und Byte. Wer den »Ruler« mit »`:set ruler`« aktiviert hat, benötigt die zweite Form seltener. Das Kommando »`Strg/G`« wird häufig gebraucht, denn der Dateiname verschwindet nach manchen Befehlen aus der Statuszeile.

Strg/L	**Neuzeichnen** des Bildschirms (wie bei den meisten UNIX-Applikationen). Das ist notwendig, wenn Ausgaben von im Hintergrund laufenden Prozessen das Bild zerstört haben.
Strg/P **Strg/N**	Wort-**Vervollständigung** im Einfügemodus: Sie beginnen ein Wort zu tippen und können es dann mit »`Strg/P`« ergänzen. *vim* sucht dabei rückwärts im Text nach dem nächsten Wort mit dem gleichen Anfang (bei »`Strg/N`« Suche in der Gegenrichtung). Das hilft vor allem bei Programmen mit längeren Bezeichnern, Tippfehler zu vermeiden und Zeit zu sparen; diese Befehle sind inzwischen zu Favoriten bei meiner *vim*-Nutzung geworden.
Strg/X + **Strg/O**	So genannte »`omni-ompletion`«: Ähnlich wie `Strg/P` und `Strg/N`, aber hier werden Dateityp-abhängige Ergänzungen angeboten, bei Python-Programmen z.B. Funktionen- und Klassennamen. Laut Online-Hilfe werden C, CSS, (X)HTML, Javascript, PHP, Ruby, SQL und XML (mit DTD!) unterstützt. Dieses Feature ist nicht so einfach zu nutzen, kann aber die Effizienz stark steigern. Näheres findet sich unter »`:help omni-ompletion`« (die Dokumentation war bei vim7 noch nicht ganz ausgereift).
~	(Tilde) Ein Kleinbuchstabe unter dem Cursor wird zum Großbuchstaben und umgekehrt. Auch das ist ein häufiger Befehl, z.B. beim Umbau von Sätzen.
= ***Positionierkommando***	**Formatieren** eines Bereiches entsprechend der Regeln, die für die aktuelle (in der Regel automatisch erkannte) Sprache definiert wurden. Dieses Thema wird in 6.8 ausführlicher behandelt, das Kommando erscheint hier wegen der Vollständigkeit. Es ist eines der leistungsstärksten unter *vim*. »==« rückt die aktuelle Zeile korrekt ein.

Des Weiteren gibt es noch Befehle, die man nicht unbedingt braucht. Die folgende kleine Tabelle soll die Neugier befriedigen, was beim Druck auf eine der »restlichen Tasten« geschieht:

Strg/A **Strg/X**	Die Zahl, auf die der Cursor zeigt, wird um 1 erhöht bzw. verringert. *vim* erkennt, ob es eine Dezimal-, Oktal- oder Hexadezimalzahl ist. Ein Leben ohne dieses Feature ist schwer vorstellbar. Die Hilfeseite beschreibt ein Makro zur Erzeugung nummerierter Listen.
K	Der UNIX-»`man`«-Befehl wird für das Wort unter dem Cursor ausgeführt.
Q	Standardmäßig Wechsel in den ex-Modus (Verlassen mit »`:vi`«), oft auf »`gq`« gemappt
g	Alle Buchstaben sind vergeben, »g« bleibt übrig. Daher verstecken sich in *vim*-Version 6.2 genau 50 Kommandos hinter diesem Buchstaben. Ein System kann es dabei nur notdürftig geben. Es sind wichtige Befehle darunter wie »`gv`« (Wiederherstellen des markierten Bereichs im visuellen Modus), »`gR`« (virtueller Ersetzungsmodus) und »`gq`« (Textformatierung), doch auch solch ausgefallene wie »`g?`« (Rot13-Codierung) oder »`go`« (Positionieren auf ein Byte-Offset). Erwähnenswert sind noch die Kommandos »`ga`« – Anzeigen des Codes des Zeichens unter dem Cursor (probieren Sie es einfach aus!) sowie das exotische Kommando »`8g8`«, das das nächste illegale Unicode-Zeichen ab Cursorposition findet. Man wird Letzteres selten brauchen, aber dann ist es ein sehr hilfreiches Kommando. Die Kommandos »`gt`« und »`gT`« zum Navigieren zwischen Reitern bei Tabbed Windows lernten Sie schon in 2.9.3 kennen.

2.9.6 Kennen Sie nun alles?

Für fast jede Taste sollten Sie jetzt deren Wirkung auf *vim* kennen, gleich ob mit oder ohne gedrückte Umschalt- bzw. Strg-Taste. Einige Strg-Kombinationen fehlen zwar, aber die Hilfe gibt Neugierigen bereitwillig darüber Auskunft. Sie werden nur einen Teil der Befehle benötigen, doch welchen, hängt von Ihrer Nutzungsart ab. Wenn Sie den beliebten Test bestehen »tippe Deinen Namen in *vim* ein, aber sage mir vorher, was passieren wird«, beherrschen Sie diesen mächtigen Editor schon ganz gut.

Trotzdem wurden bisher sozusagen nur Hammer, Zange und Feile erklärt. Erst die folgenden Kapitel machen mit Ihnen den Gang zur Maschine bis hin zum Vollautomaten, mit dem das Arbeiten erst richtig effektiv wird. Es fehlen noch fast sämtliche ex-Kommandos und damit auch das globale Editieren; es gibt Abkürzungen und Tastaturmappings; man kann Optionen und Farben setzen und überhaupt alles selbst konfigurieren, wenn man es braucht – und last but not least bietet *vim* eine einfache Programmiersprache, die trotzdem leistungsfähig genug ist, um komplexe Aufgaben zu automatisieren.

3 ex-Kommandos

Eine vollständige Liste aller ex-Kommandos finden Sie unter »:help :index« (Doppelpunkt nicht vergessen!).

vi, das Vorbild von *vim*, war ursprünglich eine Erweiterung des zeilenorientierten Editors *ex*. Alt-Informatiker kennen noch solche zeilenorientierten Werkzeuge, die anfangs sogar Fernschreiber als Terminals nutzten: Eine Zeile erschien auf dem Papier (oder schon auf einem Bildschirm), man tippte einen Befehl wie »s/eine/ein/« in die Maschine, und es erschien die korrigierte Zeile. Derartige Interfaces waren bis vor gar nicht so langer Zeit »gesellschaftsfähig«: VMS-Nutzer werden das bestätigen, und wer sich noch in den 90er Jahren mit TSO unter OS/390 herumplagen durfte, erst recht.

Dennoch sollte man nicht überheblich auf solche Editoren herabblicken. Sie können Erstaunliches leisten. Zum Beispiel vertauscht das zugegeben etwas kryptische *ex*-Kommando »:%s/eins\(\s\+\)zwei/zwei\1eins/g« in einem Ritt alle Wörter »eins« und »zwei« an den Stellen, wo »eins« nur durch Leerzeichen und/oder Tabulatoren getrennt vor »zwei« erscheint. Dabei bleibt der Zwischenraum erhalten. Solche Kunststückchen beherrschen Textverarbeitungen üblicherweise nicht.

Auch *vi* und *vim* können dies nicht – im Kommandomodus. Deswegen greifen beide Editoren auf den leistungsfähigen ex-Befehlssatz zurück. Alle mit einem Doppelpunkt »:« beginnenden Kommandos werden **ex-Kommandos** genannt, obwohl die Menge der Befehle inzwischen die ursprünglichen Fähigkeiten von *ex* bei weitem übersteigt: Nicht nur globale Editierbefehle und Arbeit mit Dateien und

Puffern werden von *ex*-Kommandos erledigt, sondern auch die unzähligen Optionen von *vim* werden damit eingestellt, Skripte abgearbeitet, Abkürzungen und andere Tastaturkürzel definiert. Obendrein existiert für eine große Zahl interaktiver *vim*-Kommandos ein wirkungsgleiches ex-Kommando, damit es bequemer von einem Skript ausgeführt werden kann. Zum Beispiel lässt sich der Cursor statt mit »`30G`« auch mittels »`:30`« auf die 30.Zeile positionieren.

Wer sich gern gruselt, darf sich unter »`:help :index`« einmal die 373 ex-Kommandos von *vim* Version 6.2 zu Gemüte führen. Wer mehr als im Folgenden erklärt wissen will oder etwas vermisst, auch. In diesem kurzen Kapitel können nur einige grundlegende Kommandos erklärt werden, die größtenteils schon unter *vi* genutzt wurden. Alle anderen sind themenbezogen über das Buch verteilt.

3.1 Die ex-Kommandos nutzen

> Hilfe zum Editieren und Vervollständigen der Kommandozeile gibt es unter »`:help cmdline`«.

In den ex-Modus gelangt man bekanntlich durch Drücken von »`:`« im Kommandomodus oder – eher unbeabsichtigt – durch Drücken von »`Q`«. Im zweiten Fall bleibt *vim* in diesem unattraktiven Zustand, bis Sie ihn mittels »`vi`« wieder verlassen. Im ersten Fall können Sie ein Kommando eintippen, das nach Drücken von »`Enter`« ausgeführt wird. Alle in 2.3.2 genannten Befehle zum Positionieren und Modifizieren im Einfügemodus können Sie während der Eingabe eines *ex*-Kommandos nutzen, mit folgenden Ausnahmen:

- Befehle, die die aktuelle Zeile verlassen würden
- Veränderung der automatischen Einrückung mit »`Strg/D`« und »`Strg/T`«

- wenn die Zeile nach dem »:« noch leer ist, verlässt man mit der Rücktaste (Backspace) den ex-Modus.

Der letzte Punkt ist wichtig, wenn man beim schnellen Tippen versehentlich in den ex-Modus geriet und dort schon einige Zeichen eingab, die eigentlich in den Text selbst eingefügt werden sollten: Mit der Taste »`Ende`« an das Ende der Statuszeile gehen, mit »`Strg/U`« die Eingabe löschen, und die Rücktaste drücken. Noch einfacher: »`Strg/C`« eingeben!

Beachten Sie außerdem: Der Doppelpunkt teilt dem Editor nur mit, dass er in den ex-Modus wechseln soll, er gehört nicht zum Kommando selbst. In diesem Kapitel erscheint er trotzdem am Anfang jedes Befehls, weil er bei interaktiver Nutzung mit angezeigt wird.

ex-Geschichte (ex-History)

Das in 2.6.2 beschriebene geniale Feature der »Such-Geschichte« gibt es analog auch für ex-Kommandos, und Sie sollten sich von Anfang an daran gewöhnen, denn Sie sparen dadurch unglaublich Nerven und Zeit:

- Nach dem Drücken von »`:`« mit dem Cursor hoch fahren – schon erscheinen Ihre zuvor gegebenen ex-Kommandos wieder. Wie in 2.6.2 beschrieben, können Sie diese recht simpel editieren.
- Weitere Möglichkeit: Nach Eingabe von »`q:`« im Kommandomodus erscheint ein Fenster (»Kommandozeilenfenster«) mit den alten Befehlen, in dem Sie alle *vim*-Befehle zum Editieren nutzen können und sogar Dateien einlesen bzw. beschreiben dürfen. Nur »`Enter`« wirkt anders: Der Befehl wird ausgeführt. Die gleiche Wirkung wie »`q:`« hat übrigens »`Strg/F`« im ex-Modus (vgl.a. »`:help cedit`«).

- Analog zu Suchbefehlen gilt: Werden diese nicht mit »`Enter`«, sondern mit »`Escape`« abgeschlossen, so führt *vim* sie nicht aus, sondern legt sie nur in der Geschichte ab.

Vervollständigung, lange Ausgaben

Die in 1.2.1 bei der Hilfe vorgestellten Kommandos zur Vervollständigung funktionieren generell für ex-Befehle. Dabei reagiert *vim* möglichst intelligent: Nach einem »set«-Kommando sucht er in möglichen Optionen, nach »help« in den Stichworten der Hilfetexte, am Zeilenbeginn nach Kommandonamen, und z.B. nach »if«, »call« o. Ä. nach Variablen- bzw. Funktionennamen. Vor allem ist nützlich, dass *vim* auch Dateinamen vervollständigt, wenn er welche erwartet.

`Strg/D`	Alle möglichen Ergänzungen der bisher getippten Zeichenkette werden angezeigt. Der Cursor muss dabei hinter dem letzten getippten Zeichen stehen!
`Tab`	Nach einem »`Strg/D`« ergänzt der Tabulator mit der ersten Möglichkeit. Wenn es mehrere Möglichkeiten gibt, werden diese der Reihe nach bei wiederholtem Drücken der Tab-Taste eingesetzt, und beim ersten Druck ertönt ein Piepton.

Wie schon bei der Hilfe erwähnt, ist das ein wichtiger Rettungsanker. Übrigens haben die meisten *ex*-Kommandos auch Kurzformen, wie Sie den Befehlslisten und den Hilfeseiten entnehmen können.

Manche *ex*-Kommandos erzeugen Ausgaben, die über mehrere Zeilen gehen (z.B. »`:1,10 list`«). Wird mehr als eine Bildschirmseite ausgegeben, dann stoppt die Ausgabe vorher und zeigt »`-- More --`« in der Statuszeile an. Nun können Sie seitenweise (Leertaste) oder zeilenweise (»`Enter`«) weiterblättern sowie mit »`q`« abbrechen. Einzelheiten erfahren Sie unter »`:help more`« und »`:help pager`«. In jedem Fall erscheint am Ende die selbsterklärende Ausgabe »`Hit ENTER or type command to continue`«.

3.2 Bereiche

Bei einem *ex*-Kommando gibt man oft einen Bereich von Zeilen an, auf die sich das Kommando beziehen soll. Der Bereich erscheint an erster Stelle; darauf folgen optional Leerzeichen und Kommandos. Die Syntax ist sehr ähnlich zu der bekannter UNIX-Tools wie *ed*, *sed* oder auch *awk:*

```
adr             oder
adr1,adr2       oder
adr1;adr2
```

Das heißt: Zeile `adr` (erste Zeile im Beispiel) oder: Alle Zeilen von `adr1` bis einschließlich `adr2` (Zeilen 2 und 3 im Beispiel) werden ausgewählt. Die Adressen sind dabei

- Zahlen, die als Zeilennummern interpretiert werden (auch Null ist zulässig);
- Suchmuster vorwärts (»`/.../`«) und rückwärts (»`?...?`«);
- Marken in der Form »`'a`« (mit gewöhnlichem Apostroph, keinem links geneigten); Achtung – Markennamen mit Großbuchstaben sind nur zulässig, wenn sich das Ziel im gleichen Puffer befindet;
- »`.`« (Punkt) für die aktuelle und
- »`$`« für die letzte Zeile.

Häufig wird zudem »%« als Synonym zu »`1,$`«, also dem gesamten Puffer, verwendet.

Beispiel: »`:2,9 number`« (»`number`« = Ausgabe mit Zeilennummern) kann folgende Ausgabe erzeugen:

```
2 Eine Weisheit der Dakota-Indianer sagt: »Wenn du entdeckst, dass du
3 ein totes Pferd reitest, steig ab.«
4 Doch im Berufsleben versuchen wir oft andere Strategien, nach denen
5 wir in dieser Situation handeln:
6 1. Wir besorgen eine stärkere Peitsche.
7 2. Wir wechseln die Reiter.
8 3. Wir sagen: »So haben wir das Pferd doch immer geritten.«
9 4. Wir gründen einen Arbeitskreis, um das Pferd zu analysieren.
```

Statt des Kommas kann auch ein **Semikolon** stehen. Dabei wird der Cursor zuerst auf `adr1` gesetzt und dann erst `adr2` ausgewertet. Bei explizit angegebenen Zeilennummern spielt das keine Rolle, wohl aber bei Suchmustern:

- Wenn der Cursor in Zeile 8 steht, listet »`:2,/Pferd/ number`« die Zeilen 2 bis 9 – das Muster wird in den Zeilen *nach* dem Cursor gesucht.
- Dagegen listet »`:2;/Pferd/ nu`« nur die Zeilen 2 und 3: Der Cursor wird auf Zeile 2 gesetzt und ab Zeile 3 nach »Pferd« gesucht.

Um ein eventuelles Auftreten eines Suchmusters schon in Zeile 1 berücksichtigen zu können, verwendet man die Zeilennummer 0: »`:0,/Weis/ nu`« listet nur Zeile 1. (Mit diesem Trick kann man auch Dateien vor der ersten Zeile einschieben – vgl. 2.1.4, »`:r`«.)

Außerdem kann jede Adresse noch mit einem **Offset** versehen werden: »`:2;/Pferd/-1 nu`« listet nur die Zeile 2. Häufig braucht man Kommandos der Form

```
:.,+1 w twoline.txt
```

Hier werden die aktuelle und die folgende Zeile in die Datei `twoline.txt` geschrieben. Eigentlich müsste es »`.,.+1`« heißen, doch die aktuelle Cursorzeile ist Standard für die jeweilige Adresse.

Wenn Sie im visuellen Modus etwas markiert haben und dann einen ex-Befehl eingeben, erscheint am Zeilenanfang »`'<,'>`«. Das ist ein von zwei Marken beschriebener Zeilenbereich; die beiden Marken werden automatisch generiert und stehen am Anfang und Ende des visuellen Bereiches (»`:help '<`«).

3.3 Editierbefehle

3.3.1 Ersetzung (Substitution)

Eine vollständigere Liste von Befehlen zu diesem Abschnitt finden Sie unter »`:help substitute`«.

Der übliche Ersetzungsbefehl hat die Form

```
:[Bereich] s/Suchmuster/Ersetzung/[Flags]
```

(ein optionaler Zähler ist hier weggelassen, vgl. »`:help substitute`«) und wird wie folgt interpretiert:

- **Bereich:** Fehlt dieser, bezieht sich der Befehl nur auf die aktuelle Zeile.
- **Suchmuster:** Dies ist ein regulärer Ausdruck (vgl. 2.6.3), der auch das Symbol »`\n`« für den Zeilenwechsel enthalten kann.
- **Ersetzung:** Das ist eine Zeichenkette, die an Stelle des Textes, auf den das Muster passt, eingesetzt wird. Standardmäßig wird in jeder Zeile nur eine Substitution durchgeführt. Einige Zeichen in der Ersetzung haben eine besondere Bedeutung:
  - **»\r«** (oder auch »`Strg/V Enter`«, was aber in Skripten Probleme bereiten kann) erzeugt einen Zeilenwechsel. (Dieses Feature hatte man sich als *vi*-Nutzer schon oft gewünscht!) Verwirrend wirkt allerdings, dass nicht wie erwartet »`\n`« diese Funktion hat. Das fügt nämlich ein Nullbyte »`\0`« ein (im Text als »`^@`« dargestellt), die interne Darstellung von »`\n`«.
  - **»\t«** steht für das Tabulatorzeichen.
  - **»\\«** erzeugt wie üblich den Backslash »`\`« selbst.
  - **»\1«, »\2«, ...:** Wenn im Suchmuster Teile mit »`\(...\)`« markiert sind, dann steht »`\1`« für den Textteil, der zum ersten Klammerpaar (von links gezählt) passt, »`\2`« zum zweiten Klammerpaar

usw. Damit kann man z.B. die ersten beiden Spalten in einer Texttabelle vertauschen:

```
:s/^\([a-zA-Z0-9]\)\(\s\+\)\([a-zA-Z0-9]\)/\3\2\1/
```

- »&« steht für das gesamte gefundene Textmuster. Diese Schreibweise erspart u.U. die lästige Konstruktion »\(...\)«:

```
»:s/gefundene_muster_ein/&_lesen/«.
```

- »~« (Tilde) steht für die Ersetzung des letzten Substitutionsbefehls. Das werden Sie vielleicht nicht brauchen, aber Sie müssen wissen, dass Sie »\~« schreiben müssen, um eine Tilde einzufügen.

- **Flags:** Das sind Buchstaben, die die Art der Ersetzung genauer beschreiben. Die wichtigsten sind:
  - **»g«** *(global)*: In jeder Zeile werden so viele Ersetzungen wie möglich durchgeführt (normalerweise nur eine pro Zeile). Dieses Flag ist wichtig, wenn Sie z.B. global ein Wort ersetzen wollen: »:%s/daß/dass/g«.
  - **»c«** *(confirm)*: Vor jeder Ersetzung fragt *vim* nach:

```
replace with seine\nMutter (y/n/a/q/l/^E/^Y)?
```

Die Bedeutung von y/n/q dürfte dabei klar sein (q = Abbrechen), die der anderen Zeichen weniger:

»a« (all): ab hier ohne Nachfrage ersetzen

»l« (last): wie »y« und beim nächsten Mal »q«

»^E, ^Y«: Auf- und Abrollen um eine Zeile (übliche *vim*-Kommandos, s. 2.4.5). Das ist sehr praktisch gedacht, damit man vor einer Ersetzung den Kontext betrachten kann.

  - **»p«** *(print)*: Die Zeile wird nach erfolgter Ersetzung ausgegeben (eine Zeile über der Statuszeile). Das ist nicht bequem, aber sinnvoll, um Fehlentscheidungen (»hier hätte ich 'n' tippen müssen!«)

rechtzeitig zu erkennen. Zwar kann man sie nicht sofort korrigieren, findet sie allerdings mit Hilfe der Sprungliste (2.4.7) wieder.

- **Trennzeichen »/«:** An Stelle des Schrägstrichs kann auch jedes nicht alphanumerische Zeichen außer »\«, »"« »|« verwendet werden. Sonst könnte man keine Schrägstriche substituieren:

  »:s@Esc/A@Esc+A@g«.

> Bei der einfachen Substitution jeweils weniger Wörter mit festen Ersetzungen ist es allerdings einfacher, mit Hervorhebung zu suchen (»:set hls«), den Ersetzungsbefehl von Hand einzugeben und ab zweitem Auftreten mit »n« nach dem gleichen Muster zu suchen sowie die Substitution mit dem Punkt-Kommando ».« zu wiederholen.

Der Substitutionsbefehl ist sehr mächtig, allerdings nicht immer leicht anzuwenden. Er wird meist dann bemüht, wenn es um umfangreiche, globale und schwierige Änderungen geht, bei denen Handarbeit zu langsam oder zu fehleranfällig ist. Die Verwendung von Skripten sowie die Kommandos »q:« und »u« (undo) helfen beim Experimentieren.

So schwierig die Syntax auch erscheinen mag: Das hier Erwähnte umfasst selbstverständlich noch längst nicht alles, was Nutzer und Entwickler für wichtig hielten. Lesen Sie selbst nach unter »:help substitute«.

3.3.2 Weitere Editierkommandos

Globales Kommando

Das globale Kommando hat die Form

:[*Bereich*] g [!] /*Suchmuster*/ *ex-Kommando*

Dabei sucht *vim* zuerst in allen Zeilen des Bereichs nach dem Suchmuster, merkt sich die gefundenen Zeilen und führt danach für diese

Zeilen das ex-Kommando aus. Diese Reihenfolge ist wichtig, wenn durch das Kommando Zeilen eingefügt oder gelöscht werden (denn dann stimmt u.U. die Bereichsangabe nicht mehr). Im Unterschied zum Ersetzungskommando »`:substitute`« aus 3.3.1 wird hier bei fehlender Bereichsangabe natürlich nicht die aktuelle Zeile genommen, sondern der gesamte Puffer. Ein **Ausrufezeichen** nach dem »`g`« negiert das Suchmuster, d.h., es werden alle Zeilen gewählt, auf die das Muster *nicht* passt. – Das Kommando kann mit »`Strg/C`« abgebrochen werden. Beim Undo-Befehl werden alle Veränderungen in einem Schritt rückgängig gemacht.

Der Unterschied zum normalen Ersetzungskommando scheint minimal, doch der Eindruck täuscht. So kann man mit dem globalen Kommando in allen Zeilen, in denen ein bestimmtes Muster vorkommt, ein Wort durch ein anderes ersetzen, gleich, ob dieses Wort vor oder hinter dem Muster steht oder sogar Teil des Musters ist. Auch bei Editierbefehlen wie »`:d`« (Zeile löschen) kann man verständlicher und kürzer »`:g /Ulli/ d`« statt »`:%s/^.*Ulli.*\n//`« schreiben. Selbst das »`:normal`«-Kommando, mit dem Befehle des *vim*-Kommandomodus ausgeführt werden können, ist mit einiger Vorsicht einsetzbar – vgl. dazu 5.5.4.

Löschen

Der Löschbefehl »`:d`« wirkt wie »`:s/^.*\n//`« – fast. Denn die allgemeinere Form lautet

```
:[Bereich] d [Registername]
```

Der gelöschte Text kann also gleichzeitig in einem Register (2.8) gespeichert werden. Das erlaubt in Skripten z.B. das automatische Umsortieren von Zeilen.

Einfügen, Anhängen, Ersetzen

Die folgenden drei Befehle erscheinen auf den ersten Blick wenig sinnvoll, weil sie im Kommandomodus viel einfacher sind. Beim automatischen Modifizieren mittels *vim*-Skripten sind sie jedoch sehr nützlich.

:i	*(insert)* Einfügen von Text *vor* die angegebene Zeile. Nach dem Drücken von »`Enter`« können Sie die Zeilen eingeben. Eine Zeile, die nur aus einem Punkt ».« besteht, wird als Eingabe-Ende interpretiert.
:a	*(append)* Analog zur »`:i`«, nur wird *nach* der aktuellen Zeile eingefügt
:[*bereich*] c	*(change)* Die aktuelle Zeile/der Bereich wird durch den nachfolgend eingegebenen Text ersetzt.

Das automatische Editieren können Sie ganz leicht selbst testen: Erstellen Sie eine Datei `v` mit folgendem Inhalt:

```
c
Diese Zeile wurde ersetzt.
.
```

Dann editieren Sie eine beliebige Datei und geben ein: »`:so v`« (Einlesen von ex-Kommandos aus der Datei `v`). Die aktuelle Zeile wird durch die im Beispiel angegebene ersetzt. Allerdings sind ein paar Fallstricke zu beachten:

- Sie können diese Kommandos nicht mit dem Global-Kommando »`g`« kombinieren.
- Diese Kommandos arbeiten zwischen »`if`« und »`else`« nicht korrekt (wichtig für *vim*-Skripte, vgl. Kap. 5).
- Um eine Zeile einzufügen, die nur einen Punkt enthält, müssen Sie z.B. eine Zeile »`..`« einfügen und dann einen Punkt mit einem weiteren Kommando löschen.

- Vorsicht bei Fortsetzungszeilen (vgl. 5.1) – die letzte eingefügte Zeile darf keine Fortsetzung sein. Wie Sie mit diesem sehr speziellen Problem zurechtkommen, erfahren Sie unter »`:help line-continuation`«.

3.4 Sonstige Befehle (Auswahl)

3.4.1 Verbindung zur Außenwelt

Ein Feature von *vim*, das wesentlich für seine Anpass- und Erweiterbarkeit verantwortlich zeichnet, ist die Möglichkeit, externe Kommandos auszuführen und ihre Ausgaben zu verwerten. Die Befehle in der folgenden Tabelle sollten Sie auf jeden Fall parat haben, denn sie werden häufig gebraucht:

:sh **:shell**	Die in der Option »`shell`« angegebene Shell wird gestartet. *vim* unterbricht so lange seine Arbeit. Nach Verlassen der Shell nimmt er diese wieder auf. Unter UNIX hat »`shell`« standardmäßig den Wert der Umgebungsvariablen `$SHELL`; Sie können ihn auch mit »`:set shell?`« kontrollieren. Näheres vgl. »`:help 'shell'`« (mit Apostrophen!).
:[*bereich*] ! *sh-befehl*	Ohne Angabe eines Bereiches: Ausführen des Shell-Befehls *sh-befehl* (z.B. »`:!ls`«, wenn ein »`:r`«-Kommando nicht glückt). Mit Angabe eines Bereiches: Filterkommando; die Zeilen des Bereiches werden durch die Ausgabe des Shell-Befehls ersetzt. Ein beliebtes Beispiel in Lehrbüchern ist »`:.,+5 ! sort`«: Alphabetisches Sortieren von sechs Zeilen ab Cursor.

	Noch bequemer wird dies in Verbindung mit dem visuellen Modus, z.B. so: Cursor auf erste Zeile des Bereichs setzen, »V« tippen, mit Cursor zur letzten Zeile des Bereichs fahren und »:« tippen – bes erscheint »:'<,'>« in der ex-Zeile, und man kann danach sofort »! *sh-befehl*« tippen. **Achtung!** Die Fehlerausgabe des Kommandos wird ebenfalls eingefügt, Änderungen sind mittels der Option »shellredir« möglich.
:[*bereich*] !!	Analog zu den zwei vorigen Befehlen; das zuletzt angegebene Shell-Kommando wird verwendet.
:[*bereich*] w ! *sh-befehl*	Der angegebene Bereich (Standard: der gesamte Puffer) wird als Standardeingabe für das Shellkommando verwendet. Das Leerzeichen nach dem »w« ist entscheidend! Beispiel: »:1,.w !wc -c« zählt die Zeichen bis einschließlich der aktuellen Zeile (einfacher geht es allerdings mit »g Strg/G«).
:r ! *sh-befehl*	Das Shellkommando wird ausgeführt und seine Ausgabe nach der Cursorzeile eingefügt. Beispiel: »:r !ls -C« – Inhalt des aktuellen Verzeichnisses spaltenweise in den Text einfügen.
:so *datei* :source *datei*	Ausführen der ex-Kommandos, die in der Datei *datei* enthalten sind. Das ist die einfachste Möglichkeit, *vim*-Skripte auszuführen. *datei* kann wieder ein source-Kommando enthalten: Bis zu 15fache Verschachtelung ist erlaubt. Eventuell benötigte Eingaben während der Abarbeitung werden trotzdem interaktiv angefordert.

3.4.2 Spezielle Ausgaben

Die folgenden Befehle werden vorwiegend in *vim*-Skripten verwendet. Dennoch gibt es auch interessante Anwendungsfälle für die interaktive Nutzung.

:[*bereich*]p **:[*bereich*]print**	Ausgabe der Zeilen aus *bereich*. Das Kommando kann interaktiv als »erweitertes *grep*« genutzt werden, vgl. den »`redir`«-Befehl.
:[*bereich*]l **:[*bereich*]list**	Analog zu »`:print`«, allerdings werden nicht druckbare Zeichen als »`^char`« dargestellt (insbesondere der Tabulator als »`^I`«) und das Zeilenende mit »`$`« markiert. Interaktiv nutzt man eher »`:set list`« und »`:set nolist`«, die auf den gesamten Puffer wirken.
:[*bereich*]nu **:[*bereich*]number**	Wie »`p`«, aber mit vorgesetzter Zeilennummer
:redir [!] >*datei*	*(redirect)* Alle Ausgaben der ab jetzt gegebenen ex-Kommandos erscheinen nicht nur auf dem Bildschirm, sondern werden ebenso in *datei* geschrieben. So kann man z.B. mühelos Teile eines Puffers in einer anderen Datei »sammeln«. Durch geeignete Angaben von Bereichen beim »`:print`«-Kommando (Suchmuster, globales Kommando!) lässt sich diese Auswahl sehr intelligent durchführen: `g /mitp/ .-2,.+2p` gibt alle Zeilen, in denen »mitp« vorkommt, einschließlich zwei Zeilen davor und zwei Zeilen danach aus (Trennlinien lassen sich einfügen wie folgt:

	`g /mitp/ echo "-------" |.-2,.+2p)` Erscheint das Ausrufezeichen »`!`«, wird *datei* überschrieben, falls sie schon existiert.
:redir END	Beenden der Umleitung
:silent [!] ***befehl***	Die Ausgaben bei Abarbeitung des ex-Befehls *befehl* werden unterdrückt, bei gesetztem Ausrufezeichen »`!`« auch die Fehlermeldungen. »`:silent`« nach »`:redir`« sorgt dafür, dass die Ausgaben nur noch in der angegebenen Datei landen. Nach Beendigung des Befehls braucht nicht wie üblich »`Enter`« gedrückt zu werden. Der Bildschirm wird nicht neu aufgebaut. Bei interaktiver Nutzung kann »`Strg/L`« den Bildschirminhalt wieder herstellen.
:echo ***ausdruck***	Ausgabe des Ausdrucks *ausdruck* auf dem Bildschirm. Typisch für *vim*-Skripte, vgl. Kap. 5 (dort erfahren Sie mehr über Ausdrücke). »`:echo "Gante"`« gibt einfach »`Gante`« aus (vgl. das Beispiel unter »`redir`«).
:asc **ga**	Ausgabe des ASCII-Wertes des Zeichens unter dem Cursor (dezimal, hexadezimal und oktal sowie als Zeichen). Interessant z.B. bei Digraphen (2.3.2) und Steuerzeichen. Das »Sonderkommando« `ga` hat die gleiche Wirkung (»get ASCII«).

4 Einstellungen konfigurieren, speichern, wiederherstellen

Bisher lasen Sie nur Sätze wie »Geben Sie ':set showcmd' ein oder schreiben Sie das Kommando gleich in `.vimrc`«. Allerdings kann man in Konfigurationsdateien viel unterbringen: Tastaturkürzel (*Mappings*), automatisch auszuführende Kommandos, Funktionsdefinitionen und mehr. Mit Inhalten, die über Optionen hinausgehen, werden sich die Kapitel 5 und 6 beschäftigten. Hier geht es darum, *wie* man diese Einstellungen speichert.

4.1 Konfigurieren – aber wo?

Welche Initialisierungen beim Start von *vim* ablaufen, wurde in 2.1.3 beschrieben. Die für Sie wichtigste Datei ist dabei ohne Frage **.vimrc** im HOME-Verzeichnis. Darin sollten die Einstellungen stehen, die Sie in allen *vim*-Sitzungen nutzen wollen.

Außerdem liest *vim* beim Start noch die **PlugIns**. Das klingt technischer, als es ist – auch PlugIns sind einfach *vim*-Skripte, nur sind sie der Übersichtlichkeit halber als einzelne Dateien im Verzeichnis `$HOME/.vim/plugin` untergebracht. Komplexere Skripte gehören eher dort hin, nicht in `.vimrc`, obwohl sie theoretisch alle in dieser einen Datei stehen könnten. Nur beim Start als »`vim -u NONE`« oder »`vim --noplugin ...`« werden PlugIns nicht geladen. Dafür führt sie *vim* beim Start als »`vim -u NORC`« aus, ohne `.vimrc` zu berücksichtigen. Mehr über PlugIns unter »`:help plugin`« und vor allem »`:help write-plugin`«. Es sind sogar Erweiterungen der Hilfe möglich, vgl. »`:help add-local-help`«.

Eine spezielle Form von PlugIns sind **Filetype-PlugIns** (dateityp-abhängige PlugIns). Eigene PlugIns bringen Sie im Verzeichnis `$HOME/.vim/ftplugin/` unter; ihr Name muss die Form »*typ*`.vim`« haben. Sie werden nur geladen, wenn der Dateityp *typ* eingestellt ist. Das macht *vim* teilweise automatisch, z.B. wenn der Dateiname auf »`.c`« endet (`filetype=c`) oder die erste Zeile »`#!/bin/sh`« heißt (Shellskript). Verantwortlich für die Erkennung ist das Skript `filetype.vim`, dessen Ort Sie nach dem Start mittels »`:script`« erfahren. In solchen PlugIns wird z.B. definiert, wie ein Schlüsselwort in der jeweiligen Sprache aussieht (um mit »`*`« und »`#`« suchen zu können), welche Gestalt Kommentare haben und wie Zeilen einzurücken sind.

Weil Filetype-PlugIns vom Dateityp abhängen, werden sie erst mit dem jeweiligen Puffer geladen. Deswegen müssen alle im PlugIn definierten Variablen, Mappings usw. lokal zum Puffer sein. Das erfordert Sorgfalt beim Schreiben. Die Regeln erfahren Sie unter »`:help write-plugin`«, Allgemeines unter »`:help filetype-plugin`«.

Abweichende Einstellungen

Für manche Zwecke werden Sie *vim* für einen speziellen Zweck »zurechtbiegen« wollen. Ich nutze beispielsweise die Skripte »`viw`« und »`vixml`«, von denen aus *vim* mit Einstellungen gestartet wird, die bequemes Formatieren von Text bzw. Schreiben von XML-Dateien erlaubt. Es gibt verschiedene Möglichkeiten, solche Flexibilität zu erreichen:

- Man lädt eine eigene Konfigurationsdatei. `vixml` könnte z.B. so aussehen:

  ```
  #!/bin/bash
  vim -u $HOME/.vim/stuff/xmlrc $*
  ```

  Um nicht all die Optionen und anderen Anweisungen aus `.vimrc` in `xmlrc` nochmals anzuführen (das wäre bei späteren Änderungen von `.vimrc` eine großartige Fehlerquelle!), sollte die letzte Zeile von `xmlrc` lauten:

```
source $HOME/.vimrc
```

Nachteilig ist, dass für jedes Skript eine extra Datei (hier `xmlrc`) verwaltet werden muss.

- Einfacher geht es wie folgt:

```
#!/bin/bash
vim -c "source $HOME/.vim/stuff/xmlrc" $*
```

Hier wird `.vimrc` noch vor `xmlrc` ausgeführt. Auch hier ist eine gesonderte Datei `xmlrc` zu verwalten.

- Das letztgenannte Problem kann man umgehen, wenn man die Umgebungsvariable `VIMINIT` belegt. Allerdings muss man dann ein wenig tricksen. Mein Skript `viw` z.B. sah ursprünglich so aus:

```
#!/bin/ksh
VIMINIT="nmap <F1> gqap|set fo=q|so ~/.vimrc"
export VIMINIT
vim $*
```

Hier werden mehrere Befehle in der gleichen Zeile mit einem senkrechten Strich »|« getrennt, vgl. 5.1. Der letzte Befehl liest wieder die originale `.vimrc`-Datei ein. Das Skript belegt lediglich die Funktionstaste F1 im Kommandomodus mit der Tastenfolge »`gqap`« (formatiere den aktuellen Absatz) und setzt eine Option.

Passen nicht alle Befehle in eine Zeile, kann man so vorgehen:

```
VIMINIT="..."
VIMINIT="$VIMINIT|..."
VIMINIT="$VIMINIT|..."
```

Beachten Sie dabei aber, dass die Trennung mit »|« nicht für alle Befehle zulässig ist – vgl. 5.1. Dieses Konzept eignet sich nur für kürzere, einfache Anwendungen.

Es sind noch viele andere Möglichkeiten denkbar. Für den interaktiven Gebrauch kann man sich auf eine »Generaltaste« (F12 etwa) einen Funktionsruf legen, der ein Menü startet, aus dem man sich die »geeignete« Initialisierung heraussucht – unter *gvim* geht das sogar mit eigenen Pull-Down-Menüs. Dateigebunden kann man mit »`modelines`« (vgl. 6.6) Voreinstellungen angeben. Nicht zuletzt gibt es die in 4.6.2 genannten Möglichkeiten, Views und Sitzungen zu speichern und wieder zu laden. Mit etwas Überlegung findet man für fast jedes Problem eine komfortable Lösung unter *vim*. Ich ziehe die Variante des Mini-Shellskripts vor; schauen Sie auch einmal unter 7.1 dazu nach.

4.2 Optionen setzen: Syntax

Hilfe zu diesem Abschnitt gibt es unter »`:help set`« und »`:help local-options`«.

Optionen sind interne Variable, die also auch in *vim*-Skripten gelesen und gesetzt werden können (vgl. 5.3.2). Sie steuern das Verhalten von *vim*. Es gibt drei Arten davon:

- **Boolesche** Optionen, die zwei Werte annehmen können: »`on`« und »`off`«. Beispiel: »`compatible`« (»`cp`«); diese gesetzte Option sorgt für *vi*-kompatibles Verhalten von *vim* (standardmäßig abgeschaltet).
- **Numerische (Zahlen-)**Optionen mit ganzzahligen Werten. Beispiel: »`shiftwidth`« (»`sw`«), das Einrücktiefen als Spaltenzahl angibt.
- **Zeichenketten**-Optionen. Beispiel: »`shell`« (»`sh`«), der Name der Shell.

Optionen können Sie mit ihrem vollen Namen (Langform) oder als Abkürzung verwenden: »`shiftwidth`« und »`sw`« bedeuten das Gleiche. Ich empfehle, bei häufiger interaktiver Verwendung die Kurzform zu nutzen und in Skripten die Langform. Greifen Sie auf die in 3.1 beschriebene Vervollständigung mittels »`Strg/D`« und `Tab`-Taste zurück, wenn Sie nur die ersten Buchstaben der Option kennen: »`:set shi`« wird zu »`shiftwidth`« oder »`shiftround`« ergänzt.

Optionen werden mit dem ex-Kommando »**set**« eingestellt, geändert und abgefragt.

Syntax in Konfigurationsdateien: Während Sie in einem ex-Kommando schreiben »`:set ...`«, fehlt der Doppelpunkt, wenn der Befehl in einer Datei auftaucht. Merke: Der Doppelpunkt teilt *vim* mit, dass jetzt ein ex-Kommando folgt, er gehört nicht zum Kommando selbst.

Kommentare beginnen mit Anführungsstrichen »"«. Unbedenklich können so Kommentarzeilen eingefügt werden (wie Sie bei der Anzeige von »`:options`« sehen). Das Anhängen eines Kommentars nach Befehlen erfordert Aufmerksamkeit – es ist nur zulässig, wenn der Kommentar nicht als Bestandteil des Kommandos gedeutet werden kann. Beispiele:

```
set sw=1        "Kommentar erlaubt
map <F2> "ap    "kein Kommentar!
```

Der »`set`«-Befehl kann nun wie folgt genutzt werden (noch mehr Details erfahren Sie unter »`:help set`«):

:set	Alle Optionen anzeigen, die vom Standardwert abweichen.
:set all	Alle Optionen (außer Terminaloptionen, dazu »`:set termcap`« tippen) anzeigen.
:set *option*?	Wert von Option *option* anzeigen.
:set *option*	Boolesche Option auf »`on`« setzen. Beispiel: »`:set list`«.

:set no*option*	Boolesche Option auf »`off`« setzen. Beispiel: »`:set nolist`«.
:set *option*=...	Numerische oder Zeichenketten-Option setzen. Vor »=« dürfen Leerzeichen stehen, danach nicht. Gehören Leerzeichen zum Wert, sind diese mit »\\« zu schützen: »`:set titlestring=Finger\ weg!`«
:set *option*+=...	Zeichenkettenoption: Wert anhängen, auch an »Komma-Listen« wie »`cinwords`« (das Komma ist nicht mit anzugeben). Numerische Option: Wert addieren.
:set *option*-=...	Analog zum vorigen Punkt Zeichenkette aus Option entfernen (auch aus »Komma-Listen«, wieder entfernt *vim* das Komma gleich mit), bei numerischer Option: Wert subtrahieren.
:set *option*^=...	Zeichenkette an Anfang der Option setzen (numerische Option: multiplizieren – sehr eigenwillig!).
:set option& **:set all&**	Option auf Standardwert zurücksetzen (bzw. alle Optionen, außer Terminal-Optionen), mit Ausnahme von Terminaltyp und Fenstergröße.

Nach »`:set`« können auch mehrere Optionen erscheinen, z.B. »`:set shiftwidth=1 sm sc`«.

Es gibt noch eine andere Form des set-Befehls: **»setlocal«**. Diese erfordert eine kurze Erklärung: Manche Optionen wie »`compatible`« wirken in allen Puffern und Fenstern; sie sind **global** und können mit »`:set`« geändert werden. Etwa 75% aller Optionen zählen dazu. Andere, wie etwa »`shiftwidth`«, können in jedem Puffer oder sogar Fenster einen anderen Wert annehmen, sie sind also **lokal**. Die lokalen Werte können Sie mit dem Befehl »`setlocal`« festlegen. Bei Filetyp-PlugIns (s. 4.1) müssen Sie darauf achten, nur lokale Optionen zu setzen, damit andere Puffer »unbehelligt« bleiben.

4.3 Optionen setzen: die richtige finden

Übersichten in: »`:help option-summary`«, »`:help option-list`« und vor allem »`:options`«

vim kennt in der Version 6.2 etwa 300 verschiedene Optionen. Wenn Sie vor nichts zurückschrecken, können Sie sich die vollständige Liste unter »`:help option-summary`« anschauen. Dort finden Sie alles: den Standardwert, den Typ, ob es eine globale oder lokale Option ist, was sie bewirkt – nebst Verweisen auf weitere Hilfeseiten.

Wenn Sie mehr über eine bestimmte Option wissen wollen, dann setzen Sie Kurz- oder Langform in Apostrophe, um die Hilfeseite zu finden: »`:help 'sw'`«.

Schwierig wird es, wenn Sie nicht recht wissen, wonach Sie suchen sollen. Zwar gibt es unter »`:help option-list`« eine alphabetische Übersicht inklusive Verweisen auf weitere Hilfe, doch ist diese Liste angesichts der verwirrenden Fülle nur bedingt hilfreich.

vim ist aber ein Kind vieler Programmierer, die alle vor Ihnen schon das gleiche Problem hatten. Sie ersannen ein geniales Kommando: »`:options`« oder kurz »**:opt**«:

- Es öffnet sich ein Fenster »`option-window`«, das Sie z.B. mittels »`Strg/W _`« auf maximale Größe auseinander ziehen können.
- Die Optionen erscheinen dort in 24 Gruppen unterteilt. Wenn Sie in einer dieser Gruppen die gesuchte Option vermuten, gehen Sie mit dem Cursor in diese Zeile und drücken Sie »`Enter`«. *vim* springt zum entsprechenden Abschnitt (zurück kommen Sie am besten mit »` `` `«, das heißt »Rücksprung zur vorigen Position«).

- In jeder Gruppe sind in einer Zeile der volle Name nebst Erklärung angezeigt, darunter der aktuelle Wert nebst Kurzform. Beispiel:

```
shiftwidth  number of spaces used for each step of (auto)indent
            (local to buffer)
            set sw=1
```

- Wenn Sie den Cursor auf die Zeile mit dem Langnamen (hier »`shiftwidth`«) platzieren und »`Enter`« drücken, wird die zugehörige Hilfeseite angezeigt, die Sie wie üblich mit »`:q`« verlassen.
- Steht der Cursor dagegen in der Zeile mit »`set`« und ist die Option boolesch, so verändert »`Enter`« den Wert.
- Nicht-boolesche Optionen können Sie direkt editieren. »`Enter`« setzt diese Option, was jedoch erst nach Verlassen des Optionen-Fensters (z.B. mit »`:wq`« oder »`ZZ`«) wirksam wird.

4.4 Optionenliste

Die Liste in diesem Abschnitt soll die Optionen nicht beschreiben, sondern nur einen möglichst kompakten Überblick vermitteln, was es alles an Optionen überhaupt gibt. Es wird allerdings auf vieles Bezug genommen, das in diesem Buch erst noch behandelt wird (und manches gar nicht).

Vielleicht finden Sie etwas mit Hilfe dieser Liste schneller, als wenn Sie Bildschirmseite um Bildschirmseite durchblättern. Sie basiert auf der Liste, die Sie bei »`:options`« erhalten, zuzüglich 40 Optionen, die dort nicht erscheinen und dafür bei »`:help option-list`« stehen. Sie umfasst alle Optionen von *vim* Version 7. Die Untergliederung entspricht der von »`:options`«:

1. Wichtige Optionen
2. Positionieren, Suchen, Muster
3. Tags

4. Darstellung
5. Syntax und Hervorheben
6. Mehrere Fenster
7. Terminal
8. Mehrere Tabs
9. Die Maus benutzen
10. GUI
11. Druck
12. Meldungen und Information
13. Text auswählen
14. Text editieren
15. Tabulator und Einrücken
16. Faltungen
17. Diff-Modus
18. Tastatur, Codierung
19. Dateien lesen und schreiben
20. Swap-Datei
21. Kommandozeilen editieren
22. Externe Kommandos ausführen
23. »Make« und Fehlerverarbeitung
24. Sprachspezifisches
25. Unicode
26. Sonstiges

Wie wohl kaum zu vermeiden, sind einige Optionen in ihren Kategorien etwas fehlplatziert (Timeouts z.B. gehören eigentlich in die Rubrik »Terminal«), aber um Sie nicht mit einer dritten Richtlinie für die Anordnung zu verwirren, behalte ich lieber die vorgegebene bei.

Die folgenden Tabellen sind jeweils alphabetisch geordnet und enthalten Lang- und Kurzform sowie eine sehr kurze Erklärung der Option. Ein Strich »-« in der Kurzform-Spalte bedeutet, dass es keine gibt. Vielleicht helfen Ihnen diese Tabellen bei der Suche nach der richtigen Option. Mehr erfahren Sie am bequemsten unter »`:help '`*`kurzform`*`'`«.

(Diese Tabelle erzeugte ich übrigens aus den Hilfetexten mittels kleiner Shellskripte und anschließender extensiver Bearbeitung dem vim, z.B. wurden sie per externem Kommando sortiert.)

1. Wichtige Optionen

compatible	**cp**	möglichst *vi*-kompatibles Verhalten
cpoptions	**cpo**	Flags für *vi*-kompatibles Verhalten
helpfile	**hf**	Start-Hilfedatei
insertmode	**im**	im Einfügemodus starten
paste	**-**	Einfügen per »Paste« erlauben
pastetoggle	**pt**	Tastencode zum Ein- und Ausschalten des Paste-Modus
runtimepath	**rtp**	Verzeichnisliste für zur Laufzeit benötigte Dateien

2. Positionieren, Suchen, Muster

autochdir	**acd**	in das Verzeichnis der Datei im Puffer wechseln
casemap	**cmp**	Methode zum Wechsel zwischen Groß- und Kleinschreibung
cdpath	**cd**	entsprechend Shell-Variable CDPATH
define	**def**	Muster, um Makrodefinitionen von Programmiersprachen zu finden
ignorecase	**ic**	Groß- und Kleinschreibung bei Suche nicht unterscheiden
include	**inc**	Muster, um Include-Dateien zu finden
includeexpr	**inex**	Ausdruck zum Behandeln einer Include-Zeile

incsearch	is	inkrementelle Suche (2.6.1)
magic	-	Bedeutung von Metazeichen in regulären Ausdrücken ändern
maxmem-pattern	mmp	max. Speicherverbrauch bei Mustersuche in Kilobyte
paragraphs	para	nroff-Makros für Absatzmarkierung
path	pa	Verzeichnisliste für `gf`-Befehl
sections	sect	nroff-Makros für Abschnittsmarkierung
smartcase	scs	»`ic`« abschalten, wenn Muster Großbuchstaben enthält
startofline	sol	wenn aus, beim Rollen Cursor in Spalte lassen
whichwrap	ww	Überschreiten der Zeilengrenze für spezielle Kommandos erlauben
wrapscan	ws	Suche geht von Dateiende zu -anfang über

3. Tags

cscopeprg	csprg	Kommando zum Ausführen von cscope (vgl. 6.10.3.)
cscopetag	cst	cscope für Tag-Kommandos nutzen
cscopetagorder	csto	Suchreihenfolge bei »:cstag«
cscopeverbose	csverb	Meldung beim Hinzufügen einer cscope-Datenbank anzeigen
cscopepath-comp	cspc	wie viele Pfadkomponenten bei cscope anzeigen
cscopequickfix	csqf	quickfix-Fenster für cscope öffnen ja/nein

showfulltag	**sft**	beim Tag-Vervollständigen gesamtes Muster anzeigen
tagbsearch	**tbs**	Binärsuche in Tag-Dateien
taglength	**tl**	Anzahl signifikanter Zeichen bei Tags
tagrelative	**tr**	relative Pfadnamen in Tag-Dateien
tags	**tag**	Dateiliste für Tag-Kommando
tagstack	**tgst**	Tags auf Tag-Stack-Ende pushen

4. Darstellung

breakat	**brk**	Zeichen, die bei gesetztem »linebreak« einen Zeilenumbruch bewirken
cmdheight	**ch**	Zeilenzahl für ex-Ausgaben
columns	**co**	Spaltenzahl des Fensters
cursorcolumn	**cuc**	Spalte hervorheben, in der der Cursor steht
cursorline	**cul**	Zeile hervorheben, in der der Cursor steht
display	**dy**	Darstellungsart von Text steuern (z.B. Steuerzeichen)
DoMatchParen		paritätische Klammern hervorheben, wenn der Cursor auf einer steht (Standard-PlugIn)
fillchars	**fcs**	Füllzeichen für Trennlinien bei gesplittetem Fenster
lazyredraw	**lz**	Bildschirm bei Makro-Ausführung nicht aktualisieren
linebreak	**lbr**	lange Zeilen umbrechen

lines	-	Zeilenzahl des Fensters
list	-	Tabulator und Zeilenende anzeigen
listchars	lcs	Wirkung von »`list`« genauer festlegen
NoMatchParen		Feature von »DoMatchParen« deaktivieren
number	nu	Zeilen nummeriert darstellen
scroll	scr	Zeilenzahl, um die bei »`Strg/U`« und »`Strg/D`« gerollt wird
scrolloff	so	minimale Zeilenzahl oberhalb/unterhalb Cursor (Kontext!)
showbreak	sbr	Zeilenanfang-Markierung für umgebrochene Zeilen
sidescroll	ss	minimale Spaltenzahl zum Seitwärtsrollen
sidescrolloff	siso	minimale Spaltenzahl rechts/links vom Cursor (Kontext!)
wrap	-	lange Zeilen umbrechen
writedelay	wd	so viele Millisekunden nach jedem Zeichen warten (Debugging!)

5. Syntax und Hervorheben

background	bg	»dark« oder »light«, Farbdarstellung
filetype	ft	Dateityp, u.a. für Autokommandos
highlight	hl	Hervorheben von Text
hlsearch	hls	gefundene Suchmuster hervorheben
mkspellmem	msm	max. Speicherverbrauch bei Generierung einer Spell-Datei

spelllang	**spl**	Liste akzeptierter Sprachen für Rechtschreibprüfung
spellfile	**spf**	Datei für Erweiterung der Wort-Basis
spellcapcheck	**spc**	Muster für Erkennung des Satzendes
spellsuggest	**sps**	Methode zum Korrekturvorschlag

6. Mehrere Fenster

eadirection	**ead**	»ea« wirkt horizontal/vertikal/beides
equalalways	**ea**	Fenster bekommen automatisch gleiche Größe
helpheight	**hh**	minimale Höhe eines neuen Hilfefensters
hidden	**hid**	steuert das Abspeichern »verlassener« Puffer (*hidden buffers*)
laststatus	**ls**	Anzahl der Statuszeilen bei geteilten Fenstern
previewheight	**pvh**	Höhe des Vorschaufensters
previewwindow	**pvw**	Vorschaufenster identifizieren
scrollbind	**scb**	gemeinsames Rollen geteilter Fenster (*vimdiff!*)
scrollopt	**sbo**	Verhalten von »scrollbind« steuern
splitbelow	**sb**	Anordnung eines neuen (gesplitteten) Fensters: unterhalb
splitright	**spr**	Anordnung eines neuen (gesplitteten) Fensters: rechts
statusline	**stl**	Format der Statuszeile
switchbuf	**swb**	Verhalten beim Wechsel zwischen Puffern
winfixheight	**wfh**	Fensterhöhe beibehalten

winheight	**wh**	minimale Fensterhöhe, aktuelles Fenster
winminheight	**wmh**	minimale Fensterhöhe, alle Fenster
winminwidth	**wmw**	minimale Fensterbreite, alle Fenster
winwidth	**wiw**	minimale Fensterbreite, aktuelles Fenster

7. Terminal

esckeys	**ek**	Funktionstasten wirken im Einfügemodus
guicursor	**gcr**	GUI: Cursorform, Blinken
icon	**-**	Icon-Text setzen ja/nein
iconstring	**-**	Icon-Text
scrolljump	**sj**	minimale Zahl von Zeilen, um die gerollt wird
term	**-**	Terminalname
title	**-**	Fenstertitel setzen ja/nein
titlelen	**-**	Länge des Fenstertitels
titleold	**-**	alter Fenstertitel
titlestring	**-**	Fenstertitel
ttybuiltin	**tbi**	eingebaute »termcap« bevorzugen
ttyfast	**tf**	schnelles Terminal
ttyscroll	**tsl**	maximale Zahl von Zeilen, um die gerollt wird
ttytype	**tty**	wie »`term`«
weirdinvert	**wi**	für Terminals mit eigenwilliger Invers-Darstellung

8. Mehrere Tabs

guitablabel	**gtl**	Text für Tab bei gvim
guitabtooltip	**gtt**	Text für Tab-Tooltip (»balloon«) bei gvim
showtabline	**stal**	wann die Tab-Zeile angezeigt werden soll (0: nie, 1: ab 2 Tabs, 2: immer)
tabline	**tal**	Konfiguration des Tab-Inhaltes
tabpagemax	**tpm**	Maximalzahl der Tabs (Standard: 10)

9. Die Maus benutzen

mouse	**-**	auf Mausklicks reagieren
mousefocus	**mousef**	Maus lenkt Tastatureingabe
mousehide	**mh**	Mauszeiger beim Tippen verstecken
mousemodel	**mousem**	Wirkung der Maustasten bestimmen
mouseshape	**mouses**	Form des Mauszeigers in verschiedenen Modi
mousetime	**mouset**	Zeitverzögerung beim Doppelklick
ttymouse	**ttym**	generierte Mauscodes

10. GUI

balloondelay	**bdlay**	Verzögerungszeit vor »Balloon«-Popup
ballooneval	**beval**	»Balloons« (Hilfe-Icons) aktivieren
ballonexpr	**bexpr**	Ausdruck, der im Balloon gezeigt werden soll
guifont	**gfn**	Verwendete Fonts (Aufzählung)
guifontset	**gfs**	Verwendete Multibyte-Fonts
guifontwide	**gfw**	Fonts für doppelte Zeichenbreite
guiheadroom	**ghr**	Höhe Werkzeugleiste (in Pixel)

guioptions	**go**	benutzte Komponenten und Optionen
guipty	**-**	Pseudo-Terminal für externe Kommandos nutzen
langmenu	**lang-menu**	Sprache für Menüs
linespace	**lsp**	Zeilenabstand in Pixel
menuitems	**mis**	Maximalzahl von Menüeinträgen
restorescreen	**rs**	Win32: Bildschirm beim Verlassen wieder herstellen
toolbar	**tb**	welche Einträge in Werkzeugleiste anzeigen
toolbariconsize	**tbis**	Größe des Icons in der Werkzeugleiste
winaltkeys	**wak**	Wie die ALT-Taste benutzt werden soll

11. Druck

printdevice	**pdev**	Druckername für Hardcopy
printencoding	**penc**	Codierung für Postscript-Druck
printexpr	**pexpr**	Ausdruck, der beim Postscript-Druck mittels »`:hardcopy`« aktiviert wird
printfont	**pfn**	Font für Hardcopy
printheader	**pheader**	Kopfzeilenformat für Hardcopy
printmbcharset	**pmbcs**	CJK-Zeichensatz für Hardcopy
printmbfont	**pmbfn**	Liste der CJK-Zeichensätze für Hardcopy
printoptions	**popt**	Formatkontrolle der Ausgabe

12. Meldungen und Informationen

browsedir	**bsdir**	Startverzeichnis für Browser

confirm	**cf**	nach Bestätigung fragen statt Speichern verweigern
errorbells	**eb**	Piepton bei Fehler
helplang	**hlg**	bevorzugte Sprache für die Hilfe
more	**-**	seitenweises Betrachten, kein Durchrollen
report	**-**	Meldung »`nn lines changed`« steuern
ruler	**ru**	Zeile/Spalte des Cursors anzeigen
rulerformat	**ruf**	»ruler«-Anzeigeformat
shortmess	**shm**	Länge der Meldungen steuern
showcmd	**sc**	Kommandos nicht blind tippen
showmode	**smd**	Modus anzeigen (insert, replace ...)
terse	**-**	einige Meldungen verkürzen
verbose	**vbs**	»geschwätziger« werden
visualbell	**vb**	optisches statt akustisches Signal

13. Text auswählen

clipboard	**cb**	Clipboard wird unbenanntes Register
keymodel	**km**	Selektion mit speziellen Tasten starten/stoppen
selection	**sel**	Art der Selektion bestimmen
selectmode	**slm**	Selektmodus dem visuellen vorziehen

14. Text editieren

backspace	**bs**	Wirkung der Rücktaste am Zeilenanfang
comments	**com**	Muster für Kommentarzeilenanfang
complete	**cpt**	Vervollständigung im Einfügemodus beschreiben

completefunc	**cfu**	nutzerdefinierte Funktion für Vervollständigung bei Eingabe
completeopt	**cot**	Popup-Menü für Vervollständigung nutzen ja/nein
dictionary	**dict**	Verzeichnisliste für Schlüsselwort-Vervollständigung
digraph	**dg**	Digraphen auch im Einfügemodus
formatexpr	**fex**	Ausdruck, der beim Kommando »gq« aktiv wird
formatlistpat	**flp**	Muster zum Erkennen einer nummerierten Liste
formatoptions	**fo**	automatische Formatierung beschreiben
infercase	**inf**	Groß-/Kleinschreibung bei Schlüsselwort-Vervollständigung
joinspaces	**js**	Zwei Leerzeichen nach Punkt bei »`join`«
matchpairs	**mps**	Klammernpaare für »%«-Kommando
matchtime	**mat**	Zeitdauer für »`showmatch`«
modifiable	**ma**	Textveränderungen verbieten
modified	**mod**	Puffer wurde geändert
nrformats	**nf**	Zahlenformate für Kommando »`Strg/A`«
operatorfunc	**opfunc**	nutzerdefinierte Funktion für »g@«-Kommando
omnifunc	**ofu**	Funktion für dateispezifische Eingabe-Vervollständigung
pumheight	**ph**	max. Höhe des Popup-Menüs
readonly	**ro**	Speichern des Puffers verbieten
showmatch	**sm**	beim Schreiben kurz zur Klammer auf gleicher Ebene springen

textwidth	**tw**	maximale Spaltenzahl für eingefügten Text
thesaurus	**tsr**	Liste von Thesaurus-Dateien für Schlüsselwort-Vervollständigung
tildeop	**top**	Tilde-Kommando »~« verhält sich wie Operator
undolevels	**ul**	maximale Tiefe beim undo-Kommando
wrapmargin	**wm**	Spaltenzahl von rechts gezählt, von wo an Zeilenumbruch erfolgt

15. Tabulator und Einrücken

autoindent	**ai**	Einrückung an voriger Zeile ausrichten
cindent	**cin**	Einrückung für C-Programme aktivieren
cinkeys	**cink**	»`cindent`« im Einfügemodus steuern
cinoptions	**cino**	»`cindent`« beschreiben
cinwords	**cinw**	Schlüsselwörter, die Einrückung bei »`cindent`« steuern
copyindent	**ci**	»`autoindent`« genauer steuern
expandtab	**et**	bei Eingabe Tabulatoren durch Leerzeichen ersetzen
indentexpr	**inde**	aktuelle Einrückung berechnen
indentkeys	**indk**	»`indentexpr`« im Einfügemodus steuern
lisp	**–**	Einrückung für Lisp-Programme aktivieren
lispwords	**lw**	Schlüsselwörter, die Einrückung bei »`lisp`« steuern
preserveindent	**pi**	Struktur der Einrückung bei Neuberechnung erhalten

shiftround	**sr**	Einrückung auf »shiftwidth-Tabulatoren« ausrichten
shiftwidth	**sw**	Schrittweite bei automatischer Einrückung
smartindent	**si**	Einrückungsmodus für C-Programme
smarttab	**sta**	statt Tabulator »`shiftwidth`« Leerzeichen einfügen
softtabstop	**sts**	Verhalten der Tabulatortaste genauer steuern
tabstop	**ts**	Abstand der Tabulator-Stopps

16. Faltungen

commentstring	**cms**	Form des Kommentars für spezielle Fälle
foldclose	**fcl**	Faltung beim Verlassen schließen
foldcolumn	**fdc**	Breite des seitlichen Fensters, das Faltungen anzeigt
foldenable	**fen**	schnelles Öffnen und Schließen aller Faltungen
foldexpr	**fde**	Ausdruck, der bei »`foldmethod`« ausgewertet wird
foldignore	**fdi**	spezielle Zeilen bei Faltungsmethode »`indent`« einbeziehen
foldlevel	**fdl**	Faltungen ab bestimmtem Level schließen
foldlevelstart	**fdls**	Anfangswert für »`foldlevel`«
foldmarker	**fmr**	Anfangs- und Endmarkierung bei »`foldmethod=marker`«
foldmethod	**fdm**	Faltungsmethode
foldminlines	**fml**	minimale Zeilenzahl in einer Faltung

foldnestmax	**fdn**	maximale Verschachtelungstiefe von Faltungen
foldopen	**fdo**	Befehle zum automatischen Öffnen einer Faltung
foldtext	**fdt**	Text für Darstellung einer Faltung

17. Diff-Modus

diff	**–**	Vergleichsmodus für aktuelles Fenster aktivieren
diffexpr	**dex**	Kommando zum Erzeugen von diff-Dateien
diffopt	**dip**	Darstellung im Vergleichsmodus
patchexpr	**pex**	Befehle zum Patchen einer Datei

18. Tastatur, Codierung

bioskey	**biosk**	MS DOS: Zeichen über BIOS-Rufe eingeben
bomb	**–**	»Byte Order Mark« an Dateianfang setzen (Unicode und Windows)
charconvert	**ccv**	Befehl zur zeichenweisen Umcodierung
conskey	**consk**	MS DOS: Zeichen direkt von Konsole empfangen
delcombine	**deco**	Löschmodus für Unicode/Multibyte
encoding	**enc**	intern genutzte Codierung
fileencoding	**fenc**	überschreibt »encoding« für Multibyte-Texte
fileencodings	**fencs**	Codierung automatisch feststellen

imactivatekey	**imak**	Taste(n) für Eingabemethode unter X window
keymap	**kmp**	Name des Tastatur-Mappings
maxmapdepth	**mmd**	maximale Verschachtelungstiefe beim Tastatur-Mapping
remap	–	Tastatur-Mappings dürfen rekursiv sein
termencoding	**tenc**	Zeichencodierung des Terminals
timeout	**to**	Timeout für Mappings und Tastencodes aktivieren
timeoutlen	**tm**	Timeout-Zeit allgemein
ttimeout	–	wie »`timeout`«, speziell für Tastencodes
ttimeoutlen	**ttm**	wie »`timeoutlen`«, speziell für Tastencodes
winaltkeys	**wak**	Wirkung der ALT-Taste festlegen

19. Dateien lesen und schreiben

autoread	**ar**	Datei nach Veränderung »von außen« automatisch einlesen
autowrite	**aw**	Datei nach Veränderung im Puffer automatisch speichern
autowriteall	**awa**	wie »autowrite«, wirkt bei mehr Befehlen
backup	**bk**	Backup-Dateien anlegen
backupcopy	**bkc**	Backup als Kopie, Datei nicht umbenennen
backupdir	**bdir**	Verzeichnisliste für Backup-Dateien
backupext	**bex**	Endung für Namen von Backup-Dateien
backupskip	**bsk**	Namensmuster für Dateien ohne Backup
binary	**bin**	Datei binär lesen/speichern

endofline	**eol**	ggf. Zeilenende nach letzter Zeile in Binärdatei schreiben
fileformat	**ff**	Dateiformat (DOS, UNIX, Mac)
fileformats	**ffs**	Dateiformat automatisch erkennen
fsync	**fs**	»sync« nach Schreiben auf Platte erzwingen (Schreiben der Puffer im Speicher)
modeline	**ml**	»Modelines« erkennen
modelines	**mls**	Zahl der Zeilen für Modeline-Erkennung
patchmode	**pm**	älteste Version einer Datei aufbewahren
shortname	**sn**	Nicht-MS-DOS-Systeme: Dateinamen vom Typ 8.3
textauto	**ta**	veraltet, »`fileformats`« nutzen!
textmode	**tx**	veraltet, »`fileformats`« nutzen!
write	**-**	Datei ist beschreibbar
writeany	**wa**	»write« ohne Tests beim Abspeichern
writebackup	**wb**	vor dem Überschreiben ein Backup anlegen

20. Swap-Datei

directory	**dir**	Verzeichnisliste für Swap-Dateien
maxmem	**mm**	maximaler Speicher pro Puffer
maxmemtot	**mmt**	maximaler Speicher für alle Puffer
swapfile	**swf**	Swap-Datei anlegen ja/nein
swapsync	**sws**	sync()-Modus für Swap-Dateien
updatecount	**uc**	nach so vielen Zeichen in Swap-Datei retten
updatetime	**ut**	nach so vielen Millisekunden in Swap-Datei retten

21. Kommandozeilen editieren

cedit	-	Kommando, um vom ex-Modus aus das Kommandozeilenfenster mit der *ex*-Geschichte zu öffnen (vgl. 3.1).
cmdwinheight	**cwh**	Höhe des Kommandozeilenfensters
history	**hi**	Zahl der in Geschichte gespeicherten ex-Kommandos
suffixes	**su**	Dateinamenendungen mit niedrigerer Priorität bei Vervollständigung
suffixesadd	**sua**	bei Datei-Suche automatisch angehängte Endungen
wildchar	**wc**	Taste für Vervollständigung
wildcharm	**wcm**	wie »wildchar«, aber auch bei Tastaturkürzeln (Mappings)
wildignore	**wig**	Namensmuster für Dateien, die bei Vervollständigung nicht erscheinen sollen
wildmenu	**wmnu**	Menü bei Vervollständigung aufklappen
wildmode	**wim**	Art der Vervollständigung genauer festlegen

22. Externe Kommandos ausführen

cscopepath-comp	**cspc**	Angezeigte Pfad-Komponenten in Tag-Liste
cscopeprg	**csprg**	Befehl zum Starten von »cscope«
cscopetag	**cst**	»cscope« für Tag-Befehle nutzen
cscopetagorder	**csto**	Suchreihenfolge bei »:cstag« festlegen
cscopeverbose	**csverb**	Meldungen beim Hinzufügen von cscope-Datenbanken anzeigen

equalprg	**ep**	externes Programm für »=«-Befehl
formatprg	**fp**	externes Programm für »gq«-Befehl
keywordprg	**kp**	externes Programm für »K«-Befehl
osfiletype	**oft**	betriebssystemspezifische Dateityp-Information
shell	**sh**	Shell für externe Kommandos
shellcmdflag	**shcf**	Shell-Flag zur Ausführung eines Kommandos
shellquote	**shq**	Zitier-Zeichen (*quotes*) zum Klammern von Shell-Kommandos
shellredir	**srr**	Umlenken von Ausgaben bei Shell-Kommandos
shellslash	**ssl**	»/« in Dateinamen erzwingen
shelltmp	**stmp**	Temp-Dateien oder Pipelines nutzen für Shellkommandos
shelltype	**st**	nur für Amiga: Art der Shell-Nutzung bestimmen
shellxquote	**sxq**	Ähnlich »shellquote« für Spezialfälle (MKS unter Windows)
warn	**-**	bei geändertem Puffer vor Ausführung externer Kommandos warnen

23. »make« und Fehler auffinden

errorfile	**ef**	Fehlerdatei-Name bei »quickfix«-Modus
errorformat	**efm**	Format in Fehlerdatei
grepformat	**gfm**	Format der »grepprg«-Ausgabe
grepprg	**gp**	bei »:grep« gerufenes Programm

makeef	**mef**	Name der Fehlerdatei bei »`:make`«
makeprg	**mp**	bei »`:make`« gerufenes Programm
shellpipe	**sp**	Befehlszeilen-Teil zur Umleitung der »`make`«-Ausgabe in Fehlerdatei

24. Sprachspezifisches

aleph	**al**	ASCII-Code des hebräischen Buchstabens »Aleph«
allowrevins	**ari**	»`Strg/_`« in Einfüge- und Kommandomodus erlauben (rückwärts schreiben)
altkeymap	**akm**	Umschalten zwischen Farsi/Hebräisch
arabic	**arab**	standardmäßig Arabisch als zweite Sprache einstellen
fkmap	**fk**	Farsi-Tastatur aktivieren
hkmap	**hk**	hebräische Tastatur aktivieren
hkmapp	**hkp**	phonetische hebräische Tastatur aktivieren
imcmdline	**imc**	Eingabemethode für zusammengesetzte Zeichen aktivieren
imdisable	**imd**	Eingabemethode für zusammengesetzte Zeichen deaktivieren
iminsert	**imi**	Arbeitsweise des Eingabemodus festlegen
imsearch	**ims**	Arbeitsweise des Eingabemodus bei Suchmustereingabe
isfname	**isf**	Zeichen in Datei- und Pfadnamen
isident	**isi**	Zeichen in Bezeichnern (*Identifiers*)
iskeyword	**isk**	Zeichen in Schlüsselwörtern
isprint	**isp**	druckbare Zeichen

langmap	**lmap**	automatische Zeichen-Übersetzung (multibyte) für zweite Sprache
langmenu	**lm**	Sprache für Menüs
revins	**ri**	Eingabe von rechts nach links
rightleft	**rl**	Fensterinhalt wird von rechts nach links geschrieben
rightleftcmd	**rlc**	wann die Kommandozeile von rechts nach links geschrieben werden soll
termbidi	**tbidi**	Spezialbehandlung für arabische Zeichen, s. dort

25. Unicode

ambiwidth	**ambw**	Breite für Spezialzeichen festlegen
charconvert	**ccv**	Ausdruck für Zeichenübersetzung
delcombine	**deco**	Einzelne Zeichen werden gelöscht, nicht zusammengesetzte
encoding	**enc**	verwendete Zeichenkodierung im *vim*
fileencoding	**fenc**	Zeichenkodierung für aktuelle Datei
fileencodings	**fencs**	Zeichenkodierung automatisch erkennen
imactivatekey	**imak**	Eingabemethode von X-Windows aktivieren
maxcombine	**mco**	Maximalzahl kombinierbarer Zeichen
termencoding	**tenc**	Zeichenkodierung des Terminals

26. Sonstiges

bufhidden	**bh**	Behandlung »verlassener« Puffer

buflisted	**bl**	Puffer in Liste ja/nein
buftype	**bt**	Puffertyp
debug	**-**	alle Fehlermeldungen anzeigen
edcompatible	**ed**	Arbeitsweise von »:substitute« ändern
eventignore	**ei**	zu ignorierende Autokommando-Ereignisse
exrc	**ex**	lokale `.vimrc`/`.exrc`-Dateien lesen
gdefault	**gd**	Standard-Flag »`g`« beim »`:substitute`«-Befehl
loadplugins	**lpl**	PlugIns beim Start laden
maxfuncdepth	**mfd**	maximale Rekursionstiefe bei Funktionsrufen
secure	**-**	»Sicherheitsmodus« für lokale `.vimrc`/`.exrc`-Dateien
sessionoptions	**ssop**	was in Sitzungen gespeichert wird
viewdir	**vdir**	Verzeichnis, in dem Views abgelegt werden
viewoptions	**vop**	was in Views gespeichert wird
viminfo	**vi**	was in der `.viminfo`-Datei gespeichert wird
virtualedit	**ve**	virtuelles Editieren – Cursor »darf überall hin« (Rechtecke selektieren!)

4.5 Ein Beispiel mit Tipps

Wenn Sie ein »*vim*-Poweruser« sind, dann werden Sie auf 4.3 und 4.4 sowie die dort angegebenen Hilfen öfter zurückkommen. Wenn Sie gerade erst anfangen, *vim* zu nutzen, werden Sie den Wald vor lauter Bäumen nicht erkennen können. Aus diesem Grund erläutere ich in diesem Abschnitt die Einstellungen in meiner Datei `.vimrc`, um Ihnen eine erste Vorstellung davon zu geben, was und wie viel sinnvoll ist. Das ist natürlich sehr subjektiv und auf meine ganz persönlichen Vorlieben zurechtgeschnitten. Sie können sich ebenso die mit *vim* gelieferte Beispieldatei »zurechtbiegen«: Tippen Sie dazu nach dem Start von *vim* das Kommando »`:script`«. Dort sehen Sie, in welchem Verzeichnis die *vim*-Dateien zu finden sind – es sollte einen Namen ähnlich zu »`/usr/local/share/vim/vim62`« haben (der Wert der Umgebungsvariablen VIMRUNTIME, die von *vim* gesetzt wird). Dort finden Sie »`vimrc_example.vim`«.

Allerdings behagen mir die vorgeschlagenen Einstellungen nicht. Zum Beispiel mag ich mir meine Verzeichnisse nicht mit Backup-Dateien »zumüllen«, sondern lege lieber Wert auf häufiges Abspeichern und Backup über das Netz. Die inkrementelle Suche nervt mich, dafür fehlt mir als Programmierer die wichtige Option »`showmatch`«. Meine Konfigurationsdatei sieht so aus:

```
" .vimrc - Beispiel
" R.Wobst, 24.10.2003

set nocompatible
set autoindent
set shiftwidth=1
set showmode
set showmatch
set ruler
set nojoinspaces
set cpo+=$
set whichwrap=""
set modelines=0
colorscheme peachpuff

filetype plugin indent on
syntax enable
```

Erklärung:

- **nocompatible** Die *vim*-Erweiterungen nutzen, kein *vi*-kompatibler Modus. Diese Option ist nur sicherheitshalber angegeben und entspricht der *vim*-Voreinstellung.
- **autoindent** Einrückung der vorigen Zeile erhalten. Das braucht man sowohl beim Programmieren als auch beim Schreiben von Texten (Aufzählungen!). Mit »`Strg/D`« lässt sich die Einrücktiefe reduzieren.
- **shiftwidth=1** »`autoindent`« rückt standardmäßig in Schritten zu 8 Anschlägen ein. Für die meisten Zwecke ist das zu viel. Bei Aufzählungen in Texten, aber auch für den von mir bevorzugten Formatierungsstil von C/C++-Programmen ist eine möglichst feine Abstufung wünschenswert.
- **showmode** In der Statuszeile sehen Sie, ob Sie im Einfüge-, visuellen oder Kommandomodus arbeiten. Auf diesen Komfort sollten Sie nicht verzichten.
- **showmatch** Beim Tippen einer schließenden Klammer springt der Cursor kurze Zeit (durch die Option »`matchtime`« festzulegen) auf die zugehörige öffnende Klammer. Gibt es diese nicht, ertönt ein Piepton. Solch ein Feature ist beim Programmieren fast unverzichtbar, will man sich nicht mit schwer zu interpretierenden Fehlermeldungen des Compilers herumschlagen. »`showmatch`« funktioniert für die Klammern »`)]}`« – man staunt schon fast, dass nicht auch dies konfigurierbar ist.
- **showcmd** Längere Befehle im Kommandomodus tippt man blind – es sei denn, »`showcmd`« ist gesetzt. Die Eingabe erscheint rechts unten in der Statuszeile und irritiert kaum, also sollte man die Option setzen.

- **ruler** Rechts in der Statuszeile erscheinen Zeilen- und Spaltennummer der Cursorposition sowie die relative Position in der gesamten Datei (als Prozentangabe); »`Top`«, »`Bot`« bzw. »`All`« besagen, dass die erste, die letzte bzw. alle Zeile(n) der Datei sichtbar sind. Man braucht diese Angaben öfters, als man denkt, und sie stören nicht.
- **nojoinspaces** Werden zwei Zeilen mit »`J`« verbunden und endet die erste mit einem der drei Zeichen »`.?!`«, dann fügt *vim* normalerweise zwei Leerzeichen ein, bei gesetztem »`nojoinspaces`« nur eines. Das ist fast immer so gewollt.
- **cpo+=$** Beim Kommando »`c`« in einer Zeile (z.B. »`ct,`«) zeigt *vi* mit einem »`$`« das Ende des zu ersetzenden Textbereiches an, *vim* nicht. Ist ein »`$`« in dieser Zeichenketten-Option enthalten, verhält sich *vim* »wie gewohnt«. »`cpo`« hat 41 »Unteroptionen«; ich habe die Voreinstellungen belassen.
- **whichwrap=""** Mich störte sehr, dass man mit der Rücktaste oder auch Leertaste schnell über das Zeilenende hinaus in die vorige bzw. nächste Zeile kommt (das passiert fast zwangsläufig, wenn man eine schnelle Tastenwiederholung nutzt). Die leere Option unterbindet solche »Spielereien«.
- **modelines=0** Modelines werden in 6.6 behandelt und sind eigentlich eine feine Erfindung. Ich änderte meine Meinung, als *vim* beim Laden einer Datei chronisch Fehlermeldungen ausgab. Wie ich erst nach längerem Suchen merkte, hatte er zufällig eine der ersten fünf Zeilen als Modeline interpretiert. Also: Schalten Sie diese Option erst ein, wenn Sie sie brauchen.
- **colorscheme peachpuff** Eine der sehr angenehmen Neuerungen der *vim*-Version 6 gegenüber 5.8. Anstatt die Farben bei aktivierter Syntaxerkennung mühsam von Hand dem eigenen Terminal anzupassen, steht eine Reihe bewährter Farbpaletten zur Verfü-

gung, die Sie in $VIMRUNTIME/colors/ finden (zu VIMRUNTIME wurde am Anfang dieses Abschnitts etwas gesschrieben). Derzeit stehen 16 Schemata zur Verfügung, die Sie mit »:colo *name*« am besten selbst durchprobieren (oder per Skript, siehe 6.9.2). In der Datei `README.txt` finden Sie obendrein eine Anleitung, weitere Schemata selbst zu entwerfen, aber es ist eigentlich nicht schwer, gleich eine der fertigen Dateien zu bearbeiten.

- **filetype plugin indent on** Die automatische Dateityperkennung wird eingeschaltet, dateitypspezifische Aktionen werden eingelesen sowie Autokommandos (vgl. 6.4) beim Lesen ausgeführt, z.B. für syntaxabhängiges automatisches Einrücken. Mehr dazu unter »`:help filetypes`«.
- **syntax enable** Die Syntaxerkennung wird eingeschaltet; Schlüsselwörter, Zeichenketten u.a.m. erscheinen farbig. Das ist eine große Erleichterung beim Arbeiten und hilft Fehler vermeiden. Falls Ihnen die Farbgebung nicht zusagt, können Sie sie mit »`:colorscheme ...`« verändern.

Nicht aufgeführt sind hier Tastaturkürzel, genauer Mappings auf Funktionstasten (mehr dazu in 6.2). Eine Zeit lang fand ich den automatischen Umbruch, den man z.B. mit »`:set tw=78`« einstellen kann, ganz praktisch, doch im Nachhinein bemerkte ich, dass er öfter stört als hilft. Ich schalte ihn jetzt von Hand bzw. automatisch nur bei bestimmten Dateitypen (z.B. Mail) ein.

Einige Optionen wird man von Hand setzen. Um nicht zwischen Groß- und Kleinschreibung bei der Suche zu unterscheiden, kann man zwar »`\c`« vor das Suchmuster setzen, doch das ist eine »*vim*-Erfindung« und nicht allzu einprägsam. Ich finde es besser, zu diesem Zweck »`:set ic`« (`ignorecase`) zu setzen – abzuschalten mit »`:set noic`« (man kann auch mit der Langform arbeiten, schließlich gibt es eine Vervollständigung mit »`Tab`«).

Eine weitere Option, die man manchmal von Hand setzen muss, ist »`ft`« (`filetype`). *vim* arbeitet zwar erstaunlich treffsicher bei der Erkennung, um welche Art Datei es sich handelt, doch ab und zu ist er überfordert. Immerhin kennt *vim* Version 6.2 sage und schreibe 376 Dateitypen (*vim7* bereits 481), das heißt, Sie können die Syntaxfarben für 376 bzw. 481 Datenformate und Sprachen nutzen! Die Typen finden Sie in VIMRUNTIME/syntax/, und es ist kein schlechter Gedanke, ein Listing dieses Verzeichnisses in kompakter Form greifbar zu haben.

Schließlich sollten Sie von Hand »`:set paste`« setzen, bevor Sie Text per *cut & paste* mit der Maus einfügen. Hat der eingefügte Text führende Leerzeichen und ist (wie üblich) »`autoindent`« gesetzt, gerät die Einrückung durcheinander. Nach dem Einfügen sollten Sie diese Option aber wieder zurücksetzen, bevor Sie weiter editieren. Tipp: Nach der Eingabe von »`:set p`« zweimal die Tabulatortaste drücken oder auch bei häufiger Anwendung das komfortable Kommandozeilenfenster nutzen (zur Erinnerung: »`q:`«).

4.6 Abspeichern und Wiederherstellen

4.6.1 Was tun nach einem Abbruch?

Hilfe dazu unter »`:help recover.txt`«.

Einen Absturz von *vim* unter Linux habe ich noch nicht erlebt, doch es kann durchaus passieren, dass man eine *vim*-Sitzung »vergisst«, wenn man viele Fenster auf zahlreichen Arbeitsflächen eines Desktops geöffnet hat und sich beim System abmeldet. Auch Stromausfälle kommen vor, selbst in hoch entwickelten Ländern.

Die Änderungen in Ihren *vim*-Sitzungen sind deswegen nicht gleich verloren. Wie schon in 2.1.2 erwähnt, können Sie nach einem Absturz den Zustand vor dem Abbruch mit dem Schalter »`-r`« (»`vim -r datei`«)

weitgehend wiederherstellen. *vim* rettet standardmäßig den aktuellen Stand automatisch alle 4 Sekunden bzw. alle 200 Anschläge (die Sie in 4 Sekunden vermutlich nur mit »*drag & drop*« schaffen) in eine Swap-Datei *datei*.swp im Verzeichnis der bearbeiteten Datei. Dies steuern die Optionen »updatetime« und »updatecount«. Den Namen der Datei verrät uns das *ex*-Kommando »:sw« (oder »:swapname«).

vim geht sehr intelligent mit Dateien und zugehörigen Swap-Dateien um:

- Beim Öffnen einer Datei prüft er zuerst, ob eine zugehörige Swap-Datei existiert. Wenn ja, prüft der Editor, ob gerade ein anderer Prozess darauf zugreift oder ob die Datei nach einem Abbruch liegen blieb. Die Meldungen und angebotenen Optionen unterscheiden sich für beide Fälle. So wird vermieden, dass man versehentlich die gleiche Datei von zwei Konsolen aus editiert und dadurch Änderungen »spurlos verschwinden« (was in der *vi*-Praxis durchaus vorkam und größte Verwunderung auslöste).
- Beim Start als »vim -r« (ohne Dateinamen) werden die Standard-Verzeichnisse nach Swap-Dateien durchsucht. Bei Erfolg analysiert er diese; eine mögliche Ausgabe sieht z.B. so aus:

```
Swap files found:
   In current directory:
1.    .u.swp
          owned by: wobst   dated: Sun Oct 19 21:36:25 2003
         file name: ~wobst/tmp/u
          modified: no
         user name: wobst   host name: AMD
        process ID: 7090 (still running)
```

- Bei teilweise beschädigten Swap-Dateien markiert *vim* problematische Bereiche mit drei Fragezeichen »???«, nach denen Sie suchen sollten, wenn es ernsthafte Probleme mit dem System oder der Hardware gab.

- Bei ordnungsgemäßer Beendigung der Sitzung wird die Swap-Datei gelöscht.
- Schließlich merkt sich *vim* beim Start die Modifikationszeit der Originaldatei und prüft vor dem Abspeichern, ob sich diese nicht verändert hat. So werden »rätselhafte Effekte« vermieden, wenn ein anderes Programm (nicht notwendigerweise *vim*) inzwischen auf die gleiche Datei zugegriffen hat.
- Beachten Sie, dass beim Start mit dem Schalter »`-n`« keine Swap-Dateien angelegt werden.

vim gibt Ihnen in der Regel den richtigen Tipp, was Sie tun sollten. Die ganze Thematik wird unter »`:help usr_11`« sehr schön erklärt.

So vorausschauend das Konzept der Swap-Dateien auch angelegt ist: Es kann niemanden von seiner Verantwortung für Datensicherung entbinden. Wenn ich lange Zeit mit *vim* arbeite, speichere ich zwischendurch in ziemlich kurzen Zeitabständen den Arbeitsstand mit »`:w`« ab und kopiere ihn obendrein (mittels Secure Shell `ssh`) auf andere Rechner.

4.6.2 Sitzungen und Einstellungen speichern und einlesen

Details zu diesem Abschnitt unter »`:help viewoptions`« und »`:help sessionoptions`« sowie »`:help views-sessions`«.

Im vorigen Abschnitt ging es um unvorhergesehene Ereignisse, in diesem hingegen um gewollte Unterbrechungen der Arbeit, z.B. durch eine andere Aufgabe oder gar den Feierabend. Zwar speichert *vim* Marken und die Geschichte (*History*) in **.viminfo** ab, und die gewohnten Optionen setzt man üblicherweise in `.vimrc`, doch das ist nur von Nutzen, wenn man bei der nächsten Sitzung mit der gleichen Arbeit fortfahren will. Auch reicht es nicht ganz: Wer z.B. gern mit geteilten Fenstern arbeitet oder Faltungen (*Folds*) verwendet, verliert die aktuellen Einstellungen beim Verlassen des Editors. Ebenso werden History, Marken und Register in der nächsten Sitzung (mit einer anderen Datei) teilweise überschrieben.

Bei solchen Problemen hilft das Speichern bzw. Laden von **Views** (»Ansicht«; eine sinnvolle deutsche Übersetzung ist mir nicht bekannt) und **Sitzungen** (*Sessions*) weiter. Ein View umfasst Einstellungen für einen Puffer, eine Sitzung die Views für alle Puffer und einige weitere Einstellungen wie die Fensteraufteilung, das Hilfefenster und das aktuelle Verzeichnis. Im Detail wird dies in den Optionen »`viewoptions`« und »`sessionoptions`« festgelegt, vgl. die zugehörigen Hilfeseiten. Views und Sessions sind eine Art nutzerfreundliche Erweiterung der `.viminfo`-Dateien.

Die folgende Übersicht zeigt, welche Einstellungen in den einzelnen Dateien gespeichert werden und wie man sie erzeugt/einliest:

.viminfo-Datei: Inhalt

- die Liste der Puffer
- die Geschichten (Histories) von ex-Kommandos, Suchmustern und Eingaben mittels »`input()`« (vgl. 5.6.2)
- Registerinhalte
- Marken
- zuletzt verwendete Such- und Ersetzungsmuster
- globale Variable (vgl. 5.3.3).

Was genau abgespeichert wird, hängt vom Wert der Option »`viminfo`« ab, vgl. »`:help 'viminfo'`«.

Da `.viminfo` einen sicherheitsrelevanten Inhalt hat (verwendete Kommandos und Suchmuster, Namen editierter Dateien), setzt *vim* restriktive Zugriffsrechte (unter UNIX entsprechend »`chmod 600`«). Obendrein sorgt *vim* dafür, dass die Datei nur von dem Nutzer überschrieben wird, dem sie gehört – nicht etwa vom Superuser `root`. Das ist wichtig, wenn Sie zwischendurch per »`su`« als Root arbeiten müssen und dabei editieren. Sonst hätten Sie nach dieser Aktion eine geänderte `.viminfo`-Datei, die Sie obendrein nicht mehr lesen und verändern können.

View-Dateien: Inhalt

- Die aktuelle Cursorposition
- Faltungen (*Folds*), vgl. 6.5
- Optionen
- lokale Tastaturkürzel (Mappings, Abkürzungen) und lokale Optionen
- Einzelheiten vgl. »`:help 'viewoptions'`«.

Sitzungsdateien: Inhalt

- das aktuelle Verzeichnis
- globale Einstellungen (Tastaturkürzel, Optionen)
- Fenstergrößen und -positionen (bei gesplittetem Fenster)

Nicht alles wird in Sitzungsdateien gespeichert – Funktionen, Autokommandos u.a.m. gehen verloren (vgl. die Warnung nach »`:help mkview`«). Allerdings definiert man diese nur zu Testzwecken interaktiv, so dass es für die normale Arbeit keine Rolle spielen sollte. Einzelheiten vgl. »`:help 'sessionoptions'`«.

Zum Arbeiten mit diesen speziellen Konfigurationsdateien gibt es einige Kommandos:

.viminfo-Datei: Benutzen

- **Schreiben:** »**:wviminfo** [!] [*datei*]« (Abkürzung: »**:wv**«). Standardmäßig wird .viminfo im aktuellen Verzeichnis als Datei genommen. Ist das Ausrufezeichen angegeben, wird die Datei überschrieben, falls sie schon existiert.
- **Lesen:** Standardmäßig wird .viminfo im HOME-Verzeichnis genommen (Windows: $HOME/_vimrc oder $VIM/_vimrc). Mit dem Schalter »-i« (vgl. 2.1.2) kann man beim Start eine andere Datei angeben. Interaktiv kann man mit »**:rviminfo** [!] *datei*« (Abkürzung: »:rv«) eine viminfo-Datei einlesen; bei vorhandenem Ausrufezeichen werden bereits gesetzte Einstellungen überschrieben.

View-Dateien: Benutzen

- **Schreiben:** »**:mkview** [!] [*datei*]«. Ohne Angabe eines Dateinamens, oder wenn der Dateinamen eine Ziffer von 1 bis 9 ist, erzeugt *vim* ein »unbenanntes« bzw. »nummeriertes« View dieser Datei im Verzeichnis $HOME/.vim/view/. Existiert dieses View bereits, wird es kommentarlos überschrieben, ansonsten (bei Angabe eines »echten« Dateinamens) nur, wenn das Ausrufezeichen angegeben wurde.
- **Lesen:** Üblicherweise mit »vim -S *datei* ...« beim Aufruf von *vim*. »-S« führt ein Skript aus, und View- wie Sitzungsdateien sind nichts anderes als *vim*-Skripte, die Sie mit *vim* selbst bearbeiten können.

Wurde bei »:mkview« kein Dateiname oder nur eine Ziffer angegeben, so lässt sich dieses View mit »**:loadview**« (Abkürzung »**:lo**«) und eventueller Angabe der Ziffer wieder laden. Das erlaubt interessante Anwendungen; zum Beispiel kann man zwischen verschiedenen Tastaturmappings hin- und herschalten oder sich verschiedene Faltungen der gleichen Datei aufheben.

Sitzungsdateien: Benutzen

- **Schreiben:** »**:mksession** `[!] [datei]`« (Abkürzung: »**:mks**«). Standardmäßig wird »`Session.vim`« im aktuellen Verzeichnis als Dateiname verwendet, und existierende Dateien werden wie üblich nur überschrieben, wenn das Ausrufezeichen im Kommando erscheint.
- **Lesen:** Ausschließlich beim Aufruf: »`vim -S` *datei* `...`«. Wenn die Datei »`Session.vim`« heißt und als Nächstes noch eine Option folgt (oder der Schalter an letzter Stelle steht), darf der Dateiname fehlen.

> Wenn Sie also Ihre Sitzung samt Marken, History und Registerinhalte nebst allen sonstigen Einstellungen für später aufheben wollen, dann geben Sie zum Speichern ein:
>
> ```
> :wv info_datei
> :mks session_datei
> ```
>
> und zum Wiederherstellen rufen Sie *vim* wie folgt auf:
>
> ```
> vim -i info_datei -S session_datei
> ```

.vimrc-Dateien: Benutzen

In eine andere Rubrik gehört die Konfigurationsdatei `.vimrc`, die üblicherweise im HOME-Verzeichnis zu finden ist und die Initialisierungen für alle *vim*-Sitzungen enthält. Auch solche Dateien lassen sich automatisch generieren.

- **Schreiben:** »**:mkvimrc** `[!] [datei]`« (Abkürzung: »`:mkv`«) erzeugt analog zu »`:mksession`« aus den aktuellen Einstellungen eine Datei, die die Optionen (»`:set`«) und Tastaturmappings (»`:map`«) enthält. Standardmäßig wird `.vimrc` im aktuellen Verzeichnis als Dateiname genommen.
- **Lesen:** Wie schon in 2.1.2 erwähnt, beim Aufruf als »`:vim -u` *datei*«.

5 vim-Skripte

Ein *vim*-Skript ist nichts anderes als eine Zusammenfassung von ex-Kommandos, in der Regel in einer Datei. Das gespeicherte Skript kann z.B. durch das *ex*-Kommando »`:source`« (»`:so`«) ausgeführt werden, oder durch den Schalter »`-s`« beim *vim*-Aufruf, oder automatisch beim Start wie etwa die Konfigurationsdatei `.vimrc` (4.5). Auch alle PlugIns sind *vim*-Skripte.

Die Skriptsprache von *vim* kennt allerdings deutlich mehr als ein paar »`:set`«-Befehle. Alle ex-Kommandos gehören dazu (insbesondere sehr komplizierte Substitutionen mit ausgeklügelten regulären Ausdrücken). Über das *ex*-Kommando »`:normal`« sind sämtliche Befehle des *vim*-Kommandomodus erreichbar, und darüber hinaus kennt *vim* noch Variable (auch lokale), Funktionen und Steueranweisungen. Der Editor bietet eine richtige kleine Programmiersprache an, die jedoch nicht kompliziert ist. Bei Routineaufgaben, die etwas Logik erfordern und die nicht mit ein paar auf Tastenkürzel gelegten Kommandos zu erschlagen sind, ist der Einsatz eines *vim*-Skripts angeraten.

Die Beispiele in diesem Kapitel können Sie am einfachsten testen, indem Sie die Anweisungen in eine Datei schreiben und diese dann von *vim* aus mit »`:so` *`dateiname`*« ausführen.

5.1 Aufbau einer Skriptzeile

Hilfe dazu unter »`:help cmdline`«.

Wie schon früher erwähnt, entfällt bei Skripten der **Doppelpunkt** am Zeilenanfang, denn er bewirkt nur den Übergang vom Kommandomodus in den ex-Modus: Er ist beim Start eines Skripts bereits geschehen. Es gelten folgende Regeln:

Leerzeilen sowie Leerzeichen/Tabulatoren am Zeilenanfang werden ignoriert.

Kommentare beginnen etwas eigenwillig mit Anführungsstrichen »"« und dürfen nicht als Bestandteil eines Befehls interpretierbar sein, vgl. das Beispiel in 4.2. Insbesondere können auf »`echo`«, »`!`«, »`map`« und »`execute`« keine Kommentare folgen.

Mehrere Kommandos auf einer Zeile können oft durch einen senkrechten Strich getrennt werden:

```
let i=0 | while i < 5 | echo i | let i = i + 1 | endwhile
```

Aber auch hier ist wieder Vorsicht geboten. Nach folgenden 28 Kommandos sowie nutzerdefinierten Kommandos (»`:command`«) wird der senkrechte Strich als Bestandteil des Kommandos interpretiert:

```
argdo, autocmd, bufdo, command, cscope, debug, folddoopen,
folddoclosed, global, help, helpfind, make, normal, perl, perldo,
promptfind, promptrepl, pyfile, python, registers, read !,
scscope, tcl, tcldo, tclfile, vglobal, windo, write !, [bereich]!
```

Andererseits muss der Strich »|« mit einem vorgesetzten Backslash »\« geschützt werden, wenn er Bestandteil eines Kommandos sein soll. Angesichts dieser Probleme verzichte ich meist auf dieses so nützliche Feature. Mehr dazu und zu den Kommentaren finden Sie unter »`:help cmdline-lines`«.

Fortsetzungszeilen beginnen mit einem Backslash:

```
let s="eins,
   \zwei,
   \drei!"
echo s
```

ergibt die Ausgabe »`eins,zwei,drei!`«. Die Leerzeichen/Tabulatoren vor dem Backslash werden ignoriert. Auch hier gibt es u.U. Probleme, vgl. »`:help line-continuation`«.

Die hier beschriebene Syntax macht einen etwas unausgegorenen und eigenwilligen Eindruck, was teilweise der »*vi*-Erbschaft« zu verdanken ist. Die meisten Interpretersprachen lehnen sich an die (Bourne-)Shellsyntax an, das heißt, sie benutzen »#« für Kommentare und Semikolons zum Trennen von Anweisungen. Soll eines dieser Zeichen in einem Befehl verwendet werden, dann muss eben ein Backslash davor stehen. Bei *vim*-Skripten wirkt das inkonsistent, und zu allem Unglück begrenzen die Anführungsstriche (wie bei fast allen Sprachen) auch noch Zeichenketten. Ich empfehle: Verwenden Sie Kommentare möglichst auf gesonderten Zeilen, nutzen Sie die Zusammenfassung mehrerer Kommandos auf einer Zeile nicht oder nur sehr sparsam, und vermeiden Sie Fortsetzungszeilen (vgl. a. 5.9).

Unter »`:help cmdline-special`« können Sie über die Sonderbedeutung von »%« und »#« nachlesen sowie über weitere Spezialfälle. »%« erinnert an ex-Kommandos aus Kapitel 3: Dort, wo ein Dateiname erwartet wird (oder in einem Argument von »`expand()`«), bedeutet das Prozentzeichen den Namen der aktuellen Datei. Spezielle nachgesetzte Modifikatoren erlauben das Arbeiten mit Pfadnamen und Teilen von ihnen. So gibt »`:echo expand("%:p")`« die aktuelle Datei mit vollem Pfadnamen aus, »`:echo expand("%:h")`« den absoluten Verzeichnisnamen. Wer in die Programmierung so tief einsteigt, sei auf 6.14 oder die angegebene Hilfeseite verwiesen.

5.2 Konstanten

Noch mehr Details finden Sie unter »`:help expr9`«

Es gibt zwei Sorten Konstanten: Zahlen und Zeichenketten. Die Syntax ist sehr ähnlich zu C:

Zahlen sind stets ganzzahlig, und zwar Dezimal-, Oktal- oder Hexadezimalzahlen. Oktalzahlen beginnen mit einer Null, Hexadezimalzahlen mit `0x` oder `0X`: `64 = 0100 = 0x40`. Alle drei Typen können ein negatives Vorzeichen haben.

Zeichenketten (Strings) sind entweder in Apostrophe »`'`« oder in Anführungsstriche »`"`« eingefasst. Im ersten Fall heißen sie im Englischen **literal strings** (ein sinnvoller deutscher Name ist mir nicht bekannt): Alle eingeschlossenen Zeichen werden wörtlich interpretiert, auch der Backslash. Insbesondere kann kein Apostroph in einem *literal string* enthalten sein. Beispiel: »`'ende\n"next"'`« bedeutet »`ende\n"next"`«.

Zeichenketten in Anführungsstrichen werden ähnlich wie in C und in der Shell interpretiert. Sonderzeichen sind durch vorgesetzten Backslash gekennzeichnet:

40	bis zu drei Oktalziffern, ohne führende Null
\x*1f*	ein oder zwei Hexadezimalziffern (muss eindeutig sein)
\u*02a4*	Unicode – vier Hexadezimalziffern
\b	Backspace (Rücktastencode)
\e	Escape
\f	Seitenwechsel (*formfeed*)
\n	Zeilenwechsel (*newline*)
\r	Enter (*return*)
\t	Tabulator

\\	Backslash
\"	Anführungsstriche
\<C-W>	spezielle Tasten, hier Strg/W (»:help keycodes«)

Wie üblich enden Zeichenketten mit einem Nullbyte: »"abc\0def"« wird also wie »"abc"« interpretiert.

Achtung! Da *vim* intern den Zeilenwechsel als Nullbyte darstellt, kann keine Zeichenkette (und damit auch kein Variablenwert) über mehrere Zeilen gehen!

5.3 Variable

Zu diesem Abschnitt finden Sie weitere Hilfe unter »:help expr« und »:help 41.2«.

5.3.1 Datentypen

Wie Konstanten können auch Variable zwei Arten von Werten annehmen: ganze Zahlen und Zeichenketten. Variable haben keinen festen Typ; es hängt vom Kontext ab, wie sie interpretiert werden. Die Konvertierung zwischen beiden Typen erfolgt wie oft bei interpretierenden Sprachen »gutwillig«:

- Zahlen werden dabei in Zeichenketten umgewandelt, die die zugehörige Dezimalzahl darstellen: »123« wird zu »"123"«.
- Von Zeichenketten wird ein möglichst großer Teil ab Anfang als Zahlenkonstante interpretiert: »"123Hunde"« wird zur Zahl »123«.
- Mit den üblichen Tricks kann man z.B. bei der Ausgabe eine Konvertierung erzwingen: »:echo "0123Hunde" + 0« gibt »83« aus.

- Boolesche Werte (z.B. bei Optionen) werden wie bei der Shell als Zahlen gedeutet: Null bedeutet »falsch«, jeder andere Wert »wahr«.

5.3.2 Variablennamen

Wie in C können Variablennamen ASCII-Zeichen (also keine Umlaute!), Ziffern und den Unterstrich »_« enthalten, dürfen aber nicht mit einer Ziffer beginnen. Und wie in C wird zwischen Groß- und Kleinschreibung unterschieden. Im Unterschied zu anderen Sprachen können die Namen jedoch zusätzlich Präfixe haben, die über die Verwendung einer Variablen Aufschluss geben (siehe auch »`:help internal-variables`«, »`:help expr-option`«):

name	globaler Name, gilt über Skriptgrenzen hinweg, außer wenn er innerhalb einer Funktion auftaucht: Dort gilt er standardmäßig nur innerhalb der Funktion.
g:*name*	(*global*) immer global (wird nur innerhalb von Funktionen angewendet)
s:*name*	(*script*) lokal zur Datei, in der sich das Skript befindet (das Gegenbeispiel in »`:help script-variable`« ist falsch!). Der Wert ändert sich auch nach erneutem Laden des Skripts nicht. Vgl. a. das Beispiel in 5.3.3.
b:*name*	(*buffer*) lokal zum Puffer
w:*name*	(*window*) lokal zum Fenster (das nacheinander mehrere Puffer darstellen kann)
v:*name*	(*vim*) interne Variable von *vim*
a:*name*	(*arg*) Funktionsargumente
$*name*	Umgebungsvariable, können auch durch *vim* erzeugt und zugewiesen werden (z.B. $VIMRUNTIME)!
@name	*vim*-Register (vgl. 2.8 wegen zulässiger Namen)
&name	Option (vgl. 4.2).

Eine besonders trickreiche Erfindung sind **Variable mit variablen Namensteilen** (*curly brace names*), die in geschweifte Klammern gesetzt sind: »`s:die_{tiere}_bellen`« expandiert zu »`s:die_hunde_bellen`«, wenn die Variable »`tiere`« den Wert »`hunde`« hat. Auch mehrere und sogar geschachtelte Klammernpaare sind zulässig, Hauptsache, es entstehen bei allen Zwischenschritten gültige Variablennamen.

Variablenwerte können in Dateien gespeichert werden (vgl. 4.6.2):

- Globale Variable (also mit vorgesetztem »`g:`« oder einfache Namen außerhalb von Funktionen) werden in `.viminfo` abgespeichert, wenn die Option »`viminfo`« ein »`!`« enthält, der Name mit einem Großbuchstaben beginnt und keine Kleinbuchstaben enthält, sowie ...
- ... in Sitzungsdateien, wenn die Option »`sessionoptions`« das Wort »`globals`« enthält, der Name mit einem Großbuchstaben beginnt und mindestens einen Kleinbuchstaben enthält.

Standardmäßig wird in diese Dateien keine Variable gerettet.

5.3.3 Gültigkeitsbereich

Eine Variable wird bei der Zuweisung mittels **let** erzeugt, falls sie noch nicht existiert:

```
let mail = "sc@mitp"
```

Variable werden in Ausdrücken einfach unter ihrem Namen verwendet: »`:echo mail`« ergibt die Ausgabe »`sc@mitp`«. Variable können von Hand per **unlet** gelöscht werden:

```
unlet mail
```

Nun würde »`:echo mail`« eine Fehlermeldung erzeugen. Lokale Variable werden zudem beim Verlassen von Funktionen gelöscht.

Die anderen Variablen bleiben erhalten, auch wenn sie nur lokal sichtbar sind.

Besonders interessant ist der Spezialfall der Skript-Variablen. Sie sind an die Datei gebunden, in der das Skript steht. Mit folgendem Beispiel können Sie diesen Effekt leicht selbst testen:

Erzeugen Sie eine Datei »t« (der Name ist beliebig) mit dem Inhalt

```
if !exists("s:cnt")
  let s:cnt=0
endif
let s:cnt = s:cnt+1
echo "cnt = " s:cnt
```

Erzeugen Sie eine zweite Datei »u« mit dem gleichen Inhalt: »`cp t u`«. Nun geben Sie von *vim* aus das ex-Kommando »`:so t`«. Es erscheint eine »1« in der Statuszeile. Wiederholen Sie den Befehl einige Male (History-Funktion nutzen, vgl. 3.1!). Der Reihe nach erscheinen die Werte »`2, 3, 4 ...`«, denn die Funktion »`exists()`« in der ersten Zeile liefert ab zweitem Aufruf den Wert `true` zurück, da die Variable bereits existiert – aber nur bezüglich der Datei »t«. Wenn Sie nämlich von Hand »`:echo s:script`« eingeben, erhalten Sie eine Fehlermeldung.

Nun führen Sie »`:so u`« aus: Die Werte beginnen wieder bei »1«, während »`:so t`« die bisherige Zahlenreihe fortsetzt! Es gibt also zwei Variable »`s:script`«, für jede Datei eine. Welche von beiden genommen wird, entscheidet der Kontext.

5.3.4 Spezielle Variable

Besonders interessant sind die letzten drei in obiger Tabelle angeführten Variablennamen:

- »`let $PAGER="less"`«: Sie können damit Umgebungsvariable setzen und anschließend über die interne Funktion »`system()`« ein Shellkommando ausführen.

- »`let @a=var . "VJ"`«: Registern können komplizierte Kommandofolgen zugewiesen werden. Diese Register können Sie später z.B. im Kommandomodus per »`@...`« wieder »abspielen«, als hätten Sie die Kommandofolge selbst aufgezeichnet (»`recording`«, s. 2.9.2). So lassen sich komplexe Kommandos z.B. sprachabhängig variieren.
- »`let &list=1`« (probieren Sie es aus!): Sie können von Skripten aus Optionen nach Belieben abfragen und setzen.

Eine weitere besondere Gruppe bilden die 31 *vim*-**internen Variablen**, die vom Editor vordefiniert und belegt werden. Man benötigt sie seltener; interessant sind vielleicht folgende:

- **v:errmsg** Die zuletzt erzeugte Fehlernachricht. Die Variable kann bei Ausführung von Kommandos mittels »`silent`« und Funktionen mit dem »`abort`«-Flag nützlich sein.
- **v:exception, v:throwpoint** Art und Ort einer geworfenen Ausnahme. Vgl. »`:help throw-variables`« und 5.5.5.
- **v:shell_error** Der Rückkehrwert eines externen Shellkommandos, der nur so erfragt werden kann.

Eine komplette Liste der *vim*-internen Variablen finden Sie unter »`:help v:var`«.

5.4 Ausdrücke und Operatoren

Die zugehörige Hilfeseite zu diesem Thema finden Sie unter »`:help expression-syntax`«.

Die Syntax der Ausdrücke in *vim* ist sehr ähnlich zu C. Auf der untersten Ebene stehen **atomare Ausdrücke**; das sind

- Konstanten (Zeichenketten und Zahlen)
- Variable (alle in 5.3.2 genannten Formen, auch mit variablen Namensteilen)
- ein Ausdruck in Klammen: »(*expr*)«
- Funktionenrufe: »*function*(*expr1*, *expr2*, ...)« (wobei auch hier variable Namensteile möglich sind).

Diese atomaren Ausdrücke werden mit Operatoren wie Addition, Verkettung usw. verbunden. Die folgende Tabelle ordnet die *vim*-Operatoren von der höchsten zur niedrigsten Priorität:

Priorität	**Operator**	**Bedeutung**
8	**expr1[expr2]**	Das *expr2*-te Zeichen der Zeichenkette *expr1* (beginnend mit dem Index 0)
7	**+expr**	Vorzeichen »+«
7	**-expr**	Vorzeichen »-«
7	**!expr**	Negation von *expr*
6	**expr1 * expr2**	Ganzzahl-Multiplikation
6	**expr1 / expr2**	Ganzzahl-Division
6	**expr1 % expr2**	Ganzzahl-Division mit Rest
5	**expr1 + expr2**	Ganzzahl-Addition
5	**expr1 - expr2**	Ganzzahl-Subtraktion
5	**expr1 . expr2**	Verkettung (Zeichenketten aneinanderhängen)
5	**expr1 == expr2** **expr1 != expr2**	Test auf Gleichheit/Ungleichheit (numerisch und Zeichenketten), abhängig von Option »ignorecase«

5	**expr1 > expr2** **expr1 >= expr2** **expr1 < expr2** **expr1 <= expr2**	Test, ob *expr1* größer/größer oder gleich/kleiner/kleiner oder gleich *expr2* ist (s.u.!)
5	**expr1 ==? expr2** **expr1 ==# expr2**	Test auf Gleichheit ohne (»?«) bzw. mit (»#«) Berücksichtigung von Groß- und Kleinschreibung, unabhängig von Option »ignorecase«. Analog für alle anderen Vergleichsoperatoren.
4	**expr1 =~ expr2** **expr1 !~ expr2**	*expr1* passt/passt nicht auf regulären Ausdruck *expr2*. Auch hier können »?« und »#« angehangen werden (wenig sinnvoll).
3	**expr1 && expr2**	*expr1* und *expr2* sind wahr
3	**expr1 || expr2**	*expr1* oder *expr2* ist wahr
1	**expr1 ? expr2** **: expr3**	if-then-else: Wenn *expr1* wahr ist, dann den Wert von *expr2* nehmen, sonst den von *expr3*

Folgendes ist dabei zu beachten:

- Wie in C werden Ausdrücke gleicher Priorität von links nach rechts ausgewertet.
- Bevor Zeichenketten in arithmetischen Ausdrücken zusammen mit Zahlen oder als boolesche Werte verwendet werden (bei »!«, »&&«, »||« und »?:«), konvertiert *vim* sie zu Zahlen (vgl. nächster Punkt).
- **expr1[expr2]**: Die Indizierung beginnt wie in C bei null. Vor Auswertung des Ausdrucks werden nötigenfalls *expr1* zu einer Zeichenkette und *expr2* zu einer Zahl konvertiert: »123[2]« ergibt das Zeichen »3«, »"123"['x']« ergibt das Zeichen »1«.

- **!expr**: Wie in C gilt ein Ausdruck als **wahr**, wenn sein Wert ungleich null ist, sonst als **falsch**. Beispiele: »`!15`« und »`!-3`« ergeben `0`, »`!0`« und »`!"x"`« werden zu `1`.
- **expr1/expr2, expr1%expr2**: Bei Division durch 0 ergibt der erste Ausdruck die größtmögliche ganze Zahl in Zweierkomplement-Darstellung (üblicherweise 2^{31}`-1`), der zweite eine 0: `1/0 = 0x7fffffff`, `1%0 = 0`.
- **expr1 . expr2**: Beachten Sie den Unterschied zwischen Verkettung und Addition:

```
"123" + "456" = 579
"123" . "456" = "123456"
```

- **Vergleiche**: Analog zu C haben die Ergebnisse von Vergleichen den Wert `1` (wahr) oder `0` (falsch). Der Ausdruck »`(3 < 2) == 0`« hat also den Wert 1. Beachten Sie: »`0 == 'x'`« hat den Wert 1, da vor dem Vergleich »`'x'`« in die Zahl »`0`« konvertiert wird!
- **Logikoperatoren**: Auch hier erfolgt die Auswertung analog zu C: Die drei Ausdrücke niedrigster Priorität (»`&&`«, »`||`« und »`?:`«) werden nur so weit ausgewertet, bis der Wahrheitswert feststeht: Bei »`expr1 && expr2`« nur *expr1*, falls dieser falsch ist, bei »`expr1 || expr2`« nur *expr1*, falls dieser wahr ist, und in »`expr1 ? expr2 : expr3`« nur einer der beiden Ausdrücke *expr2* oder *expr3*, in Abhängigkeit von *expr1*.
- **Unterschiede zu C**: Es gibt (leider) keine Operatoren der Form »+=« und »++«, auch ist die Zuweisung »=« kein Operator. Bitoperationen fehlen zwar ebenfalls, doch das stört in diesem Kontext nicht.

5.5 Anweisungen

Hilfe zu diesem Abschnitt finden Sie unter »`:help expression-commands`«.

Die Skriptsprache von *vim* ist keine kompakte, überschaubare Sprache. Genau genommen kennt sie über 350 Schlüsselwörter – nämlich fast alle ex-Kommandos, die Sie unter »`:help :index`« nachlesen können. Dieser Abschnitt beschränkt sich auf einen kleinen Teil, nämlich auf jene Anweisungen, die man in einer Skriptsprache erwartet: Befehle zur Zuweisung, Ausgabe, Ablaufsteuerung und Fehlerbehandlung. Funktionen finden Sie in 5.6.

5.5.1 Zuweisung

Wie schon in 5.3.3 erwähnt, ist für Zuweisungen das Kommando »**let**« zuständig:

```
let s:cnt=0
```

Auch Optionen lassen sich damit setzen. Genau genommen ist der Befehl »`set`« zum Setzen und Abfragen einer einzelnen Option überflüssig: »`:set noai`« ist gleichwertig mit »`:let &ai=0`«, und statt »`:set ai?`« darf man ebenso schreiben »`:echo &ai`«. (Allerdings können Sie sich mit »`:set`« alle geänderten Optionen anzeigen lassen und alle Optionen auf die Standardwerte zurücksetzen.)

Wie ebenfalls schon erwähnt, löscht man mit »`unlet s:cnt`« eine Variable wieder (auch mehrere Namen sind zulässig). Bei sauberem Programmierstil (Verwendung kleiner Funktionen mit lokalen Variablen) werden Sie diesen Befehl kaum verwenden.

5.5.2 Ausgabe

Für die Ausgabe sind in erster Linie drei Befehle zuständig: **»echo«**, **»echon«** und **»echohl«**. Die erste Anweisung ist sehr ähnlich zu der der Shell:

```
echo expr1 expr2 ...
```

gibt einfach alle seine Argumente `expr1`, `expr2` ... aus, wobei die Ausdrücke ggf. berechnet und durch jeweils ein Leerzeichen getrennt werden. Beispiel:

```
let a = "zwei" | let b = 2
echo "eins" a  b+1        "vier"
```

erzeugt die Ausgabe »`eins zwei 3 vier`«. Außerdem hängt »`echo`« wie bei der Shell einen Zeilenwechsel '`\n`' an die erzeugte Zeile an.

Im Gegensatz dazu setzt **»echon«** keine Leerzeichen zwischen die Argumente und hängt auch nichts an: »`echon "mi" | echo "tp"`« ergibt »`mitp`«.

Wollen Sie Ausgaben z.B. farblich hervorheben, sollten Sie »`echohl`« (*echo highlight*) testen. Es setzt den Ausgabemodus für alle folgenden echo-Kommandos. Beispiel:

```
echo "Normalmode"
sleep 1
echohl WarningMsg
echo "Warnung"
sleep 1
echohl ErrorMsg
echo "Error"
sleep 1
echohl None
echo "wieder normal"
```

Vergessen Sie nicht, zum Abschluss die Effekte mit »echohl None« wieder zurückzusetzen! Alle aktuell gültigen Hervorhebungsmodi können Sie mit »:hi« ansehen. (Mehr dazu bei der Syntax in 6.9.)

Ausgabeumlenkung

Analog zur Shell können Sie alle Ausgaben in eine Datei umleiten. Das erledigt »**redir**«:

redir [!] > *datei*	Ab jetzt werden alle Ausgaben in *datei* protokolliert. Auf dem Bildschirm erscheinen sie nach wie vor. Existiert *datei* bereits, gibt es eine Fehlermeldung, es sei denn, »!« ist gesetzt.
redir >> *datei*	s. o., aber Anhängen an die Datei. Existiert diese noch nicht, wird sie erzeugt.
redir END	Beenden der Ausgabeumleitung.
silent [!] *cmd*	Das Kommando *cmd* wird ausgeführt, ohne Ausgaben anzuzeigen, doch eine eventuelle Ausgabeumleitung bleibt erhalten. Nach Fehlern wird die Wirkung von »silent« aufgehoben, außer wenn »!« gesetzt ist (dann erfolgt auch kein Abbruch, vgl. 5.5.5).

Mehr dazu wie üblich in der Hilfe: »:help :redir«.

5.5.3 Ablaufsteuerung

Die Möglichkeiten zur Ablaufsteuerung sind zwar bescheiden, aber für die Zwecke eines Editor-Skripts ausreichend.

Bedingte Ausführung

Wie Sie schon in einigen Skripts weiter oben sahen, ist »`if`« für die bedingte Ausführung zuständig. Die Skript-Syntax gleicht der gängiger Sprachen; die allgemeine Form der Anweisung lautet:

```
if expr
  expr
[elseif expr
  expr
  ...]
[else
  expr]
endif
```

Dabei werden die Ausdrücke nach »`if`« und »`elseif`« als boolesche Werte interpretiert: Der Wert 0 zählt als »falsch«, jeder andere als »wahr«. Es können beliebig viele (optionale) `elseif`-Zweige enthalten sein, jedoch höchstens eine `else`-Anweisung.

Die *ex*-Befehle »`append`« und »`insert`« arbeiten zwischen »`if`« und »`endif`« nicht korrekt. Nutzen Sie am besten Funktionsrufe, wenn Sie bedingt einfügen wollen.

Schleifen

Es gibt nur einen Typ von Schleifen unter *vim*:

```
while expr1
  expr2
endwhile
```

Wie üblich verlässt man mit »**break**« die Schleife sofort und springt mit »**continue**« sofort zur nächsten Iteration, das heißt zur Auswertung von *expr1*:

```
let n=0
while 1          " Endlosschleife!
  echo "n ist " n
  let n = n+1
  if n > 5
    break
  endif
  continue
  echo "wird nie ausgeführt"
endwhile
```

5.5.4 Nützliches

In diesem Abschnitt werden fünf Anweisungen erklärt, die beim Schreiben und Testen von Skripten wichtig sind, sich aber schlecht einordnen lassen.

normal [!] *cmd* Ausführen des Befehls *cmd* als *vim*-Befehl (also im Kommandomodus). Das erlaubt, Abfolgen von *vim*-Befehlen zu automatisieren, genauer: Sie können z.B. anschauliche *vim*-Kommandos zusammen mit komplizierten *ex*-Kommandos in einem Skript intelligent kombinieren und die Ausführung des Skripts gleich an einen bestimmten Tastendruck binden. Eine Demonstration finden Sie in diesem Abschnitt weiter unten, ein etwas komplexeres Beispiel in 5.7.

Der Befehl interpretiert auch Tastenkürzel, es sei denn, »`!`« ist gesetzt.

sleep *nn* **[m]** Unterbrechen der Ausführung für *nn* Sekunden; ist ein »`m`« nach der Zahl angegeben, wird die Pause *nn* Millisekunden lang. Diesen Befehl braucht man, um Anzeigen einen Moment stehen zu lassen, bevor sie von allein wieder verschwinden (die andere Möglichkeit wäre, »`input()`« zu rufen, vgl. 5.6.2).

redraw Auch mit in Ihrem Skript eingebautem »`sleep`« werden Sie nicht die Veränderungen auf dem Bildschirm sehen, die das Skript erzeugt. Normalerweise wird die Anzeige erst nach dem Beenden des Skripts aktualisiert. »redraw« erzwingt das schon vorher.

Beispiel:

```
let n=8
normal V
while n>0
  normal j
  sleep 1 | redraw
  let n=n-1
endw
normal V
```

Der erste »normal«-Befehl schaltet den zeilenweise visuellen Modus an. In der Schleife fährt der Cursor mit »normal j« eine Zeile hinunter (hier sollten Sie die Alternativen »h,j,k,l« zu den Cursortasten kennen!), und »sleep« nebst »redraw« sorgen dafür, dass Sie auf dem Bildschirm auch sehen, was gerade passiert. Das Ganze wird achtmal durchgeführt. Das abschließende »normal V« schaltet den visuellen Modus »wie von Geisterhand« wieder aus. Wenn Sie die Option »showcmd« gesetzt haben, sehen Sie sogar, wie sich die Zeilennummer schrittweise erhöht: Alles läuft genau so ab, als hätten Sie es von Hand eingegeben.

execute *expr* Kurzform »exe«; der Ausdruck *expr* wird ausgewertet und anschließend als Kommando ausgeführt. Das ist ein Trick, der öfter notwendig ist, ähnlich wie die »eval«-Anweisung der Shell. Sie brauchen »execute« z.B., wenn externe Kommandos variable Bestandteile haben sollen: »:!ls -l "f" nr ".c"« funktioniert nicht, Sie müssen »:exe "!ls -l f" . nr . ".c"« schreiben. Auch »normal <F12>« schlägt fehl (wenn auf die Funktionstaste F12 ein Kommando gelegt ist). Richtig ist: »exe "normal \<F12>"«!

finish So, wie Sie die Abarbeitung einer Schleife mit »`break`«und einer Funktion mit »`return`« beenden können, unterbricht »`finish`« die Ausführung eines »`:source`«-Kommandos. Dank dieses Befehls brauchen Sie nicht alle Anweisungen der Datei in eine Endlosschleife zu packen und diese per »`break`« zu verlassen.

5.5.5 Fehlerbehandlung

Hilfe zu Ausnahmen unter »`:help exception-handling`«.

Reaktion ohne Ausnahmebehandlung

Wenn Sie während der Abarbeitung eines Skripts »`Strg/C`« drücken, wird das Skript abgebrochen. Tritt hingegen ein Fehler auf, geschieht Folgendes:

- Die Fehlermeldung erscheint in der Statuszeile.
- In einem Skript bricht *vim* innerhalb eines `while`- oder `if`-Blocks diesen ab und fährt mit der ersten Anweisung nach »`endwhile`« bzw. »`endif`« fort (bei verschachtelten Blöcken wird der größte umfassende Block genommen).
- Wenn das Skript mit »`silent!`« gestartet wurde, wird dessen Abarbeitung nach der Fehlerausgabe fortgesetzt.
- Die Abarbeitung einer Funktion hingegen wird standardmäßig fortgesetzt.
- Wenn aber die Funktion mit einem »`abort`«-Flag definiert wurde (s. 5.6.1), kehrt *vim* nach einem Fehler zum aufrufenden Skript zurück.

Eine Fehlermeldung wird jedoch erzeugt und nur im Fall von »`silent!` *cmd*« unterdrückt. Sollte eine Meldung zu schnell verschwinden: Mit »**:messages**« können Sie sich die letzten 20 Meldungen ansehen. Mehr dazu nebst einer Liste aller Fehlermeldungen (und einer unvollständigen Liste aller Meldungen) finden Sie unter »`:help message.txt`«. Die Fehlerbehandlung ist auf der gut versteckten Hilfeseite»`:help except-compat`« erklärt.

Ausnahmebehandlung

Die Fehlerbehandlung können Sie auch selbst in die Hand nehmen. Davon handelt dieser Abschnitt. Einige der zugehörigen Anweisungen werden C++-Programmierern bekannt vorkommen: »`try`«, »`throw`« und »`catch`«. Zusätzlich gibt es noch »`endtry`« als Abschluss eines try-Blocks sowie »`finally`«.

Unter *vim* sind Syntax und Fehlerbehandlung ein wenig exotischer als in C++, doch ich rate davon ab, alle in »`:help exception-handling`« angeführten Raffinessen zu nutzen. Nicht ohne Grund schreibt der erfahrene Programmierer STROUSTRUP in seiner »C++-Bibel« [C++, 8.3.2] über verschachtelte Ausnahmebehandlungen: »Allerdings sind solche Verschachtelungen in von Menschen geschriebenem Code selten und eher ein Zeichen für schlechten Programmierstil.«

Die allgemeine Struktur einer **Ausnahmebehandlung** sieht so aus:

```
try
...
[catch [muster]
...]
[catch [muster]
...]
[finally
...]
endtry
```

Es kann keine oder beliebig viele »`catch`«-Anweisungen geben, jedoch höchstens eine »`finally`«-Anweisung.

Alle Fehler und Interrupts, die zwischen »`try`« und »`endtry`« auftreten, werden intern zu **Ausnahmen** umgewandelt: *vim* generiert eine

Zeichenkette, die den Fehler charakterisiert. Ebenso können Sie selbst eine Ausnahme mit der Anweisung »**throw**« werfen:

```
throw ausdruck
```

Nach dem Werfen einer Ausnahme unterbricht *vim* sofort die weitere Abarbeitung und testet die »`catch`«-Anweisungen der Reihe nach durch, ob sie diese Ausnahme »fangen«. Wenn ja, wird der erste Treffer genommen, und *vim* springt hinter diese »`catch`«-Anweisung. Dabei gelten folgende Regeln:

- Die Anweisungen nach »`finally`« werden in jedem Fall vor Verlassen des `try`-`endtry`-Blocks ausgeführt, gleich ob eine Ausnahme auftrat oder nicht. Das gilt sogar dann, wenn sich der Ausnahmeblock innerhalb einer »`while`«-Schleife befindet und mit »`break`« oder »`continue`« verlassen werden soll, oder wenn ein »`return`« innerhalb einer Funktion angetroffen wird, oder aber wenn »`finish`« das Einlesen eines Skripts beendet! (Diese Anweisung ist etwas fehlerträchtig; ich habe bisher auf ihre Anwendung verzichtet.)
- Auf jede »`catch`«-Anweisung folgt optional ein reguläres Muster (2.6.3). *vim* testet, ob dieses Muster zur Ausnahme passt (ist kein Muster angegeben, passt jede Ausnahme). Wenn ja, werden die Befehle nach dem »`catch`« bis zur nächsten Anweisung »`catch`«, »`finally`« oder »`endtry`« ausgeführt und der Ausnahmeblock »`try ... endtry`« anschließend verlassen, wobei ein eventuell vorhandener »`finally`«-Teil noch ausgeführt wird.
- Passt kein Muster oder gibt es gar keine »`catch`«-Anweisung im Block, so wird nur der »`finally`«-Teil ausgeführt (falls vorhanden), und *vim* bricht die Bearbeitung des Skripts bzw. der Funktion ab.
- Wird eine Ausnahme per »`throw`« außerhalb eines try-Blocks geworfen, verhält sich *vim* wie bei jeder anderen Ausnahme.

Nützlich sind die beiden internen Variablen »v:exception« und »v:throwpoint«. Die erste enthält die zur Ausnahme gehörige Zeichenkette, die zweite den Ort, wo die Ausnahme auftrat. Beispiel:

```
try
  sleep 3
  unlet novar
catch
  echo "Ausnahme geworfen: " v:exception
  \"\nin: " v:throwpoint
endtry

echo "fertig"
```

Wenn Sie dieses Skript per »:so ...« ausführen, erscheint nach 3 Sekunden eine Meldung der Art

```
Ausnahme geworfen:  Vim(unlet):E108: No such variable: "novar"
in:  /home/wobst/txt/pub/mitp/t_, line 3
fertig
```

Wenn Sie jedoch innerhalb dieser 3 Sekunden »Strg/C« drücken, sehen Sie

```
Ausnahme geworfen:  Vim:Interrupt
in:  /home/wobst/txt/pub/mitp/t_, line 2
fertig
```

Die von *vim* bei Ausnahmen generierten Zeichenketten haben die Gestalt »Vim(*kommando*):E*nnn*: ...« (erster Fall) oder »Vim:*kommando*«. Die Liste der Fehlermeldungen und -nummern gibt es unter »:help error-messages«.

Testen Sie immer auf diese Form, also z.B.: »catch "^Vim(unlet)"«, und nicht auf den Text, da dieser von der eingestellten Sprache abhängig ist und sich von Release zu Release ändern könnte.

Wenn Sie noch mehr Details benötigen: »:help exception-handling« gibt verständlicher Auskunft als die Hilfeseiten zu den einzelnen Kommandos wie »:try«.

Allgemein gilt für Ausnahmen aber das, was C++-Programmierer schon lange wissen (sollten): Diese Art der Fehlerbehandlung ist wesentlich robuster und flexibler, als »vor Ort« Meldungen zu erzeugen und dann vielleicht noch mittels mehrerer Tests einige Ebenen höher zu springen.

5.6 Funktionen

Hilfe dazu findet sich u.a. in »:help functions« und »:help user-functions«.

Wie in den meisten Programmier- und Skriptsprachen sind auch bei *vim* Funktionen das Mittel der Wahl, um Skripte übersichtlicher und robuster zu machen. Sie können selbst Funktionen definieren – mehr dazu im nächsten Abschnitt – oder vordefinierte Funktionen nutzen.

5.6.1 Nutzerdefinierte Funktionen

Die Syntax von Funktionsdefinitionen ist relativ einfach:

```
function Name([arglist])
  ... Anweisungen ...
  [return [expr]]
endfunction
```

Statt »function« kann man auch »fu« und statt »endfunction« auch »endf« schreiben.

»return«-Anweisungen (es dürfen auch mehrere vorhanden sein) sind optional; fehlen sie oder ist nach einem ausgeführten »return« kein Ausdruck *expr* angegeben, so gibt die Funktion den Wert Null zurück.

Funktionen werden entweder explizit mit »`call ...()`« gerufen oder implizit durch Verwendung in einem Ausdruck:

```
call Reptil("frosch", 34)
let s:storch = Frosch() . ".gruen"
```

Löschen kann man Funktionen mit »`delfunction`« (»`delf`«): »`delfunction Frosch`«. »`function`« zeigt alle definierten Funktionen an. Das sind zwar sehr viele, doch die selbst definierten erscheinen zum Glück gleich am Anfang.

Es gelten folgende **Regeln**:

- **Namen** von Funktionen müssen mit einem Großbuchstaben beginnen, damit es keine Konflikte mit vordefinierten Funktionen geben kann. Ansonsten genügen Funktionsnamen den gleichen Regeln wie Variablennamen (5.3.2). Auch variable Bestandteile (*curly brace names*) sind zulässig:

  ```
  let is = 'os'
  call Fr{is}ch()
  ```

  ist äquivalent zu »`call Frosch()`«. Allerdings sind die in 5.3.2 angegebenen Präfixe mit Ausnahme von »`s:`« bei Funktionsnamen unzulässig: »`function s:Frosch()`« ist erlaubt, »`function b:Frosch()`« liefert einen Fehler.
- Wenn eine Funktion »`Name`« schon **existiert**, erzeugt die Anweisung »`function Name(...)`« eine Fehlermeldung. Auswege:
  - Sie überschreiben die alte Definition per »`!`«: »`function! Name(...)`«.
  - Sie prüfen mit der vordefinierten Funktion »`exists()`«, ob die Funktion schon existiert, und ändern den Funktionsnamen mittels variabler Bestandteile so lange, bis ein neuer Name gefunden wird:

```
let n=0
while exists("*Name" . n)
  let n=n+1
endwhile

function Name{n}()
  echon "Name" g:n "() defined\n"
endf

call Name{n}()
```

- Innerhalb einer Funktion definierte Variable sind **lokal**, das heißt, sie werden beim Verlassen dieser Funktion gelöscht. Sie können diese Variable auch mit »`l:`*name*« bezeichnen (s.a. den folgenden Punkt).
- **Globale** Variable müssen in Funktionen unter dem Namen »`g:`*varname*« verwendet werden! Sollten Sie tatsächlich einen Grund haben, lokale und globale Variable mit gleichen Namen zu definieren, dann sollten Sie die lokalen Variablen zur besseren Unterscheidung mit »`l:`*name*« benennen. Beispiel:

```
function Something()
  let l:n=7
  echo "n =" n ", l:n =" l:n ", g:n= " g:n
endf
let n=23
call Something()
```

erzeugt die Ausgabe

```
n = 7, l:n = 7, g:n= 23.
```

- Die Liste der **Argumente** bei der Definition kann leer sein (wie vorige Beispiele zeigten) oder aus einer durch Kommata getrennten Liste von bis zu 20 Variablennamen bestehen. Diese Variablen werden als »**`a:`***name*« verwendet:

```
function Sum(a, b)
  return a:a + a:b
endf
echo Sum("1 Hase", "7 Schwaben")
```

ergibt die Ausgabe »8« (beachten Sie 5.3.1, Konvertierungsregeln!). *vim* prüft beim Aufruf auf korrekte Argumentanzahl.

- Ein Sonderfall ist die **variable Argumentanzahl**: Das letzte (oder auch einzige) Argument eine Funktion kann aus drei Punkten bestehen: »`function Multi(first, second, ...)`«. Beim Aufruf wird die Variable »`a:0`« gleich der Anzahl der Extra-Argumente gesetzt, die unter den Namen »`a:1`«, »`a:2`« usw. angesprochen werden (`a:0` kann auch null sein). So simpel das erscheint, ist es im Handling nicht immer einfach, weil variable Variablennamen verwendet werden müssen. Am einfachsten ist das mit veränderlichen Bestandteilen (*curly brace names*) möglich, wie folgendes Beispiel zeigt:

```
function! Varmax(...)
  if !a:0
    echohl ErrorMsg
    echo "keine Argumente!"
    echohl None
    return ""
  endif

  let max=0
  let i = a:0
  while i
    if max <a:{i}
      let max=a:{i}
    endif
    let i=i-1
  endwhile
```

```
  return max
endf

echo Varmax(3,1,5)
```

Eine zweite, schwerer lesbare Möglichkeit wäre die Verwendung der »execute«-Anweisung gewesen:

```
exe "if max < a:" . i "| let max=a:" . i "|endif"
```

- Folgt auf eine Funktionsdefinition das Schlüsselwort **range**, so sind beim Aufruf die Variablen »a:firstline« und »a:lastline« definiert, die die Nummern der ersten und letzten Zeile eines beim Aufruf angegebenen Bereiches enthalten (ohne Bereichsangabe enthalten beide die aktuelle Zeilennummer). Ein schönes Beispiel findet sich unter »:help function-range-example«:

```
function Cont() range
 execute (a:firstline + 1) . "," . a:lastline . 's/^/\t\\ '
endfunction
```

Beim Aufruf wird vor alle Zeilen des Bereichs außer der ersten ein Tabulator mit folgendem Backslash »\« gesetzt – die Zeilen werden zu Fortsetzungszeilen. Aus dem Dateianfang

```
eins
zwei
drei
vier
```

wird durch das ex-Kommando »:1,3call Cont()« also

```
eins
        \zwei
        \drei
vier
```

- Ist eine Funktion **nicht** mit dem Schlüsselwort »**range**« definiert und wird trotzdem ein Bereich vor dem Ruf angegeben, so wird der Ruf für jede Zeile des Bereichs als aktuelle Zeile ausgeführt (vgl. wieder »`:help function-range-example`«).
- Folgt auf eine Funktionsdefinition das Schlüsselwort »**abort**«, wird die Behandlung nach einem Fehler abgebrochen und der Wert »`-1`« zurückgegeben (Letzteres ist nicht dokumentiert, man sollte ohnehin auf »`v:errmsg`« testen).
- Funktionsrufe wirken sich weder auf das zuletzt verwendete Suchmuster (Befehle »`n`« und »`N`« im Kommandomodus) noch auf die letzte Änderung (die mit dem Punkt-Kommando »`.`« wiederholt werden kann) aus.

Soll eine Funktion **mehrere Werte** zurückliefern, so übergibt man die Namen von Variablen als Argumente und arbeitet am besten wieder mit *curly brace names*:

```
function! Search(pattern, out)
  let nr = search(a:pattern)
  if !nr | return 0 | endif
  let g:{a:out} = getline(nr)
  return 1
endfunction
```

Alternativ – umständlicher und obendrein kryptischer – hätte man wieder auf den »execute-Trick« zurückgreifen können, ähnlich wie versierte Shell-Programmierer das »`eval`«-Kommando nutzen:

```
exe "let g:" . a:out . "= getline(nr)"
```

Die Funktion `Search()` gibt den Wert 0 zurück, wenn das in *pattern* enthaltene Muster nicht gefunden werden konnte, ansonsten den Wert 1 und den Inhalt der zugehörigen Zeile in der Variablen, deren Name im zweiten Argument steht (diese Variable muss bereits existieren!):

```
let line=""
if Search("Mario", "line")
  echo line
endif
```

Beachten Sie in der Funktionsdefinition die Konstruktion »`g:{a:out}`« – es wird mittels einer lokalen Variablen (`a:out`) auf eine globale (im Beispiel `l:line`) zugegriffen! Das verbietet allerdings den Bezug auf Variable in einer rufenden Funktion.

Schließlich gibt es noch die Möglichkeit des **»autoloads«**, des automatischen Ladens von Funktionen erst zu dem Zeitpunkt, wo sie gebraucht werden. Dies geschieht über Autokommandos, die in 6.4 behandelt werden: Wenn die Definition von `Search()` (vielleicht zusammen mit anderen, verwandten Funktionen) in einer Datei `S.vim` untergebracht ist, so sorgt die Ausführung der Zeile

```
autocmd FuncUndefined Sea* so S.vim
```

dafür, dass beim Ruf einer noch nicht definierten Funktion, deren Name mit »`Sea`« beginnt, die Datei `S.vim` eingelesen wird.

5.6.2 Vordefinierte Funktionen

vim hat intern bereits 118 Funktionen definiert – im UNIX-Sprachgebrauch sind das sozusagen die »Systemrufe«. Eine vollständige alphabetische Liste mit Argumenten und kurzer Beschreibung finden Sie unter »`:help functions`«, eine nach Verwendungszweck geordnete Liste unter »`:help function-list`«.

Die folgende Übersicht ist nach Themen geordnet, im Unterschied zu »`:help function-list`« aber mit Argumenten und Rückgabetyp. Die erste Spalte enthält das Aufrufmuster (optionale Bestandteile in eckigen Klammern), die zweite den Rückgabewert: Z=Zahl, B=boolesch (0 oder 1), S=String (Zeichenkette), L=Liste/Dictionary.

Wie üblich können Sie die genaue Beschreibung der Hilfe entnehmen, z.B. »`:help expand()`«. Es ist kaum möglich, »Favoriten« anzugeben – das hängt einfach zu sehr von der jeweiligen Aufgabe ab.

Zeichenketten bearbeiten

byteidx(expr, nr)	Z	byte-offset für das *nr*-te Zeichen in *expr* – nur sinnvoll für Multibyte-Zeichen
char2nr(*expr*)	Z	ASCII-Wert des ersten Zeichens in *expr*
nr2char(*expr*)	S	ASCII-Wert *expr* in Zeichenkette konvertieren
escape(*string*, *chars*)	S	Die Zeichen *chars* in *string* mit '\' versehen
eval(string)	-	Zeichenkette *string* aus Ausdruck auswerten
printf(string, expr1...)	-	Wie C-Funktion `printf()`
repeat(string, nr)	S	*string* *nr*-mal wiederholen
str2nr(string [, base])	Z	*string* in Zahl konvertieren, optional zur Basis *base*
strtrans(*string*)	S	Zeichen in *string* in druckbare Form konvertieren
tolower(*string*)	S	*string* in Kleinbuchstaben konvertieren
toupper(*string*)	S	*string* in Großbuchstaben konvertieren
tr(*src*, *fromstr*, *tostr*)	S	aus *src* Zeichen in *fromstr* in Zeichen aus *tostr* konvertieren

match(*string,pat*[*,start*])	Z	Position, an der *pat* in *string* gefunden wurde
matchend(*string,pat*[*,start*)	Z	wie »`match()`«, Position 1. Zeichen nach dem Muster
matchstr(*string,pat*[*,start*])	S	wie »`match()`«, gefundenen Teil zurückgeben
stridx(*string,patstr*)	Z	analog »`match()`«, kein regulärer Ausdruck
strridx(*string,patstr*)	Z	analog »`stridx()`«, letztes gefundenes Muster
strlen(*string*)	Z	Länge von *string*
substitute(*expr,pat,sub,flags*)	S	Substitution
submatch(*nr*)	S	für spezielle *substitute*-Kommandos
strpart(*src,start*[*,len*])	S	Teilzeichenkette mit Indizes herausschneiden
expand(*expr*)	S	Sonderzeichen und Schlüsselwörter in *expr* auswerten
iconv(*expr,from,to*)	S	*expr* konvertieren
type(*name*)	Z	Typ von Variable *name*

Listenverarbeitung

add(*list, item*)	L	*item* an Liste anhängen
call(*func, arglst* [*, dict*])	-	Funktion rufen
copy(*liste*)	L	Liste kopieren
count(*list, expr* [*, start* [*,ic*]])	Z	Zählen, wie oft ein Ausdruck in einer Liste vorkommt

deepcopy(*list*)	L	physische Listenkopie (auch verschachtelte Listen)
empty(*list*)	B	wahr, falls *list* leer ist
extend(*expr1*, *expr2* [, *expr3*])	L	Liste erweitern
filter(*expr*, *string*)	L	Liste selektiv verkleinern
get(*list*, *idx*, [*default*])	-	Element aus Liste ohne Fehlermeldung holen
index(*list*, *expr* [, *start* [, *ic*]])	Z	Listenindex für *expr* ermitteln
insert(*list*, item [, *idx*])	L	Listenelement einfügen
join((*list* [, *sep_string*])	S	Listenelemente mit *sep_string* zusammenfügen (wie in Python)
len(*list*)	Z	Länge der Liste
map(*list*, *expr*)	L	Ausdruck *expr* auf jedes Listenelement anwenden
max(*list*)	Z	größter Wert in Liste
min(*list*)	Z	kleinster Wert in Liste
range(*expr* [, *max* [, *step*]])	L	Liste aus Zahlen erzeugen (wie in Python)
remove(*list*, *idx* [, *end*])	L	Teile von Listen löschen
repeat(*list*, *nr*)	L	*list nr*-mal aneinanderhängen
reverse(*list*)	L	Liste in Reihenfolge umkehren
sort(*list*, [*func*])	L	Liste sortieren, optional *func* als Vergleichsfunktion verwenden
split((*expr* [, *pat* [, *keepempty*]])	L	Zeichenkette in Liste umwandeln (analog zu Python)
string(*expr*)	S	Ausdruck als Zeichenkette darstellen

Dictionaries bearbeiten

copy(*liste*)	L	Liste kopieren
count(*list, expr* [, *start* [,*ic*]]	Z	wie bei Listen
deepcopy(*dict*)	L	wie bei Listen
empty(*dict*)	B	wie bei Listen
extend(*expr1, expr2* [, *expr3*])	L	wie bei Listen
filter(*expr, string*)	L	wie bei Listen
get(*dict*, key [, default]])	-	wie bei Listen
has_key(dict, *key*)	B	wahr, falls *key* in *dict* ist
items(*dict*)	L	Liste von *(key,value)*-Paaren
keys(*dict*)	L	Liste der *keys* von *dict*
len(*dict*)	Z	Anzahl der Keys
map(*dict, expr*)	L	Ausdruck *expr* auf jedes Paar (*key, value*) anwenden: `v:val` ist der Wert, `v:key` der Schlüssel
max(*dict*)	Z	größter Wert in *dict*
min(*dict*)	Z	kleinster Wert in *dict*
remove(*dict, key*)	-	*dict[key]* entfernen und zurückgeben
string(*dict*)	S	*dict* in Zeichenkette verwandeln
values(*dict*)	L	Liste der Werte von *dict*

Variable

function(*name*)	-	Funktionsreferenz bilden (vgl. 5.7.3)
garbagecollect()	-	Speicher freimachen

getbufvar(*expr*, *var*)	-	Variable aus Puffer *expr*
gettabwinvar(*tabnr*, *winnr*, *name*)	-	Variablenwert aus Tab *tabnr* aus Teilfenster *winnr*
getwinvar(*nr*, *var*)	-	Variablenwert aus Teilfenster *nr*
islocked(*expr*)	B	Wahr, falls Variable/Liste/Dictionary gelockt ist (vgl. `:help lockvar`)
setbufvar(*expr*, *var*, *val*)	-	Variable *var* in Puffer *expr* den Wert *val* zuweisen
settabwinvar(*tabnr*, *winnr*, *var*, *val*)	-	Variable *var* in Tab *tabnr*, Teilfenster *winnr*, Wert *val* zuweisen
setwinvar(*nr*, *var*, *val*)	-	Variable *var* in Teilfenster *nr* Wert *val* zuweisen
type(*var*)	Z	Typ von Variable *var*

Text im aktuellen Puffer bearbeiten

byte2line(*nr*)	Z	Zeilennummer von Byte Nummer *nr* finden
line2byte(*lnum*)	Z	Bytenummer von Zeile *lnum* finden
col(*expr*)	Z	Spaltennummer von Cursor oder Marke
cursor(*lnum*,*col*)	Z	Cursor auf Zeile *lnum*, Spalte *col* setzen
virtcol(*expr*)	Z	wie »`col()`«, Bildschirmspalte (Tabs!)
line(*expr*)	Z	Zeilennummer von Cursor oder Marke

wincol()	Z	wie »`col()`«, Fenster-Spalte (Split-Fenster!)
winline()	Z	wie »`line()`«, Fenster-Zeile (Split-Fenster!)
getline(*lnum*)	S	Zeile *lnum* aus aktuellem Puffer
setline(*lnum,string*)	Z	Zeile *lnum* durch *string* ersetzen
append(*lnum,string*)	Z	*string* nach Zeile *lnum* einfügen
indent(*lnum*)	Z	Einrückung der Zeile Nr. *lnum*
cindent(*lnum*)	Z	C-Einrückung für Zeile Nr. *lnum*
lispindent(*lnum*)	Z	Lisp-Einrückung für Zeile Nr. *lnum*
nextnonblank(*lnum*)	Z	Nummer erster nichtleerer Zeile mit Zeilennr. >= *lnum*
prevnonblank(*lnum*)	Z	Nummer erster nichtleerer Zeile mit Zeilennr. <= *lnum*
search(*pattern* [,*flags*])	Z	Suche nach *pattern* ab Cursor
searchdecl((name [, global [, flag]])	Z	Suche nach Deklaration einer Variablen
searchpair(*start,middle, end* [,*flags* [,*skip*]])	Z	Mustersuche mit Verschachtelung
searchpairpos(*start, middle, end* [, *flags* [, *skip* [, *stopline*]]])	L	wie »`searchpair()`«, gibt aber Liste zurück

Systemfunktionen, Dateibearbeitung

glob(*expr*)	S	Metazeichen expandieren
globpath(*path,expr*)	S	glob(*expr*) für alle Verzeichnisse in *path* rufen

resolve(*filename*)	S	symbolische Links auflösen
fnamemodify(*fname,mods*)	S	Dateinamen modifizieren
executable(*expr*)	Z	Test auf externes Kommando *expr*
filereadable(*file*)	B	Test auf lesbare Datei
filewritable(*file*)	B	Test auf beschreibbare Datei
finddir(*name*[, *path*[, *count*]])	S	Verzeichnis in *path* finden
findfile(*name*[, *path*[, *count*]])	S	Datei in *path* finden
isdirectory(*directory*)	B	Test auf Verzeichnis
getcwd()	S	aktuelles Verzeichnis
getfperm(*fname*)	S	Zugriffsrechte von Datei *fname* ermitteln
getfsize(*fname*)	Z	Dateigröße in Byte

getftype(*fname*)	S	Dateityp

mkdir(*name* [, *path* [, *prot*]])	Z	Verzeichnis erzeugen

tempname()	S	Name für temporäre Datei erzeugen
delete(*fname*)	Z	Datei löschen
rename(*from, to*)	Z	Datei umbenennen
simplify(*filename*)	S	Pfad vereinfachen
system(*expr*)	S	Shellkommando *expr* ausführen
hostname()	S	Hostname

Datum und Zeit

getftime(*fname*)	**Z**	Modifikationszeit von Datei
localtime()	**Z**	aktuelle Zeit (UNIX-Zeit, Sekunden seit 1.1.1970)
reltime([*start* [, *end*]])	**L**	Zeit als Liste
reltimestr(*time*)	**S**	Wert von *reltime()* umwandeln
strftime(*format*[, *time*])	**S**	Zeit im angegebenen Format

Puffer, Fenster und Argumentliste

argc()	**Z**	Zahl der Dateien in Argumentliste
argidx()	**Z**	aktuelle Dateinummer, auf `argc()` bezogen
argv(*nr*)	**S**	Eintrag *nr* in der `argc()`-Liste
bufexists(*expr*)	**B**	Test auf Puffername oder -nummer
buflisted(*expr*)	**B**	Test, ob Puffer gelistet wird
bufloaded(*expr*)	**B**	Test, ob Puffer geladen ist
bufname(*expr*)	**S**	Namen eines Puffers ermitteln
bufnr(*expr*)	**Z**	Nummer eines Puffers ermitteln
winnr()	**Z**	Nummer des aktuellen Fensters
bufwinnr(*expr*)	**Z**	Fensternummer für Puffer *expr*
winbufnr(*nr*)	**Z**	Puffernummer für Fenster *nr*
getbufvar(*expr*, *varname*)	**S**	Variable *varname* in Puffer *expr*
setbufvar(*expr*, *varname*, *val*)	**Z**	Variable *varname* in Puffer *expr* gleich *val* setzen
getwinvar(*nr*, *varname*)	**S**	Variable *varname* in Fenster *nr*
setwinvar(*nr*, *varname*, *val*)	**Z**	Variable *varname* in Fenster *nr* gleich *val* setzen

getreg([*regname*])	S	Registerinhalt ermitteln (»`@a`« ist einfacher)
getregtype([*regname*])	S	Registertyp ermitteln (»`type(@a)`« ist anders!)
setreg(*n*, *v*[, *opt*])	Z	Register mit Typ setzen (»`let @a=...`« ist anders!)
getbufline(*buf*, *nr*, [*end*])	L	Zeilen als Liste zurückgeben
tabpagebuflist([*tabnr*])	L	Liste der Puffer in aktuellem oder Tab Nr. *tabnr*
tabpagenr(["$"])	Z	Nr. des aktuellen Tabs (oder des letzten bei Argument "`$`")
tabpagewinnr(*nr*, [*tabarg*])	Z	wie »`winnr()`«, nur für Tab *nr*

Kommandozeile

getcmdline()	S	Kommandozeile zurückgeben
getcmdpos()	Z	Cursorposition in Kommandozeile
getcmdtype()	S	Typ der Kommandozeile zurückgeben
setcmdpos(*nr*)	-	Cursor in Kommandozeile auf Position *nr* setzen

Location- und Quickfix-Listen

getloclist(*nr*)	L	Location-Liste zurückgeben (vgl. »`:help location`«)
getqflist()	L	Liste mit allen Quickfix-Fehlern zurückgeben (vgl. 6.11)
setloclist(*nr*, *lst*, *action*)	Z	Location-Liste modifizieren
setqflist(*lst*, *action*)	Z	Quickfix-Liste modifizieren (vgl. 6.11)

Vervollständigung im Eingabemodus

complete_add(*string*)	Z	Liste der Hits erweitern
complete_check()	Z	Hilfsfunktion bei zeitaufwändiger Suche
complete(*spalte*, *lst*)	-	Muster für Eingabe-Vervollständigung angeben
pumvisible()	B	prüft auf aufgeklapptes Popup-Menü

Faltungen

foldclosed(*lnum*)	Z	erste Zeile einer Faltung ermitteln
foldclosedend(*lnum*)	Z	letzte Zeile einer Faltung ermitteln
foldlevel(*lnum*)	Z	Tiefe einer Faltung ermitteln
foldtext()	S	für Faltung angezeigter Text
foldtextresult(*lnum*)	S	Text unter der Faltung, die Zeile *lnum* enthält

Syntaxerkennung

diff_hlID(*lnum*, *col*)	Z	Highlight-ID im Diff-Modus erkennen
hlexists(*name*)	B	Test auf Highlight-Gruppe *name*
hlID(*name*)	Z	Syntax-ID der Highlight-Gruppe *name*
matcharg(*nr*)	L	Highlight-Gruppe und Muster angeben, vgl. `:match`, `:2match`, `:3match`
synID(*line*,*col*,*trans*)	Z	Syntax-ID, ortsabhängig

synIDattr(*synID, what* [,*mode*])	S	Attribut zu Syntax-ID
synIDtrans(*synID*)	Z	übersetzte Syntax-ID

Rechtschreibprüfung

soundfold(*wort*)	S	ähnlich klingendes Wort zurückgeben
spellbadword([*satz*])	S	erstes falsch geschriebenes Wort in Satz bzw. unter Cursor
spellsuggest(*wort*, [*max*, [*gross*]])	S	Liste von Korrekturvorschlägen erstellen

Geschichte (History)

histadd(*history, item*)	S	Eintrag an Geschichte anhängen
histdel(*history* [,*item*])	S	Eintrag aus Geschichte entfernen
histget(*history* [,*index*])	S	Eintrag aus Geschichte ermitteln
histnr(*history*)	Z	aktueller Index in Geschichte

Interaktive Arbeit

browse(*save, title, initdir, default*)	Z	in GUI-Version: Datei-Dialog anzeigen
browsedir(*title, dir*)	S	Parameter für Verzeichnis-Auswahlmenü setzen
confirm(*msg* [,*choices* [,*default* [,*type*]]])	Z	Auswahl-Dialog anzeigen
getchar([expr])	Z	ein Zeichen eingeben
getcharmod()	Z	Modifikator-Tasten für `getchar()`-Zeichen (`Strg`, `Alt`, ...)

input(*prompt* [,*text*])	S	Eingabe-Dialog anzeigen
inputdialog(*p* [,*t* [,*c*]])	S	GUI-Form von `input()`
inputlist(*textlist*)	Z	Auswahlmenü anzeigen (alphanumerisch)
inputsave()	Z	Tastaturpuffer abspeichern und leeren
inputrestore()	Z	Tastaturpuffer wiederherstellen
inputsecret(*prompt* [,*text*])	S	wie »`input()`«, aber ohne Anzeige (vgl. 7.3)

GUI

getfontname(*string*)	S	Font zurückgeben bzw. überprüfen
getwinposx()	Z	X-Koordinate in GUI-Fenster (Pixel)
getwinposy()	Z	Y-Koordinate in GUI-Fenster (Pixel)

Vim-Server

serverlist()	S	Liste von verfügbaren *vim*-Servern liefern
remote_send(*server,string* [,*idvar*])	-	Kommandos an Server senden
remote_expr(*server,string* [,*idvar*])	S	Ausdruck von Server berechnen lassen
server2client(*clientid,string*)	S	Antwort an Client senden
remote_peek(*serverid* [,*retvar*])	Z	Test auf Server-Antwort

remote_read(*serverid*)	**S**	nächste Server-Antwort abfragen
foreground()	**Z**	*vim*-Fenster in den Vordergrund bringen
remote_foreground(*server*)	**Z**	*vim*-Server in den Vordergrund bringen

Verschiedenes

mode()	**S**	aktueller Editiermodus
visualmode([*expr*])	**S**	Art des letzten visuellen Modus
mapcheck(*name*[,*mode*])	**S**	Test auf Mapping mit Teilstring *name*
maparg(*name*[,*mode*])	**S**	Test auf Mapping mit Namen *name*
exists(*var*)	**B**	Test auf Variable, Funktion usw.
has(*feature*)	**B**	Test auf Editor-Fähigkeiten
hasmapto(*what* [,*mode*])	**B**	Test auf Mapping mit *what* im Ergebnis
cscope_connection([*num* ,*dbpath* [,*prepend*]])	**B**	Test auf *cscope*-Kanal
did_filetype()	**B**	Test auf ausgeführte Dateityp-Autokommandos
eventhandler()	**B**	Test auf laufendes Event
tagfiles()	**L**	Dateinamen, in denen nach Tags gesucht wird
taglist(*string*)	**L**	Liste von Tags zu regulärem Ausdruck *string* zurückgeben
winheight(*nr*)	**Z**	Fensterhöhe ermitteln

winwidth(*nr*)	Z	Fensterbreite ermitteln
winrestcmd()	S	Kommandos zum Wiederherstellen der alten Fenstergröße ausgeben
winrestview(*dict*)	-	alte Ansicht wiederherstellen, *dict* = Ausgabe von `winsaveview()`
winsaveview()	L	vgl. »`winrestview()`«
libcall(*lib,func,arg*)	S	Schnittstelle für eigene PlugIns auf C-Ebene
libcallnr(*lib,func,arg*)	Z	wie »`libcall()`«, aber Zahl als Returnwert

5.7 Elemente aus Python: Listen, Dictionaries, Funktionsreferenzen (vim7)

Mit Version 7 wurde die *vim*-Skriptsprache um neue Datentypen erweitert, vor allem um Listen und Dictionaries (Wörterbücher, Hashlisten). Wer unter »`:help Lists`« und »`:help Dictionaries`« nachschaut, wird sofort die leistungsfähige Skriptsprache Python als geistigen Vater der Neuerungen erkennen (vgl. 6.13.1 und 5.7.4).

5.7.1 Listen

Hilfe dazu unter: »`:help Lists`«

Listen sind Zusammenfassungen mehrerer Daten auch verschiedener Typen zu einem neuen Objekt, wie in folgendem Beispiel aus der Hilfe:

```
:let mylist = [1, two, 3, "four"]
:let emptylist = []
```

(Es gibt also auch leere Listen.) Listenelemente werden mit Indizes (mit 0 beginnend) wie in Python referenziert:

```
:echo mylist[0]
1
```

Wie in Python wird zu negativen Indizes die Listenlänge addiert. Damit ist `mylist[-1]` das letzte Element der Liste, also `"four"`. Eine weitere nützliche Analogie sind die Unterlisten *(sublists)*, die an die »*slices*« von Python erinnern: `mylist[1 : 3]` bezeichnet die Liste `[mylist[1], mylist[2], mylist[3]]`. Doch hier endet die Analogie: In Python würde das letzte Element fehlen (was konsistenter ist), bei *vim* zählt es dazu. Schade, denn so entsteht ein unnötiger Bruch. Fehlende Indizes werden durch 0 bzw. die Listenlänge ersetzt: `mylist[1:]` ist demnach die Liste ohne erstes Element.

Weil Listen beliebige Daten enthalten können, kann man insbesondere Listen von Listen bilden – ein Feature, das man sehr schnell schätzen lernt:

```
:let lst = [[1,2], [20,30], [300,400]]
:echo lst[1][0]
20
```

Listen können addiert werden. *vim* hängt sie dann einfach aneinander, sogar mit »+=«:

```
:let mylist += ["e1", "e2"]
:echo mylist
[1, 2, 3, 'four', 'e1', 'e2']
```

Ebenfalls sehr bequem in der Anwendung ist die von Python her bekannte Zuweisung von Listen:

```
:let list1 = ["emil", "detektive"]
:let [a, b] = list1
```

```
:echo a | echo b
emil
detektive
```

Die Zahl der Listenelemente wird dabei überprüft und muss übereinstimmen. Damit sind auch Funktionen mit mehreren Rückgabewerten unproblematisch zu realisieren. Neue *vim*-Funktionen wie `insert()` und `remove()` erlauben weitere Modifikationen von Listen; am interessantesten sind die Python-Kennern ebenfalls nicht unbekannten Funktionen `sort()`, `revers()`, `map()` und `filter()`:

```
:let list2 = [3,1,4,5,2]
:call sort(list2)
:echo list2
[1, 2, 3, 4, 5]

:let list2 = [3,1,4,5,2]
:call map(list2, "v:val * 4")
[12, 4, 16, 20, 8]

:let list2 = [3,1,4,5,2]
:call filter(list2, 'v:val > 2')
:echo list2
[3, 4, 5]
```

Die Funktion *filter* wertet für jedes Listenelement die als zweites Argument angegebene Zeichenkette aus und lässt nur die Elemente in der Liste, für die die Bedingung wahr ist; *v:val* bezeichnet hier das aktuelle Listenelement. (Zum Vergleich: In Python erzeugt *filter()* eine neue Liste aus den Elementen, für die eine als erstes Argument angegebene Funktion »wahr« zurückgibt. Auch hier weicht die *vim*-Form davon ab.)

Schließlich gibt es noch – wiederum analog zu Python – eine *for-Anweisung*, die über alle Listenelemente iteriert:

```
:for j in list2 | echo 3*j | endfor
9
3
12
15
6
```

5.7.2 Dictionaries

Hilfe dazu unter »`:help Dictionaries`«

Dictionaries (Wörterbücher, Hashlisten, assoziative Listen) sind von Python und Perl her bekannt, sogar das UNIX-Tool *awk* kannte sie schon. Im Unterschied zu Listen sind Dictionaries eine ungeordnete Menge von Paaren *(Schlüssel, Wert)*, wobei *Schlüssel* bei *vim* immer eine Zeichenkette sein muss (Zahlen werden von *vim* in Zeichenketten umgewandelt, dürfen also auch angegeben werden). Ein Wert im Dictionary wird wie in den anderen genannten Sprachen beschrieben: `dict[key]`, die Zuweisung erfolgt einfach mit `dict[key] = val`. Gibt es zu `key` noch kein Element, so wird ein neuer Eintrag geschaffen, ansonsten wird der alte Wert durch den neuen ersetzt. Neue Dictionaries erzeugt man analog zu Python:

```
:let mydict = {1: 'one', 2: 'two', 3: 'three'}
:let empytdict = {}
```

Die zweite Anweisung steht oft vor Schleifen, in denen ein Dictionary Schritt für Schritt erzeugt wird: Bevor man `dict[key] = val` schreiben darf, muss `dict` erst einmal existieren.

Um eine Liste der Schlüssel (in undefinierter Reihenfolge!) zu erzeugen, verwendet man die Funktion `keys()`:

```
for i in keys(dict)
```

```
  echo i
endfor
```

Analog liefern `values()` eine Liste der Werte und `items()` eine Liste von Listen `[key, val]`.

Weitere nennenswerte Funktionen sind `min()`, `max()` und `len()` – kleinster/größter Wert bzw. Anzahl der Einträge. Auch für Dictionaries gibt es die von den Listen her bekannten Funktionen `map()` und `filter()`.

5.7.3 Funktionsreferenzen

Hilfe dazu unter »`:help Funcref`«

Im Unterschied zu Python sind *vim*-Funktionen keine Objekte und können nicht zugewiesen werden. Um sie dennoch wie Variablen zu verwenden, gibt es die neue Funktion `function()`, die eine »Funktionsreferenz« zurückgibt, die wie üblich mit `call()` gerufen werden kann:

```
:function Nice(name)
  echo a:name . " ist nett."
endfunct
:let Msg = function("Nice")
:call Msg("Anett")
Anett ist nett.
```

Dieses Feature ist z.B. nützlich, wenn man Funktionsreferenzen als Werte in einem Dictionary verwendet und so in Abhängigkeit von einem Schlüssel unterschiedliche Funktionen ausführt.

5.7.4 Diskussion

Ohne Frage wird *vimscript* durch die neuen Datentypen effektiver, Skripte lassen sich vereinfachen. Dennoch bleibt Python die mächtigere, konsistentere und auch einfachere Sprache. Ein grundlegender Unterschied zwischen beiden Skriptsprachen ist, dass Python von Anfang an objektorientiert entworfen wurde, was *vimscript* nicht ist. Deswegen muss *vim7* auch die neue Funktion »`function()`« einführen, um Funktionen wie Variable zu verwenden. *vim* kennt nur Ausdrücke, Funktionen und Zuweisungen. Die in Python so elementaren Methoden von Objekten ergeben hier keinen Sinn.

Wenn es also darum geht, schwierige neue Probleme mit *vim* zu behandeln, kann ein eingebetteter Python-Interpreter die bessere Wahl sein, zumal sich das Lernen von Python auch in anderen Bereichen schnell bezahlt macht. Allerdings setzt dieser Anwendungsfall ein spezielles *vim*-Binary nebst Python-Installation voraus. Wer hingegen die neuen *vimscript*-Konstrukte nutzt, bleibt portabel, wobei auf die feinen (und tückischen) Unterschiede zwischen Python und *vimscript* zu achten ist. Somit entscheidet der Anwendungsfall, was besser ist.

5.8 Eine praktische Anwendung: Fließtext erzeugen

Nach all der Theorie soll erst einmal ein praxisnahes Beispiel folgen: Ich schreibe selbst viele Texte mit *vim*, weil damit ein sehr flexibles Arbeiten möglich ist. Das Zusammenbauen eines Textes aus Stücken anderer Dateien, anschließendes Umordnen, Bearbeiten, Suchen usw. – all das geht mit *vim* nach einiger Übung viel schneller als mit einer Textverarbeitung, auch wenn diese am Ende für ein ordentliches Layout noch notwendig ist.

Textverarbeitungen mögen aber keinen *vim*-Text, weil er Zeilenwechsel enthält. Textverarbeitungen wollen beim Import Fließtext: Jeder Absatz ist eine Zeile. Zwar gibt es zur Umwandlung eingebaute Formatierungsbefehle, doch diese schießen zu oft über das Ziel hinaus (wenn sie z.B. automatisch Listen und Fettdruck erzeugen und dafür Listings nicht erkennen), und sie sind mit Handarbeit verbunden.

Das folgende *vim*-Skript erzeugt per Tastendruck Fließtext. Dabei ist nach Definition ein Absatz durch Leerzeilen bzw. durch Dateianfang oder -ende begrenzt (dieses Format wird z.B. von Zeitschriften gern genommen). Das Skript ist nicht perfekt: Listings würden zerstört, und ich habe mir den Test »`if exist('*Fliess')`« erspart. Es liegt in `$HOME/.vim/plugin` und wird nur einmal beim Start von *vim* gelesen.

Der Grundgedanke ist einfach und sähe bei interaktiver Arbeit so aus: Wir setzen den Cursor auf die erste Zeile eines Absatzes. Im zeilenweisen visuellen Modus markieren wir den Absatz; das erledigt der Befehl »`V}`«. Danach reicht der Befehl »`J`«, um alle Zeilen aneinander zu hängen. Der visuelle Modus wird dabei abgeschaltet. Anschließend setzen wir den Cursor auf die erste Zeile des nächsten Absatzes, und das Spiel kann von vorn beginnen.

Wie immer in der Programmierpraxis haben wir dabei einige Fußangeln übersehen:

- Die Nummer der ersten Zeile des nächsten Absatzes liefert die vordefinierte Funktion »`nextnonblank()`«. Das geht schief, wenn die Leerzeilen Leerzeichen oder Tabulatoren enthalten. Also heißt es erst einmal »aufräumen« – überflüssige Leerzeichen und Tabulatoren entfernen.
- Standardmäßig werden Sätze beim Aneinanderhängen durch zwei Leerzeichen getrennt. Die Option »`nojoinspaces`« sorgt dafür, dass nur ein Leerzeichen eingesetzt wird. Der alte Wert der Option ist zu retten!
- Das *vim*-Kommando »`}`« springt »einen Absatz weiter«, wie es in der Hilfe so schön heißt. Mit einem Haken: In die Zeile *nach* dem Absatz, falls der Absatz nicht am Dateiende steht. Hier ist also eine Fallunterscheidung zu treffen.

- Bei einzeiligen, visuell markierten Absätzen macht »J« leider »Unsinn« (das Kommando sollte wirkungslos bleiben). Auf diesen Fall ist gesondert zu testen.

Die Lösung sieht nun so aus (Kommentare wurden aus Platzgründen weitgehend gelöscht):

```
"--- Abschnitt 1
function Fliess()
  %s/\s*$//
  let oldj=&joinspaces
  set nojoinspaces
  let old = 1

"--- Abschnitt 2
  while 1
    let old = nextnonblank(old)
    if !old || old == line("$")
      break
    endif

"--- Abschnitt 3
    exe old

"--- Abschnitt 4
    normal V}
    let new = line(".")
    if getline(new) =~ '^$'
      normal k
      let new = new-1
    endif

"--- Abschnitt 5
    if new != old
      normal J}
      let old = line(".")
    else
```

```
      normal Vj
      let old = new+1
    endif
  endw

"--- Abschnitt 6
  let &joinspaces=oldj
  return
endf

map <F12> :call Fliess()<CR>
```

(Auf der Webseite: **mkfliess.vim**)

Erläuterung:

- In Abschnitt 1 wird »aufgeräumt«: Das Substitutionskommando löscht alle Leerzeichen und Tabulatoren am Zeilenende. Insbesondere enthält eine Zeile, in der keine sichtbaren Zeichen stehen, danach auch wirklich keine Zeichen mehr. Die Option »`joinspaces`« wird gerettet, und die »alte« Zeilennummer auf 1 gesetzt (Dateianfang).
- In Abschnitt 2 startet eine Endlosschleife (»`while 1`«). Mit »`next-nonblank()`« wird die nächste nicht leere Zeile gesucht. Gibt es keine, ist der Returnwert null, also »`!old`« wahr. In diesem Fall, und wenn die neue Zeile die letzte ist, sind wir fertig und verlassen mit »`break`« die Endlosschleife.
- Abschnitt 3 setzt den Cursor auf die Zeile Nr. »`old`«. Der Befehl sieht seltsam aus. »`exe`«, die Kurzform von »`execute`«, setzt für »`old`« den Zahlenwert ein, und übrig bleibt ein Positionierkommando auf eine Zeile (vgl. 2.4.6).
- Abschnitt 4 markiert den Absatz im visuellen Modus: Der so nützliche »`normal`«-Befehl wirkt, als hätten wir »`V}`« von Hand im Kommandomodus eingegeben. Doch »`}`« springt eine Zeile zu weit, falls

möglich. Also ermitteln wir die aktuelle Zeilennummer (new) und testen, ob diese Zeile leer ist. Wenn ja, sorgt »normal k« für eine Bewegung nach oben, und new wird um 1 verkleinert. Wenn nein, sind wir schon am Dateiende, der Absatz ist korrekt markiert.

- In Abschnitt 5 schließlich testen wir, ob der Absatz nur eine Zeile hat. Wenn nein, wird der entscheidende Befehl »J}« ausgeführt (Zeilen aneinanderhängen, Sprung hinter den Absatz). Wenn ja, müssen wir den »Schaden« von Hand wieder gutmachen: visueller Modus aus, nächste Zeile.
- In Abschnitt 6 wird der alte Wert für die Option »joinspaces« wieder hergestellt und die Funktion verlassen.

Der map-Befehl in der letzten Zeile sorgt schließlich dafür, dass bei jedem Druck auf die Funktionstaste F12 das *ex*-Kommando »:call Fliess()« ausgeführt wird (vgl. 6.2). Hier darf der Doppelpunkt nicht fehlen, denn F12 wird im Kommandomodus gedrückt, und *vim* wechselt erst danach in den *ex*-Modus. Ebenso wichtig ist das Symbol »<CR>« für die Enter-Taste, denn sonst wird der Befehl nicht »abgeschickt«.

Die Leerzeilen lassen sich – falls gewünscht – mit einem unmittelbar vor dem »return« eingeschobenen »g/^$/ d« noch entfernen. Der eigenen Fantasie sind keine Grenzen gesetzt. Eine Möglichkeit der Erweiterung ist z.B., »Fliess()« als range-Funktion zu deklarieren (dann muss es in Abschnitt 1 heißen: »let old = a:firstline«, und statt »line("$")« setze man »a:lastline« ein). Das erlaubt, »unkritische« Teile visuell zu markieren und per F12 zu formatieren.

5.9 Fehlersuche

Das Beispiel in 5.8 lässt ahnen, dass der Weg zu einem funktionierenden Skript steinig sein kann, sprich mit Fehlern gepflastert. Fehlersuche ist schon in höheren Programmiersprachen schwierig. Dies gilt erst recht für *vim*-Skripte mit ihren unzähligen »Nebenwirkungen«. Um es vorwegzunehmen: Die eierlegende Wollmilchsau für *vim*-Debugging wird nicht mitgeliefert, obwohl es einen Debug-Modus gibt. Im Folgenden finden Sie daher nur einige Ratschläge, keine Patentrezepte. Was also tun, wenn unverständliche Fehlermeldungen auftreten oder – noch schlimmer, aber typischer – Ihr Skript einfach »Unsinn« produziert?

Alles verfolgen

Die einfachste Art, um die Aktionen Ihres Skripts zu verfolgen, ist das Setzen der Verbose-Option, z.B. »`:set verbose=15`«. Dadurch wird *vim* »geschwätzig« und zeigt z.B. ausgeführte Kommandos an. Was welches Level genau bedeutet, erfahren Sie unter »`:help 'verbose'`«. Das Setzen der Option nehmen Sie am besten von Hand vor, um uninteressante Ausgaben beim Start nicht verfolgen zu müssen. Nach jeder vollgeschriebenen Seite bittet *vim* Sie um einen Tastendruck.

Eine zweite interessante Möglichkeit bietet das Setzen von »`writedelay`«, kurz »`wd`«. Der Wert dieser Option gibt die Länge einer Pause in Millisekunden an, die *vim* vor jeder Ausgabe eines Zeichens einlegt. Ich empfehle für erste Experimente »`:set wd=30`«. Das kann zwar zum Geduldsspiel werden, hat aber einen gewichtigen Vorteil: Nur bei dieser Debug-Methode wird der Bildschirminhalt nicht zerstört. Sollte Ihnen der Geduldsfaden reißen: »`Strg/C`« bricht alle Aktionen ab.

Ablauf gezielt verfolgen

So wie C-Programmierer trotz moderner Werkzeuge immer wieder zum »printf-Debugging« greifen, also dem simplen Einfügen von Ausgaben, sind bei *vim* eingefügte »**echo**«-Anweisungen die erste Hilfe. Das darf auch ein Ausdruck sein, wie »`echo "------\n" . getline(".")`«. Die Ausgaben zerstören natürlich den Bildschirminhalt, doch wenigstens ist *vim* hier so »nett«, standardmäßig nach jedem gefüllten Bildschirm auf einen Tastendruck zu warten.

Das »Zumüllen« des Bildschirms können Sie unterdrücken, wenn Sie mit »echon« arbeiten und die Ausgabe mit »\r« (*return*) abschließen. Dann wird die gleiche Zeile immer wieder überschrieben, und ein »**sleep**« sorgt für Lesbarkeit, etwa so:

```
redraw | echon getline(".") . "\r"
sleep 1
```

Dank »redraw« werden die bisherigen Veränderungen angezeigt (normalerweise wird der Bildschirm erst nach Beendigung des Skripts aktualisiert). Das Ganze geht auch ohne »sleep«, dafür interaktiv:

```
redraw | call input("auf ein Neues: ")
```

Hier stoppt das Skript, aktualisiert den Bildschirm und wartet darauf, dass Sie »Enter« drücken. Auch dies lässt sich noch ausbauen:

```
redraw | let cnt = My_input(cnt)
```

Die Hilfsfunktion My_input() kann so aussehen:

```
function My_input(lcnt, ...)
  if a:lcnt
    return a:lcnt-1
  endif

  if a:0 > 0
    let i = 0
    while i < a:0
      echon a:{i+1} . " "
      let i = i+1
    endw
    echo ""
  endif
```

```
  return input("hit ENTER or enter number: ")
endf
```

(Auf der Webseite zum Buch: **My_input.vim.**) Eine Anwendung in der Funktion Fliess() aus 5.7 könnte z.B. so aussehen:

```
redraw
let g:cnt = My_input(g:cnt, "new: ", new, " old: ", old)
```

Wie bisher arbeitet *vim* nach »`Enter`« bis zum nächsten Halt weiter, nach Eingabe von »`25`« hält er jedoch erst beim 25. Ruf von `My_input()` wieder an. Vergessen Sie nicht, vor dem ersten Ruf `cnt` zu initialisieren: »`let cnt=0`«. Und innerhalb von Funktionen muss (falls `cnt` außerhalb dieser definiert wurde) diese Variable als »`g:cnt`« referenziert werden!

Der Debug-Modus

Nicht zuletzt bietet *vim* auch einen Debug-Modus, der unter »`:help debug-scripts`« ausführlich beschrieben wird. Dieser eingebaute Debugger hält einem Vergleich mit leistungsfähigeren Werkzeugen, die Sie vielleicht von C/C++ her kennen (und sei es *gdb* unter Linux), nicht stand. Aber er erlaubt immerhin, den Ablauf ohne Modifikation des Skript-Textes zu verfolgen und interaktiv Befehle auszuführen (was in `My_input()` aus dem vorigen Abschnitt zwar auch noch eingebaut werden könnte, doch nur mit Einschränkungen, denn die Befehle würden von einer Funktion aus gestartet).

Es gibt drei Arten, in den Debug-Modus zu gelangen:

- Start mit dem Schalter »`-D`«, z.B. »`vim -D input.txt`«. Beim ersten Einlesen eines Skripts (üblicherweise schon bei der Initialisierung, vgl. 2.1.3) stoppt *vim* und erwartet einen Debug-Befehl.
- Ausführen eines ex-Befehls im Debug-Modus: »`:debug so crypt.vim`«

- Setzen eines Breakpoints (Unterbrechungspunktes) als Kommando beim Start: »`vim -c "breakadd file */crypt.vim"`«. Beim Erreichen des Breakpoints stoppt *vim* im Debug-Modus.

Das Nutzen des Debug-Modus ist einfach. Es gibt sechs »Grund-Kommandos«, die teilweise von anderen Debuggern her vertraut sein dürften:

cont	Fortsetzen bis zum nächsten Breakpoint
quit	Abbrechen, allerdings nicht »vollständig« wie bei »`Strg/C`«, z.B. kann *vim* trotzdem noch beim nächsten Breakpoint stoppen.
next	Funktion oder Kommando (auch »`:source ...`«) nur ausführen, nicht debuggen
step	Schrittweise Ausführung
interrupt	Erzeugt die Wirkung von »`Strg/C`«, ohne den Debugger abzubrechen. Damit testet man Ausnahmebehandlungen.
finish	Debug-Modus nur für aktuelle(s) Skript oder Funktion abschalten. So können Sie z.B. mit »`step`« eine Funktion anfangs verfolgen, und wenn dies uninteressant wird, den Rest der Funktion ohne Debug-Ausgaben ablaufen lassen – ähnlich, als hätten Sie eine Ebene weiter oben »`next`« eingegeben.

vim gibt beim Übergang zum Debug-Modus eine Zeile der Form »`Breakpoint in ...`« aus, nebst Ortsangabe und dem als Nächstes auszuführenden Befehl. Nach dem Prompt »>« können Sie nun beliebige *ex*-Kommandos eintippen (Mappings funktionieren allerdings nur als »`cmap`«) oder einen der Befehle aus der Tabelle. Die letzteren brauchen Sie nicht komplett einzutippen, sondern nur so weit, bis sie eindeutig sind. Dazu reicht beim gegenwärtigen Stand der erste Buchstabe. Mit »`Enter`« wiederholen Sie den letzten Befehl, falls es einer aus der Tabelle war (ansonsten geschieht nichts). Eine Sitzung sieht beispielsweise so aus:

```
Breakpoint in "My_input" line 1
Entering Debug mode.  Type "cont" to continue.
function Fliess..My_input
line 1: if a:lcnt
>s
function Fliess..My_input
line 3: endif
>
function Fliess..My_input
line 4: if a:0 > 0
>echo a:0
4
>
```

Für die Arbeit mit **Breakpoints** gibt es drei Kommandos: **breakadd**, **breakdel** und **breaklist** (Kurzformen: **breaka**, **breakd**, **breakl**):

- **breakadd** wird auf Funktionen und Dateien angewandt:

  ```
  breakadd func [zeile] name_patt
  breakadd file [zeile] name_patt
  ```

  Standard für die optionale Zeilennummer ist 1, wobei Funktionen mit Zeile 0 beginnen – verwenden Sie nicht versehentlich die Zeilennummer bezüglich der Datei, in der die Funktion deklariert wird! (Das zeigt die Beispielsitzung im vorigen Absatz recht gut.) *name_patt* ist der Funktions- oder Dateiname, wobei Sie Shell-Metazeichen in üblicher Weise verwenden können, also z.B. »`test*.[ch]`« (Achtung – die Negation »`[!a-e]`« wird hier wie bei regulären Ausdrücken »`[^a-e]`« geschrieben; was in »`:help file-pattern`« beim aktuellen Release 6.2 noch nicht dokumentiert ist). Achtung – *name_patt* bezieht sich auf den Funktionsnamen ohne Klammern!

- **breaklist** zeigt die aktuellen Breakpoints nummeriert an, und mit
- **breakdel** *nr* können Sie den Breakpoint Nr. *nr* wieder löschen.

Der Debug-Modus hat eine eigene History, allerdings nicht die komfortablen Kommandozeilenfenster wie bei der Such-Geschichte oder den ex-Kommandos, in denen Sie mit fast allen *vim*-Befehlen editieren können. Entgegen der Angabe in der Hilfe können Sie die Vervollständigung mittels »`Tab`« auch beim Debuggen nutzen (s. 3.1).

Der Debug-Modus eignet sich vor allem, um hartnäckige Logikfehler zu finden. Der Bildschirminhalt wird zerstört und nur zeitweilig durch »`redraw`« wieder hergestellt. Für einen komfortablen Debugger wäre ein gesondertes Debug-Fenster wünschenswert, das das eigentliche *vim*-Fenster nicht beeinträchtigt. Noch schöner wäre natürlich ein drittes Fenster mit dem Skript-Code ... Bisher scheinen die Schmerzen nicht heftig genug gewesen zu sein, die bei der Fehlersuche auftraten, denn sonst hätte sich schon jemand an die Programmierung dieser Features gemacht (die Kunst des Debuggens scheint in der »Community«, sprich Open-Source-Szene, noch nicht so verbreitet zu sein – der Gnu-Debugger *gdb* erhielt mit *ddd* auch erst recht spät eine komfortablere Oberfläche, wobei damit nicht die Grafik gemeint ist). Wichtiger wäre vielleicht, dass der *vim*-Debugger den Stack anzeigen könnte. (Ein Ausweg ist, komplizierte Probleme mit dem Python-Interface – s. 6.13.1 – zu behandeln, denn Python ist deutlich leistungsfähiger und robuster als ein *vim*-Skript. Allerdings erfordert das bisher in der Regel, *vim* selbst zu übersetzen – s. 9.2.3)

Selbst mit dem besten Tool gehören Einfallsreichtum und Geduld dazu, in einem komplizierteren *vim*-Skript die Fehler herauszufischen und zu beseitigen. Hier kann die Open-Source-Szene ihre Vorteile wieder voll ausspielen: Auf der Webseite [VIM] finden Sie zahlreiche Skripte für alle denkbaren Zwecke, und ich möchte Sie hiermit ermutigen, bei neuen Problemen selbst einen Beitrag zu leisten.

5.10 Guter Stil

Dieser letzte Abschnitt kann seinem Anspruch eigentlich nicht gerecht werden. Zu subjektiv sind die Ansichten darüber, was guter Programmierstil ist und was man allgemein empfehlen darf. Es geht vielmehr um einige willkürlich zusammengestellte Tipps, wie man *vim*-Skripte etwas robuster machen kann und gleichzeitig anderen, die sie verwenden oder verbessern wollen, das Leben etwas leichter macht.

- Wie in jeder Sprache sollten Sie **Variable** möglichst **lokal** definieren. Das vermeidet unbeabsichtigte Nebeneffekte und beschränkt die Fehlerausbreitung. Innerhalb von Funktionen sind Variable automatisch lokal. Sollte eine globale Variable doch einmal den gleichen (oder einen sehr ähnlichen) Namen haben wie eine lokale, empfiehlt sich der Vorsatz »`l:`« vor dem Namen der lokalen Variablen, um Verwechslungen auszuschließen.

  Ebenso ist es guter Stil, alle nur in einem Skript, Puffer bzw. Fenster benötigten Variable mit den Präfixen »`s:`«, »`b:`« bzw. »`w:`« zu versehen.

- Selbstverständlich sollten Sie komplexere Aufgaben auf möglichst überschaubare **Funktionen** verteilen. Selbst wenn eine Funktion nur ein einziges Mal gerufen wird, kann sie helfen, den Code übersichtlicher zu halten. Wie am Ende von 5.6.1 erklärt, können Sie Funktionen automatisch beim Aufruf nachladen. Das erlaubt, offensichtlich selten benutzte Funktionen nach Gebrauch per »`delfunction`« (»`delf`«) wieder zu löschen. Es geht dabei weniger um die Freigabe von Speicherplatz, sondern um die Vermeidung möglicher Kollisionen: Wenn Sie selbst eine Funktion definieren, die zufällig den gleichen Namen wie eine **autoload**-Funktion hat, bekommen Sie keine Probleme. Das ist wichtiger als kleine Performance-Einbußen. *vim*-Skripte sind ohnehin keine C++-Programme.

- **Fortsetzungszeilen** haben eine eigenwillige Syntax und werden schnell unübersichtlich. Alternativ können Sie Zeichenketten per ».« zusammensetzen:

```
let tmp1 = "redraw"
let tmp2 = "let g:cnt = My_input(g:cnt, 'new: ', new,"
let tmp3 = " ' old: ', old, '\nline = ', getline('.'))"
exe tmp1 "|". tmp2 . tmp3
```

- Erst **Kommentare** machen ein Programm lesbar, doch beachten Sie, dass sie nicht nach allen Befehlen zulässig sind! Sie sind immer auf der sicheren Seite, wenn Sie Kommentare als gesonderte Zeilen einfügen (wodurch der Text allerdings unübersichtlicher werden kann).
- **Mehrere Kommandos** auf einer Zeile, getrennt mit »|«, können viel Platz sparen und das Skript leichter lesbar machen. Leider heißt es auch hier sehr vorsichtig sein – bei den 28 in 5.1 genannten Kommandos gibt es Ärger. Ebenso funktionieren aus der Shell-Programmierung gewohnte Konstruktionen wie »`i > 0 && echo ...`« nicht.
- Die »**finally**«-Konstruktion bei Ausnahmen ist mit Vorsicht zu nutzen. Der dort enthaltene Code wird auch nach Befehlen wie »`continue`« (!), »`break`« und »`return`« ausgeführt. Wenn Sie nicht auf die Idee kommen, den Programmablauf an dieser Stelle zu verfolgen, können Sie beliebig lange nach dem Fehler suchen. Ordnen Sie den Code besser so, dass »`finally`« vermieden werden kann.
- Wenn Sie eine Funktion ohne »**range**«-Schlüsselwort mit Bereichsangabe rufen, wird die Funktion bekanntlich für jede Zeile des Bereiches gerufen. Sollten Sie das tatsächlich so wollen, dann weisen Sie mit einem Kommentar darauf hin.

6 Features, die man kennen sollte

Neben der Kommandosprache im engeren Sinne, wie Sie sie bisher kennen lernten, beherrscht *vim* noch eine lange Reihe besonderer Fähigkeiten, von denen Sie auf jeden Fall wissen sollten, denn oft verhelfen erst diese zu wirklich effektiver Arbeit. Beispielsweise beklagte sich ein Freund über eine langwierige Fehlersuche in einem C-Programm. Die Ursache war wie immer winzig mit großer Nebenwirkung: Er hatte vergessen, eine Zeichenkette mit »"« abzuschließen. Das wäre nicht passiert, hätte er die **Syntaxfarben** von *vim* genutzt. Ebenso hilft die automatische Formatierung von Programmen, gemeine Fehler zu vermeiden. **Faltungen** können die Struktur von Dokumenten und Programmen deutlicher zeigen. **Autokommandos** erlauben in Verbindung mit *vim*-Skripten komplexe Operationen wie das scheinbar direkte Editieren komprimierter oder verschlüsselter Dateien. **Abkürzungen** und **Mappings** ersparen Tipparbeit. Jedes dieser Extras können Sie selbst konfigurieren, oder Sie nutzen die Arbeit unzähliger anderer *vim*-Nutzer vor Ihnen: Release 6.2 liefert z.B. Syntaxdateien für 376 verschiedene Sprachen mit (vim7 sogar für 481)!

6.1 Abkürzungen

Ausführliche Hilfe unter: »`:help abbreviations`«

Abkürzungen gab es schon unter *vi*. Grob gesagt handelt es sich um mechanische Ersetzungen von Zeichenketten während der Eingabe.

Wenn Sie beim Schreiben englischer Texte statt »this« chronisch »tihs« tippen, dann geben Sie von Hand oder in `.vimrc` ein:

```
:ab tihs this
```

Und schon erfolgt die Korrektur des Tippfehlers automatisch. Wollen Sie trotzdem »tihs« schreiben, dann könnten Sie zuerst »`tih s`« eingeben und das Leerzeichen nachträglich löschen. Ebenso – und dafür sind Abkürzungen vornehmlich gedacht – helfen sie bei häufig benutzten Phrasen Tipparbeit zu sparen:

```
:ab mfr Marita Freifrau v.Reitzenfels
:ab mfg Mit freundlichen Grüßen
```

Mit »**`:ab`**« können Sie sich alle gültigen Abkürzungen anzeigen lassen (und mit »`:ab f`« alle, deren Kurzform mit »`f`« beginnt). »**`:abc`**« (»`:abclear`«) löscht alle Abkürzungen, »**:unab fm**« dagegen alle, die mit »`fm`« beginnen. Die bei Mappings verwendeten **Tastenbezeichnungen** wie »`<F1>`« für die Funktionstaste F1 können Sie auch bei Abkürzungen einsetzen (siehe »`:help keycodes`« und den Abschnitt über Mappings).

Es bleiben drei Fragen zu klären:

1. Wann ersetzt *vim* die Kürzel?
2. Woran erkennt der Editor, dass eine Zeichenkette eine Kurzform ist?
3. Sind Verschachtelungen erlaubt?

Die **erste Frage** ist schnell beantwortet: Immer, wenn Sie etwas eingeben, also im Einfügemodus (auch beim Überschreiben und Ersetzen) sowie bei der Eingabe eines *ex*-Kommandos. Wollen Sie, dass sich eine Abkürzung nur auf den Eingabemodus bezieht, dann setzen Sie ein »**i**« vor den Befehl: »`:iab sg Sehr geehrte`«, »`:iunab sg`«. Analog bezieht sich ein vorgesetztes »**c**« auf ex-Kommandos (vermutlich werden Sie das seltener nutzen, eher durch »`:iab`« die Anwendung auf die Texteingabe beschränken).

Die Antwort auf die **zweite Frage** ist schon etwas schwieriger. Prinzipiell erfolgt die Ersetzung erst, wenn Sie ein »Abschlusszeichen« getippt haben; immer wirken Leerzeichen, Tabulator und »`Enter`«. Genau genommen muss es ein »Nicht-Keyword-Zeichen« sein, also eines, das nicht in einem »Wort« der aktuell eingestellten Sprache vorkommen darf (bei C beispielsweise alle Zeichen außer Buchstaben, Ziffern und dem Unterstrich »_«). Näheres zu dieser relativ komplizierten Angelegenheit erfahren Sie unter »`:help 'iskeyword'`« und »`:help 'isfname'`«.

Wenn Sie z.B. »`a`« als Abkürzung definiert haben, dann ersetzt *vim* nicht sofort nach der Eingabe von »`a`« (denn dann könnten Sie kein Wort mit »`a`« mehr schreiben!), sondern erst, nachdem Sie ein Leerzeichen oder einen Punkt getippt haben. Das zuletzt getippte Zeichen bleibt erhalten! Beispiel: »`:ab a alle`« ersetzt während der Eingabe »`a:`« durch »`alle:`«. Als Sonderfall können Sie die Ersetzung mit »`Strg/]`« auslösen, aber der Griff zur Rücktaste dürfte schneller sein (das heißt, z.B. ein Leerzeichen tippen und nach der Ersetzung gleich wieder löschen).

Interessanter ist die Frage, was vor der Abkürzung stehen darf. Ein Leerzeichen/Tabulator bzw. der Anfang der Zeile oder eines Ersetzungsbereiches reichen immer aus. Der Rest richtet sich nach der Art der Kurzform. *vim* unterscheidet drei Arten:

- **»full-id«**: Die Kurzform besteht nur aus »Keyword-Zeichen« (also z.B. Buchstaben und Ziffern). Dann erwartet *vim* ein »Nicht-Keyword-Zeichen« davor. Das ist der Standardfall.

  Beispiel: »`:ab gi get_input()`«; ein »`bc::remote.gi`« wird zu »`bc::remote.get_input()`«.

  Doch keine Regel ohne Ausnahme: Einbuchstabige Kurzformen klappen nur mit Leerzeichen/Tabulator davor.

- **»end-id«**: Nur das letzte Zeichen der Kurzform ist ein »Keyword-Zeichen«. Dann löst auch ein »Keyword-Zeichen« davor die Ersetzung aus.

  Beispiel: »`:ab *i *imag_sq(parent_class`«; dann wird »`base_comp*i`« ersetzt.
- **»non-id«**: Die Kurzform enthält keine »Keyword-Zeichen«. Hier gibt es keine Sonderregelung. Diesen Fall können Sie nutzen, um mit Sicherheit im Text nicht vorkommende Kurzformen wie »`#%?`« zu verwenden und damit unbeabsichtigte Ersetzungen zu vermeiden.

Dieses Wissen sollte bereits ausreichen, um mittels einer entsprechenden Reihe von Abkürzungen den Editor zumindest für Fremde unbenutzbar zu konfigurieren.

Auf die **dritte Frage** nach den Verschachtelungen gibt es zwei Antworten: »Nein« – die Ersetzungen von Abkürzungen werden nicht wieder als Abkürzungen definiert. »Doch« – sie können von Mappings (siehe nächster Punkt) interpretiert werden. Testen Sie Folgendes:

```
:imap <F2> autsch!
:ab g <F2>
```

In der Tat wird bei der Eingabe ein einzeln stehendes »`g`« nun durch »`autsch!`« ersetzt. Ein »`:noreab g <F2>`« hätte das verhindert. Wer mehr über diesen Befehl wissen und ein wahrer Poweruser werden will, muss »`:help abbreviations`« nach weiteren Feinheiten durchforsten.

Vergessen Sie nicht, dass die automatische Ersetzung von Abkürzungen auch ein lästiger Nebeneffekt sein kann. Wenn es nur um häufig verwendete lange Wörter (und nicht um Phrasen) geht, sollten Sie besser die Vervollständigung mit »`Strg/P`« und »`Strg/N`« nutzen.

6.2 Mappings

Ausführliche Hilfe: »:help map.txt«, zu Tastenbezeichnungen: »:help key-codes«

Auch Mappings (ich schreibe bewusst nicht »Tastenkürzel«, denn dieser Ausdruck trifft Abkürzungen besser) ersetzen Tastendrücke mechanisch. Im Unterschied zu Abkürzungen wirken sie aber in vielen Modi und beziehen sich immer nur auf eine Taste (oder eine Tastenkombination), niemals auf Zeichenketten. Die Ersetzung erfolgt sofort. Die Syntax ist ähnlich einfach wie im vorigen Abschnitt:

```
:map taste ersetzung
```

Mit einem »:map : iDenkste!« können Sie Ihren *vim* ganz einfach fast unbrauchbar machen: Sie kommen nicht mehr mit »:« in den Ex-Modus. Dafür wird ein »Denkste!« in den Text eingefügt. (Sollten Sie das ausprobieren wollen, dann merken Sie sich vorher, wie Sie *vim* verlassen: »ZQ« wirkt wie »:q!«.)

Die Substitution erfolgt mechanisch und wirkt genau so, als hätten Sie die Zeichen der Ersetzung von Hand eingetippt. Im Beispiel startet das »i« den Einfügemodus, anschließend wird »Denkste!« geschrieben, und *vim* verbleibt im Einfügemodus. Gegenüber *vi* bietet *vim* zwei nützliche Erweiterungen:

- **Sondertasten** können Sie in Klartextform angeben. z.B. <F1> für die Funktionstaste F1. Die vollständige Liste finden Sie unter »:help key-codes«. Einige häufig gebrauchte Codes sind:
  - <Esc> für die »Esc«-Taste
  - <Tab> für die Tabulatortaste
  - <CR> für »Enter«
  - <BS> für die Rücktaste

- <Left>, <Right>, <Up>, <Down> für Cursortasten
- <Space> für ein Leerzeichen
- <S-F3> für »Umschalt/F3«
- <C-R> für »Strg/R«

Diese Bezeichnungen sind auch bei der Angabe der Ersetzung erlaubt, was das Arbeiten ausgesprochen angenehm macht (warum hatte das *vi* nicht schon implementiert?!). »Spielmatze« können einmal Folgendes ausprobieren:

```
:map <BS> <Down><Down>iX<Esc><Up><Up>
```

Dann begeben Sie sich in einem »dichten« Text in eine Zeilenmitte und drücken mehrfach die Rücktaste.

- Mapping ist abhängig vom **Modus**. »map« wirkt im Kommando- wie im visuellen Modus. Zusätzlich gibt es noch:
  - **nmap**: wirkt nur im Kommandomodus (*normal mode)*
  - **imap**: wirkt nur im Einfügemodus (*insert mode)*
  - **cmap**: wirkt nur im ex-Modus (*command mode)*
  - **vmap**: wirkt nur im visuellen Modus
  - **omap**: wirkt nur *operator pending mode*, z.B. wenn *vim* nach »>« auf einen Positionierungsbefehl wartet.

  In der Praxis werden Sie vorwiegend »map« und »imap« verwenden.

Analog zu den Abkürzungen können Sie sich mit »**:map**« alle Mappings anzeigen lassen, mit »**:unmap <F1>**« ein Mapping löschen sowie mit »**:mapc**« (»:mapclear«) alle Mappings. Die Ergebnisse eines Mappings werden neu interpretiert; mit »**:noremap ...**« lässt sich dies verhindern. Dies brauchen Sie, wenn Sie die Wirkung zweier Tasten vertauschen wollen. – Das vollständige Grundwissen für den Guru ist unter »:help map.txt« erhältlich. Dort wird insbesondere unter »:help map-script«, »:help map-local« und »:help <SID>« erklärt, wie man Mappings lokal zu Puffern und Skripten definieren kann (solche Features werden Sie wahrscheinlich nur in recht komplexen Skripten verwenden).

Skript-lokale Funktionen und Variable, also mit dem Präfix »`s:`«, können Sie in dieser Form nicht im gleichen Skript in einem map-Befehl verwenden. *vim* sieht den Präfix erst zur Laufzeit und meldet dann konsequent einen Fehler. Der Trick ist, im map-Befehl das »`s:name`« durch »**<SID>name**« zu ersetzen. Dieses Kürzel wird sofort durch eine interne Darstellung der Form »**<SNR>***nnn*_**name**« ersetzt, unter dem die Bezeichner auch bei Fehlermeldungen erscheinen.

Ich setze Mappings oft ein, im Unterschied zu Abkürzungen. Mappings haben kaum Nebeneffekte, wenn man sie auf Tasten(kombinationen) legt, die man beim normalen Tippen nicht nutzt. Es ist z.B. praktisch, einen wichtigen Funktionsruf auf eine Funktionstaste zu legen, wie in 5.8 geschehen:

```
map <F12> :call Fliess()<CR>
```

Beachten Sie das abschließende »`<CR>`«: Wenn Sie ein ex-Kommando tippen, muss dies auch mit »`Enter`« abgeschlossen werden!

6.3 Anwenderdefinierte Kommandos

Die detaillierteste Hilfe (insbesondere zur Vervollständigung) finden Sie unter »`:help user-commands`«, eine mit mehr und einfachen Beispielen unter »`:help 40.2`«.

Nicht genug mit Abkürzungen und Mappings – auch ex-Kommandos können Sie selbst definieren. Im einfachsten Fall wird mechanisch ersetzt, ähnlich wie in den beiden vorangehenden Abschnitten:

```
:command Lon :set list
```

Damit bekommt das neu definierte ex-Kommando »Lon« die gleiche Wirkung wie »:set list«. Allerdings ließe sich dies über Abkürzungen (»:cab ...«) viel einfacher bewerkstelligen, wobei man dann obendrein noch sieht, was man tut: Es hat keinen Sinn, zwei Sekunden Tipparbeit zu sparen, wenn man zehn Sekunden zum Nachdenken benötigt, um sich an das Kommando zu erinnern!

Anwenderdefinierte Kommandos bieten auf der anderen Seite alle Vorzüge, die »echte« ex-Kommandos haben: Bereiche, Argumente, Zähler und vor allem Vervollständigung. Dennoch wird ihre Anwendung vorwiegend auf interaktive oder besonders einfache Fälle beschränkt bleiben. In Skripten rate ich zum Einsatz von Funktionen. Daher ist die folgende Übersicht etwas kürzer gehalten:

- Die allgemeine Form der Definition lautet

  ```
  :command attribut cmd_name ersetzung
  ```

  (Attribute werden weiter unten erklärt; im obigen Beispiel gab es keine Attribute).
- Der **Name** eines anwenderdefinierten Kommandos darf nur Buchstaben, eventuell auch Ziffern enthalten (die Hilfe rät davon ab) und muss mit einem Großbuchstaben beginnen. Der Unterstrich ist nicht zulässig, ebenso nicht die Namen **X**, **Next** und **Print** oder Anfänge davon: Diese eingebauten Kommandos haben Vorrang vor selbst definierten.
- Mit »**:command**« können Sie sich alle anwenderdefinierten Befehle anzeigen lassen, mit »**:command** *cmd_name*« nur das Kommando *cmd_name*.
- »**:delcommand** *cmd_name*« löscht das Kommando *cmd_name*, »**:comclear**« alle Kommandos.

Attribute beginnen mit einem Minuszeichen:

- **-nargs=** Es können Argumente angegeben werden; das Zeichen hinter dem Gleichheitszeichen bestimmt deren Anzahl: **0** (keines, Standard), **1** (eines), **?** (höchstens eines), **+** (mindestens eines), ***** (beliebig). Das Schlüsselwort »**<args>**« wird beim Aufruf durch die Argumente ersetzt. Probleme mit der Quotierung (Verwendung von Anführungszeichen) kann man mit »`<q-args>`« umgehen und mit »`<f-args>`« sogar einen Funktionsruf wie folgt »zusammenbasteln«:

  ```
  com Sort call My_sort(<f-args>)
  ```

  wird beim Aufruf als »`:Sort Mario Thomas Thorsten`« zu »`:call My_sort("Mario", "Thomas", "Thorsten")`«.
- **-range** Ein Bereich darf beim Aufruf angegeben werden. Standard ist die aktuelle Zeile, bei »`-range=%`« der gesamte Puffer. Die Schlüsselwörter »**<line1>**« und »**<line2>**« werden beim Aufruf durch die Nummern der ersten und letzten Zeile ersetzt.
- **-count=***zahl* Ein Zähler (Standard: *zahl*) kann angegeben und über das Schlüsselwort »**<count>**« ausgewertet werden.
- **-bang** Ein Ausrufezeichen (wie bei »`:w!`«) darf angeben werden, »**<bang>**« wird dann durch »`!`« ersetzt (sonst leer).
- **-register** Ein Register kann angegeben und mittels »**<reg>**« erfragt werden (Standard ist das unbenannte Register).
- **-bar** Beim Aufruf dürfen »`|`« (mehrere Kommandos in einer Zeile) und Kommentare folgen.
- **-buffer** Kommando wird nur für den aktuellen Puffer definiert.
- **-complete=** Die Vervollständigung der Argumente wird aktiviert; nach dem Gleichheitszeichen ist anzugeben, in welchem Bereich gesucht werden soll. So erlaubt »`-complete=file`« etwa, Dateinamen zu ergänzen. Beispiel:

  ```
  :com -complete=file -nargs=+ F !ls -l <args>
  ```

Wenn Sie vom Editor aus »:F M« tippen, können Sie sich mit »Strg/D« alle mit »M« beginnenden Dateinamen anzeigen lassen und diese mit »Tab« nacheinander auswählen. Das ist etwas, das Sie bei einem gewöhnlichen externen Kommando (hier also »:!ls -l M...«) nicht nutzen können.

Alle 18 Bereiche können Sie unter »:help :command-completion« nachlesen – und sogar, wie Sie eigene Vervollständigungen selbst recht einfach einbauen können (Bereich »custom,{func}«).

6.4 Autokommandos

Ausführliche Informationen gibt es unter »:help autocmd.txt«, eine Einführung in »:help 40.3«.

Autokommandos sind ex-Kommandos, die automatisch ausgeführt werden, wenn bestimmte Voraussetzungen erfüllt sind: Die aktuelle Datei hat einen bestimmten Namenstyp, und ein bestimmtes Ereignis (z.B.: die Datei wird eingelesen) tritt ein.

Autokommandos sind ein zweischneidiges Schwert. Sie können sich damit die Arbeit wesentlich bequemer machen, aber ebenso beliebigen Schaden anrichten, wie bei allen Automatismen. Das Feature ist nicht deaktivierbar. Sie können natürlich mit »:autocmd! * *.c« beispielsweise alle Autokommandos für C-Quellen löschen und ggf. sich anschließend selbst »genehme« Kommandos definieren. Danach sind die originalen Autokommandos aber nicht wieder aktivierbar, Sie müssen *vim* dazu neu starten. Eine andere Möglichkeit wäre, die Datei vor dem Editieren umzubenennen. Oder Sie setzen die Option **»eventignore«** per Skript auf die zugehörigen Ereignisse (vgl. Ende von 6.4.2).

Allerdings kann Ihnen niemand so einfach Autokommandos unterschieben wie etwa bei Makroviren in Word-Dokumenten unter Windows. Der Administrator eines UNIX-Systems wäre dazu in der Lage, indem er die eventuell ausgeführte Systemkonfigurationsdatei (oder ein PlugIn auf Systemebene) modifiziert. Genauso gut kann er natürlich gleich Ihre Dateien modifizieren. Kritischer wird es schon, wenn *vim* lokale `.vimrc`'s im aktuellen Verzeichnis ausführt Dazu müssen Sie jedoch die Option »`exrc`« explizit setzen, und *vim* aktiviert für den Fall, das Ihnen die Datei `.vimrc` nicht gehört, zusätzlich die »`secure`«-Option, die u.a. die Definition von Autokommandos verhindert. Siehe dazu auch »`:help trojan-horses`«.

6.4.1 Autokommandos definieren

Autokommandos werden üblicherweise in einer Konfigurationsdatei definiert, können aber ebenso von Hand eingegeben werden, z.B.:

```
:autocmd BufNewFile *.[ch] r skeleton.pat
:autocmd BufReadPost *.log normal G
```

Damit sind zwei Autokommandos definiert. Das erste liest vor dem Editieren einer neuen Datei mit einem auf »`.c`« oder »`.h`« endenden Namen automatisch die Datei »`skeleton.pat`« ein, das zweite setzt für alle Dateien mit Namensmuster »`*.log`« den Cursor auf die letzte Zeile (über den »Trick mit dem »`normal`«-Kommando können Sie also auch *vim*-Befehle ausführen). Definitionen von Autokommandos haben allgemein die Form

```
:autocmd [gruppe] ereignis1[,...] dateityp [nested] ex-Kommando
```

Als Kurzform kann auch »**:au**« geschrieben werden. Die einzelnen Komponenten bedeuten hierbei:

- **gruppe** Der Name einer Autokommando-Gruppe, der aus beliebigen Zeichen außer Leerzeichen und Tabulator bestehen kann und nicht »`end`« sein darf (unabhängig von Groß- und Kleinschreibung). Gruppen werden weiter unten erläutert.

- **ereignis(se)** Das sind fest vorgegebene Namen, die bestimmte Ereignisse bezeichnen. Eine Liste finden Sie im nächsten Abschnitt. Mehrere, nur durch Kommata (keine Leerzeichen/Tabulatoren) getrennte Ereignisnamen sind zulässig.
- **dateityp** Ein Muster für Dateinamen, wobei die Syntax sehr ähnlich den Shell-Metazeichen ist: »*« steht für eine beliebige (auch leere) Zeichenkette, »?« für ein Zeichen, »`[a-z]`« für Kleinbuchstaben und »`[^ch]`« für alle Zeichen außer »`c`« und »`h`« (siehe Hinweis unten).
- **nested** Die Ereignisse, die das Autokommando selbst auslöst (z.B. durch »`:r ...`«), starten im Normalfall keine weiteren Autokommandos. Soll dies doch geschehen, ist das Schlüsselwort »`nested`« anzugeben.
- **ex-Kommando** Ein beliebiges *ex*-Kommando. Auch die Aneinanderreihung mehrerer Kommandos mit »`|`« ist zulässig. In Beispielen wird manchmal ein Doppelpunkt vor dem Kommando angegeben, doch das ist nicht nötig. Für komplexere Aktionen definieren Sie sich zweckmäßigerweise eine Funktion, am besten lokal zum Skript (Präfix »`s:`«).

Namensmuster für Dateien: Beachten Sie, dass für den Dateityp kein reguläres Muster angegeben wird, sondern »fast« die gleiche Syntax wie bei der Bourne-Shell. Es gibt dabei jedoch kleine Abweichungen. So wird das *vim*-Muster »`[^ch]`« unter der Shell als »`[!ch]`« geschrieben, und Kommata trennen mehrere *vim*-Muster (wie »`|`« in regulären Ausdrücken), nicht aber bei der Shell. Ebenso dienen geschweifte Klammern nur bei *vim* der Gruppierung. Siehe auch »`:help file-patterns`«; allerdings ist die Hilfe an dieser Stelle noch unvollständig.

Doppelte Definition: Autokommandos werden beim Lesen mechanisch nacheinander abgespeichert. Wird das gleiche Autokommando zweimal definiert, dann wird es auch zweimal ausgeführt. Nutzen Sie deshalb Gruppen (s.u.), um Komplikationen zu vermeiden.

6.4.2 Ereignistypen, Autokommandos auslösen

vim7 kennt ca. 60 Ereignistypen. Die Liste mit den genaueren Beschreibungen finden Sie unter »`:help autocmd-events`«, eine kurz gefasste Übersicht hier (mit weiteren Erläuterungen nach der Tabelle):

BufNewFile	Start des Editierens einer noch nicht existierenden Datei
BufReadPre	vor dem Einlesen einer existierenden Datei in neuen Puffer
BufRead **BufReadPost**	wie *BufReadPre*, nach dem Lesen, vor Modeline-Ausführung, auch nach Recovery, nicht bei »`:r ...`«
BufReadCmd	vor dem Start des Editierens eines neuen Puffers, sollte Datei selbst einlesen
BufFilePre	vor dem Ändern des Dateinamens mit »`:file`« oder »`:saveas`«
BufFilePost	wie *BufFilePre*, nach der Änderung
FileReadPre	vor dem Lesen mittels »`:r`«
FileReadPost	nach dem Lesen mittels »`:r`«
FileReadCmd	vor dem Lesen mittels »`:r`«, sollte Datei selbst einlesen
FilterReadPre	vor dem Lesen aus einem Filter-Kommando (»`!`«)

FilterReadPost	wie *FilterReadPre*, nach dem Lesen
FileType	nach dem Setzen der Option »`filetype`«
Syntax	nach dem Setzen der Option »`syntax`«
StdinReadPre	vor dem Lesen aus der Standardeingabe (»`vim ... -`«)
StdinReadPost	wie *StdinReadPre*, vor der Modeline-Ausführung
BufWrite **BufWritePre**	vor dem Speichern des gesamten Puffers
BufWritePost	nach dem Speichern des gesamten Puffers
BufWriteCmd	vor dem Speichern des gesamten Puffers, sollte Datei schreiben und Option »`modified`« zurücksetzen
FileWritePre	vor dem Speichern eines Teilpuffers
FileWritePost	nach dem Speichern eines Teilpuffers
FileWriteCmd	vor dem Speichern eines Teilpuffers, sollte diesen selbst speichern
FileAppendPre	vor dem Anhängen an eine Datei
FileAppendPost	nach dem Anhängen an eine Datei
FileAppendCmd	vor dem Anhängen an eine Datei, sollte Datei selbst speichern
FilterWritePre	vor dem Schreiben in ein Filter (»`!`«)
FilterWritePost	nach dem Schreiben in ein Filter (»`!`«)
FileChangedShell	Modifikationszeit hat sich seit Start geändert
FileChangedRO	vor der ersten Änderung einer readonly-Datei
FocusGained	GUI-Version erhält den Eingabefokus
FocusLost	GUI-Version verliert den Eingabefokus

FuncUndefined	Funktion ist nicht definiert; nützlich für autoload-Funktionen (vgl. Ende von 5.6.1)
CursorHold	seit der in der Option »`updatetime`« angegeben Zeit wurde keine Taste mehr gedrückt
BufEnter	nach Wechsel in einen Puffer, nach *BufReadPost*
BufLeave	vor Verlassen eines Puffers
BufWinEnter	nach Laden eines Puffers in ein Fenster, Modelines schon ausgeführt
BufWinLeave	vor Entfernen eines Puffers aus dem Fenster
BufUnload	vor dem Entladen eines Puffers (vgl. »`:help unload`«)
BufHidden	nachdem ein Puffer versteckt wurde (»`:help hide`«)
BufNew	nach Erzeugen oder Umbenennen eines neuen Puffers
BufAdd **BufCreate**	nach Hinzufügen eines Puffers zur Liste
BufDelete	vor Entfernen eines Puffers aus der Liste
BufWipeout	vor dem vollständigen Löschen eines Puffers
WinEnter	nach dem Wechsel in ein neues (nicht das erste) Fenster
WinLeave	vor dem Verlassen eines Fensters
CmdwinEnter	nach dem Wechsel in das Kommandozeilenfenster (s. 2.6.2, 3.1)
CmdwinLeave	nach dem Verlassen des Kommandozeilenfensters
GUIEnter	nach Start des GUI-Version und Öffnen des Fensters

VimEnter	nach der Initialisierung von *vim*
VimLeavePre	vor Verlassen von *vim*, vor dem Schreiben von `.viminfo`
VimLeave	wie *VimLeavePre*, nach dem Schreiben von `.viminfo`
EncodingChanged	nach dem Setzen der Option »`endcoding`«
FileEncoding	Äquivalent zu vorigem, veraltet
RemoteReply	Antwort von *vim*-Server wurde empfangen
TermChanged	nach dem Setzen der Option »`term`«
TermResponse	Antwort auf Anfrage »`t_RV`« an das Terminal wurde geliefert (»`:help t_RV`«)
UserGettingBored	`Strg/C` wurde gedrückt (nur als Spielerei)
User	niemals automatisch ausgelöst, speziell für »`:doautocmd`« reserviert

vim unterscheidet bei Ereignisnamen nicht zwischen Groß- und Kleinschreibung (das widerspricht den Konventionen in anderen Bereichen). Manche Ereignisse sind hier nur grob angedeutet und hängen mit Features zusammen, die im Buch nicht oder kaum beschrieben werden (wie: Puffer verstecken, *vim*-Server).

Die Ereignisse, deren Namen auf »`Cmd`« enden, sollen mit Kommandos kombiniert werden, die selbst für das Einlesen oder Abspeichern sorgen (in der Tabelle etwas lax als »... sollte selbst speichern« bezeichnet). Sie sind z.B. für die Arbeit mit Dateien auf anderen Rechnern nützlich, die vor und nach dem Editieren etwa per »`ftp`« hin- und her transferiert werden müssen (hier zeigt *vim* wieder einmal seine Stärken: Es ist gar nicht nötig, so etwas gesondert zu implementieren – die Bereitstellung eines entsprechenden Ereignisses erlaubt, gleich ganze Klassen derartiger Aufgaben selbst zu implementieren und anzupassen).

Beim **Einlesen** einer Datei oder beim Start mit einer neuen Datei erzeugt *vim* nur aus einer der vier folgenden Gruppen Ereignisse:

- noch nicht existierende Datei: `BufNewFile`
- existierende Datei: `BufReadPre`, `BufReadPost`
- Ausgabe eines Filterkommandos (»`!`«) einlesen: `FilterReadPre`, `FilterReadPost`
- alles andere: `FileReadPre`, `FileReadPost`

Beim **Schreiben** werden analog nur Ereignisse aus einer der folgenden vier Gruppen erzeugt:

- ganzen Puffer schreiben: `BufWriteCmd`, `BufWritePre`, `BufWritePost`
- schreiben in Filterkommando (»`!`«): `FilterWritePre`, `FilterWritePost`
- anhängen an Datei: `FileAppendCmd`, `FileAppendPre`, `FileAppendPost`
- alles andere: `FileWriteCmd`, `FileWritePre`, `FileWritePost`

Jedes Mal, wenn ein Ereignis eintritt, werden alle Autokommandos nach entsprechenden Befehlen durchsucht und in der gefundenen Reihenfolge abgearbeitet. Allerdings können Sie ein Ereignis auch von Hand veranlassen. Dafür gibt es zwei Kommandos: »**:doautocmd**« und »**:doautoall**«. Die Syntax ist für beide gleich:

```
:doautocmd [gruppe] ereignis [dateityp]
:doautoall [gruppe] ereignis [dateityp]
```

Fehlt der Dateityp, wird der aktuelle Name eingesetzt; fehlt die Gruppe, werden alle Gruppen durchsucht. Das erste Kommando wirkt auf den aktuellen, das zweite auf alle Puffer (und sollte dabei nicht vom aktuellen Dateinamen abhängen). Beispiel: Ein C-Programm habe aus technischen Gründen den Namen `proto.cx`, es soll aber beim Einlesen trotzdem wie ein C-Programm behandelt werden. Dann hilft »`:doau BufRead *.c`«, das die für C-Programme »zuständigen« Befehle doch noch ausführt, obwohl der aktuelle Dateiname `proto.cx` heißt. (Testen Sie es: »`:set ft?`« liefert danach die Ausgabe »`filetype=c`«.)

Das Gegenstück zu diesen Kommandos ist in gewissem Sinne die Option »**eventignore**«: Sie kann mit einer Liste von Ereignissen belegt werden, die *vim* ignorieren soll: »`:set ei=BufReadPre,FileAppendPre`«.

6.4.3 Autokommando-Gruppen

Die Gruppen von Autokommandos erinnern etwas an die Namensräume von C++, wenn diese mit »`using`« verwendet werden, also ohne jedes Mal explizit den Namensraum anzugeben. Allerdings dienen (im Unterschied zu C++) die Autokommando-Gruppen in erster Linie der leichteren Handhabung: Man kann die Kommandos nur einer Gruppe löschen und damit die Gefahr einer unbeabsichtigten Doppeldefinition verringern; ein Beispiel dazu folgt gleich. Bei einem eingetretenen Ereignis hingegen spielt die Gruppe keine Rolle: Alle Gruppen werden durchsucht. Die einzige Ausnahmen sind »`:doautocmd`« und »`:doautoall`« aus dem vorigen Abschnitt.

Die Syntax ist einfach. Die Anweisung

```
:augroup arnulf
```

bedeutet: Alle folgenden Kommandos beziehen sich auf die Gruppe »arnulf« (neue Definitionen, Löschbefehle usw.). Wie schon oben erwähnt, dürfen Gruppennamen nicht »`end`« (oder »`END`«, »`End`« usw.) lauten und keine Leerzeichen/Tabulatoren enthalten. Mit einem

```
:augroup END
```

wird nämlich der Standardfall wieder hergestellt, das heißt die »unbenannte Gruppe« aktiv (die nicht explizit angesprochen werden kann). In der Praxis sieht das so aus:

```
augroup Csource
  au!
  au BufRead *.c call C_pre()
augroup END
```

Der wichtige Befehl (der im folgenden Abschnitt erklärt wird) ist hier »au!«. Er löscht alle Kommandos dieser Gruppe. Sollte *vim* diese Definition versehentlich ein zweites Mal lesen, wird das einzige Autokommando dieser Gruppe trotzdem nicht zweimal definiert.

Auch zur besseren Übersicht beim Anzeigen empfiehlt es sich, eigene Autokommandos immer in selbst definierten Gruppen unterzubringen: Vor allem die automatische Erkennung des Dateityps erzeugt sehr lange Ausgaben beim Listen von Autokommandos, wobei jegliche Übersicht verloren geht.

6.4.4 Autokommandos anzeigen und löschen

Die allgemeine Form zum **Anzeigen** von Autokommandos ist

```
:autocmd [gruppe] [ereignis] [dateityp]
```

Ist einer der optionalen Teile nicht angegeben, dann werden alle Gruppen/Ereignisarten/Dateitypen gelistet. Um alle Autokommandos für einen bestimmten Dateityp anzuzeigen, schreibt man (hier ist zur Abwechslung einmal die Kurzform angegeben):

```
:au [gruppe] * dateityp
```

Analog wird das Löschkommando interpretiert, allerdings wird bei fehlender Angabe die eingestellte Gruppe als Standard genommen. Beispielsweise löscht

```
:autocmd! Csource * *.c
```

alle Autokommandos für C-Quellen aus der Gruppe »Csource«, nicht aber

```
:autocmd! * *.c
```

Denn in der unbenannten Gruppe ist kein Autokommando für »*.c« definiert! Richtig wäre das nur im Kontext

```
:augroup Csource
  :autocmd! * *.c
:augroup END
```

Um die Gruppe »arnulf« ganz zu löschen, tippen Sie

```
:augroup! arnulf
```

6.4.5 Tipps zur Anwendung

- Wenn möglich, sollten die Buf*- und die File*-Kommandos der gleichen Art (z.B. BufReadPre, FileReadPre) den gleichen Aktionen zugeordnet werden (man erwartet beim »Nachladen« einer Datei die gleichen Automatismen wie beim Öffnen zum Editieren). Ein Beispiel sehen Sie unten im *gzip*-PlugIn.
- Achten Sie darauf, keine Autokommandos doppelt zu definieren. Der sauberste Weg ist, sämtliche Kommandos einer Gruppe gemeinsam zu definieren und als Erstes mit »`:au!`« die Gruppe »zurückzusetzen«.
- Autokommandos sollten gründlich getestet werden, bevor man sie für die tägliche Arbeit nutzt. Schaffen Sie sich einen »Sandkasten«: Nutzen Sie erst einmal nur Kopien der Dateien, mit denen Sie arbeiten wollen, arbeiten Sie in einem gesonderten Verzeichnis.
- Denken Sie an Fehler, die die Ausführung von Autokommandos unerwartet stoppen könnten (z.B. volle Platte, Datei wurde während des Editierens umbenannt).
- Mit »`:set verbose=9`« können Sie sich die Befehle während der Abarbeitung von Autokommandos anzeigen lassen.

Als Beispiel dafür, wie komplex ein Autokommando-PlugIn sein kann, sei hier die in der Hilfe angeführte Kurzform des *gzip*-PlugIns verkürzt angeführt. Es sorgt dafür, dass Sie mit *gzip*-komprimierten Dateien so arbeiten können, als lägen sie schon im Klartext vor:

```
augroup gzip
  autocmd!
  autocmd BufReadPre,FileReadPre      *.gz set bin
  autocmd BufReadPost,FileReadPost    *.gz '[,']!gunzip
  autocmd BufReadPost,FileReadPost    *.gz set nobin
  autocmd BufReadPost,FileReadPost    *.gz
   \ execute ":doautocmd BufReadPost " . expand("%:r")
  autocmd BufWritePost,FileWritePost *.gz
   \ !mv <afile> <afile>:r
  autocmd BufWritePost,FileWritePost *.gz !gzip <afile>:r

  autocmd FileAppendPre               *.gz !gunzip <afile>
  autocmd FileAppendPre               *.gz
   \ !mv <afile>:r <afile>
  autocmd FileAppendPost              *.gz
   \ !mv <afile> <afile>:r
  autocmd FileAppendPost              *.gz
   \ !gzip <afile>:r
augroup END
```

Das »richtige« *gzip*-PlugIn aus `$VIMRUNTIME/plugin` ist noch deutlich umfangreicher – schauen Sie einmal hinein (vergessen Sie dabei nicht, dass VIMRUNTIME von *vim* gesetzt wird. Am einfachsten ist es, *vim* per »:sh« zeitweilig zu verlassen).

Ein weiteres, kürzeres Beispiel zum Bearbeiten verschlüsselter Dateien lernen Sie in 7.3 kennen.

6.5 Faltungen

Hilfe dazu: »`:help usr_28`« als Einführung, »`:help fold.txt`« für Details.

Mit Faltungen können Sie in langen Dokumenten und Programmen besser navigieren und arbeiten. Dabei handelt es sich nur um eine verkürzte Darstellung, der Text selbst wird nicht verändert. Sie können dieses nützliche Feature recht einfach selbst testen, z.B. an einem C-Programm:

- Laden Sie einen längeren C-Quelltext in den Editor.
- Suchen Sie sich eine längere Funktion darin aus und setzen Sie den Cursor auf die öffnende geschweifte Klammer des Funktionskörpers.
- Schalten Sie mit »V« den zeilenweise visuellen Modus ein und markieren Sie mit »%« den Funktionskörper.
- Nun tippen Sie das *vim*-Kommando »zf«. Der Funktionskörper verschwindet, es entsteht ein Bild ähnlich zu Abbildung 6.1.

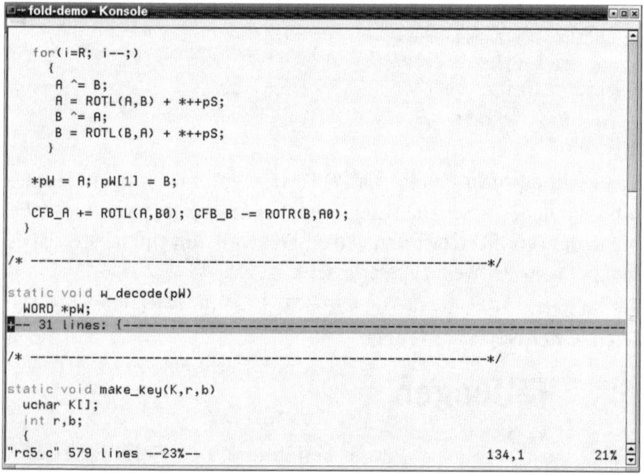

Abbildung 6.1: Eine Faltung »versteckt« den Funktionskörper

Wenn der Cursor (wie in der Abbildung) auf der Faltung steht und Sie »zo« tippen, öffnet sich die Faltung wieder, und »zc« schließt sie. Diese

Befehle lassen sich relativ leicht merken: Das »z« erinnert an gefaltetes Papier, das man von der Seite betrachtet, »f« heißt »falten« (*fold*), »o« steht für *open* und »c« für *close*. Faltungen dürfen geschachtelt werden: Sie können die Prozedur wiederholen und dabei bereits geschlossene Faltungen in den visuell markierten Bereich mit einschließen.

Wie zu erwarten, werden Faltungsbereiche in der Praxis meist nicht von Hand markiert, sondern mit Methoden, die Sie in 6.5.2 kennenlernen.

Faltungen erlauben aber nicht nur eine bessere Übersicht schlechthin, sondern Sie können geschlossene Faltungen wie einzelne Zeilen behandeln, was sich ideal zum Umsortieren von Funktionen oder Textabschnitten per »`delete`« und »`put`« eignet. Im Unterschied zur »klassischen Methode« verlieren Sie dabei nicht so schnell den Überblick.

6.5.1 Faltungskommandos

Alle Faltungskommandos finden Sie unter »`:help fold-commands`«.

Die folgenden Kommandos stellen nur eine Auswahl dar, mit der sich aber bereits gut arbeiten lässt:

zf	*(fold create)* Nur für die Methoden »`manual`« und »`marker`«: Faltung erzeugen
zo	*(open fold)* Faltung unter dem Cursor öffnen
zO	*(open all folds)* Verschachtelte Faltung vollständig öffnen
zc	*(close fold)* Faltung, in der sich der Cursor befindet, schließen
zC	*(close all folds)* Verschachtelte Faltung vollständig schließen
zi	Abwechselnd alle Faltungen aktivieren/deaktivieren
zR	*(reduce folds)* Alle Faltungen komplett öffnen (also wie »`zO`« für alle Faltungen)

zM	*(more folds)* Alle Faltungen schließen
zj	eine Faltung vorwärts (»j« = »Cursor abwärts«!)
zk	eine Faltung rückwärts (»k« = »Cursor hoch«!)
:*Bereich* fold	Faltung des angegebenen Bereichs erzeugen. Das erlaubt, Faltungen mittels komplizierter *vim*-Skripte zu erzeugen.

6.5.2 Faltungsmethoden

Hilfe zu den einzelnen Methoden erhalten Sie unter »`:help fold-manual`«, »`:help fold-marker`« usw.

Es gibt sechs Methoden, nach denen *vim* Faltungen erkennt: Manuell (das ist Standard), per Marker, per Einrückungstiefe, syntaxgesteuert, mittels Ausdrücken und schließlich noch die spezielle Methode »`diff`«. Eingestellt wird die Methode über die Option **»foldmethod«** oder kurz **»fdm«**. Die manuelle Markierung haben Sie bereits im obigen Beispiel kennen gelernt. Bei den anderen Methoden reicht es, wenn Sie die Option auf diesen Wert setzen, und schon werden die Faltungen berechnet und geschlossen: »`:set fdm=indent`« wirkt z.B. in einem Python-Programm fast optimal. Bei jedem Wechsel der Faltungsmethode werden alte Faltungen »vergessen«, außer bei »`:set fdm=manual`«. Das erlaubt, zusätzlich zu den automatisch erkannten Faltungen eigene zu markieren.

Manuelle Methode: `foldmethod=manual`

Hier definieren Sie die Faltung selbst, indem Sie den Bereich entweder im visuellen Modus markieren oder aber den Befehl »`zf`« geben, gefolgt von einem Positionierungsbefehl oder einem Befehl zur Auswahl eines Textobjektes. Letztere werden in diesem Buch nicht behandelt – wichtig wäre vielleicht »`ap`«, das den aktuellen Absatz auswählt: »`zfap`«

faltet einen von Leerzeilen umgebenen Absatz. Näheres unter »`:help text-objects`«.

Definieren über Textmuster: `foldmethod=marker`

Drei öffnende geschweifte Klammern »`{{{`« markieren den Beginn einer Faltung, die schließenden »`}}}`« das Ende. Auch Verschachtelungen können so definiert werden. Weil dies fehleranfällig ist, sollten Sie dafür besser numerische Marker verwenden: »`{{{1`« eröffnet eine Faltung auf Ebene 1, »`{{{2`« auf Ebene 2, »`}}}2`« schließt sie auf Ebene 2 usw. Wenn Sie einen Bereich visuell markiert haben, können Sie zudem mit den Befehlen **»zf«** und **»zd«** Marker von *vim* einfügen und löschen lassen; in C-Programmen werden diese dann sogar automatisch in Kommentare gesetzt (wobei geschachtelte Kommentare entstehen können!). Näheres unter »`:help fold-create-marker`«.

Sie können andere Marker selbst über die Option »`foldmarker`« (»`fmr`«) definieren. Das wird zwar nicht empfohlen, kann aber z.B. für C-Quellen eine erste Hilfe sein: »`:set fmr={,}`« (eine bessere Lösung gibt es in 7.9).

Faltung über Einrückung definieren: `foldmethod=indent`

Die Einrückungstiefe einer Zeile, geteilt durch den Wert der Option »`shiftwidth`«, ergibt deren Faltungstiefe. Im Beispiel

```
int get_state()
  {
   return edition.size;
  }
```

hat bei einem Wert »`shiftwidth=1`« der Funktionskörper die Tiefe 2, die return-Anweisung die Tiefe 3. Das ist nicht ganz das, was wir haben wollen: Die oberste Ebene z.B. muss so mit zwei »`zo`«-Befehlen statt einem geöffnet werden. Außerdem würden Präprozessoranweisungen nie gefaltet. Das zweite Problem löst die Option »`foldignore`«, die standardmäßig den Wert »#« hat: Zeilen, die mit Zeichen aus »`foldignore`« starten, erhalten die Faltungstiefe der umgebenden Zeilen. Das erste Problem kann nur mittels der Methode »`expr`« gelöst werden – ein Beispiel dazu folgt im nächsten Punkt.

Steuern über vim-Ausdrücke: `foldmethod=expr`

Bei dieser Methode wird für jede Zeile der in der Option »`foldexpr`« angegebene Ausdruck ausgewertet und daraus die Faltungsebene bestimmt.

> Die aktuelle Zeilennummer sollte dabei der *vim*-internen Variablen »`v:lnum`« entnommen werden, nicht etwa dem Ausdruck »`line(".")`«. Einzelheiten dazu in 6.8.2.

Damit lässt sich auch das oben angeführte Problem aus der Einrückungs-Methode lösen:

```
set foldexpr=(indent(v:lnum)+2)/3
```

Die `expr`-Methode ist universell, kann aber zu Performance-Problemen führen. Schwierigere Ausdrücke sind in einer Option nicht mehr darstellbar, zumindest nicht mehr leserlich. Hier bietet sich ein Funktionsruf an.

Beispiel:

Um in E-Mails zitierte Abschnitte zu falten, wird unter »`:help 28.8`« folgender Ausdruck angeführt:

```
set foldexpr=strlen(substitute(substitute
   \ (getline(v:lnum),'\\s','',\"g\"),'[^>].*','',''))
```

»Wie man leicht sieht«, zählt dieser Ausdruck die Zeichen »>« am Zeilenanfang, auch wenn sie durch Leerzeichen getrennt sind. Beispielsweise erhält »`> > (von mir)`« die Tiefe 2. Es ist wesentlich übersichtlicher, so etwas in einer Funktion unterzubringen.

```
function! Fold_email_expression(lnum)
  let a = getline(a:lnum)
  let a = substitute(a, " ", "", "g")
  let b = match(a, "[^>]")
  return b < 0 ? 0 : b
endfunction

set foldexpr=Fold_email_expression(v:lnum)
set foldmethod=expr
```

(Das Listing ist auf der Homepage als `emailfold.vim` zu finden.)

Am besten bringen Sie diese Zeilen in einer Datei unter und lesen Sie per »`:so`« ein (der :so-Befehl kann auch auf eine Funktionstaste gemapped werden). Eigentlich müsste die Funktion lokal definiert werden, das heißt »`s:Fold_email_expression`« heißen. Leider funktioniert das nicht, denn der in »`foldexpr`« angegebene Ausdruck wird in einem »Sandkasten« ausgeführt (»`:help sandbox`«), in der Änderungen der aktuellen Umgebung ausgeschlossen sind (mehr dazu im nächsten Abschnitt über Modelines). Das spricht eigentlich nicht gegen lokale Funktionen, ist aber offenbar der Grund dafür.

Syntaxgesteuert: `foldmethod=syntax`

In der Syntaxbeschreibung für einen Dateityp kann mit dem Argument »`fold`« angegeben werden, dass Syntaxbereiche gefaltet werden können (mehr dazu in 6.9). Solche Beschreibungen sind nicht einfach zu erstellen. Schauen Sie am besten mit *fgrep* nach, welche der vorhandenen Beschreibungen bereits Faltungen definiert haben. Bei *vim*-Version 6.2 sind das 29 Formate von 376 bekannten (und bei vim7 schon 45 von 481). Sie finden sie unter UNIX, wenn Sie eine Shell von *vim* aus mit »`:sh`« starten und dann eingeben:

```
cd $VIMRUNTIME/syntax
fgrep -l fold * | less
```

Darunter sind Fortran, Perl, PHP, Shell und XML. Allerdings wird die Faltung nicht immer automatisch aktiviert. Sie müssen z.B. folgende Variable gleich 1 setzen, *bevor* die Syntaxdatei gelesen wird (praktisch also in `.vimrc` oder in einem PlugIn): `sh_fold_enabled`, `fortran_fold`, `perl_fold`, `php_folding`. Das ist leider sehr inkonsistent und leider nur teilweise in der Hilfe zu finden; bei der Shell z.B. muss man in `$VIMRUNTIME/syntax/sh.vim` direkt hineinschauen.

Suchen Sie auch auf der *vim*-Homepage `www.vim.org` nach aktualisierten oder fehlenden Syntaxbeschreibungen. Eine Syntaxfaltung für C/C++ wird in 7.9 vorgestellt.

Unterschiede auswerten: `foldmethod=diff`

Das ist eine sehr spezielle Methode, die vermutlich nur bei dem nützlichen Tool *vimdiff* Verwendung finden dürfte. *vimdiff* wird in 6.12 behandelt.

6.5.3 Tipps zur Anwendung

Faltungen erzeugen

Die Hilfe empfiehlt, Syntaxfaltungen zu nutzen, wenn sie vorhanden sind (Tipps dazu gab es oben bei der Beschreibung der Methode). Das wird vielen Ansprüchen gerecht, aber nicht immer. Manchmal ist sie auch nicht notwendig: Bei Python-Quellen bietet sich die Einrückungsmethode geradezu an. Manchmal jedoch lässt sich die Syntax einer Sprache zur Definition von Markern per »`:set foldmarker`« »missbrauchen«, wie das Beispiel für C-Dateien zeigte (zum Verstecken von Funktionskörpern reicht es, falls keine geschweiften Klammern in Kommentaren und Zeichenketten stehen). Ansonsten ist die Verwendung von Ausdrücken sicherlich am leistungsfähigsten, u.U. aber langsam. Vergessen Sie in schwierigen Fällen nicht die Möglichkeit, per Skript und »:fold« Faltungen in der gesamten Datei zu definieren – und überlegen Sie immer, ob der Aufwand überhaupt lohnt.

Nach dem Setzen der Option »fdm« (»foldmethod«) sollten alle Faltungen geschlossen erscheinen, sonst hat es einen Fehler gegeben.

Mit Faltungen arbeiten

Die einfachste und schnellste Methode, Faltungen zu öffnen und zu schließen, bietet das Kommando »zi«, das abwechselnd alle Faltungen schließt und öffnet. Wollen Sie mit teilweise geöffneten, verschachtelten Faltungen arbeiten, brauchen Sie »zo« und »zc« zum schrittweisen Öffnen bzw. Schließen, evtl. auch mit Großbuchstaben zum Öffnen/Schließen aller Niveaus. Nicht zu vergessen sind »zk« und »zj« zum Navigieren zwischen Faltungen.

Suchbefehle beziehen sich auch auf den Text in Faltungen und öffnen diese standardmäßig, falls ein Muster darin gefunden wird. Schauen Sie unter »:help 'foldopen'«, welche Kommandos die gleiche Wirkung haben (das ist mit dieser Option einstellbar).

Wer mag, kann die Option **»foldcolumn«** auf einen Wert zwischen 1 und 12 setzen. Dann werden Grenzen und Tiefe von Faltungen in entsprechend vielen Spalten auf der linken Seite angezeigt. Das macht sich vor allem beim Testen gut. Insgesamt gibt es 13 Optionen zur Konfiguration von Faltungen. Sie können sie am einfachsten einsehen, indem Sie »:help 'fold« und dann »Strg/D« tippen (die Auswahl einer Option erfolgt, wie üblich bei Vervollständigung, mit »Tab«). So erreichen Sie mit »:set foldopen=all foldclose=all«, dass sich Faltungen von allein öffnen, wenn der Cursor sie »betritt«, und sie sich beim Verlassen automatisch wieder schließen. Ob das der besseren Übersicht dient, sei dahin gestellt.

Es gibt sogar zwei *ex*-Kommandos »`:folddoopen` *cmd*« und »`:folddo-closed` *cmd*«, die ähnlich wie das »`:global`«-Kommando wirken und das *ex*-Kommando *cmd* nur auf Zeilen außerhalb bzw. innerhalb geschlossener Faltungen ausführen.

Faltungen speichern

Falls man manuell mühsam Faltungen erstellt hat, wäre es ärgerlich, wenn diese beim Verlassen des Editors verloren gehen würden. Natürlich haben die Programmierer von *vim* auch an dieses Problem gedacht: Mit den in 4.6.2 beschriebenen View-Dateien lassen sich auch Faltungen abspeichern und wieder laden, das heißt mit den Kommandos »`:mkview`« und »`:loadview`«.

6.6 Modelines

Hilfe dazu: »`:help modeline`«.

Modelines sind Zeilen in einem Dokument, die beim Laden dieses Textes *vim*-Optionen setzen, z.B.

```
# vim:autoindent shiftwidth=4     oder kürzer
# vim:ai sw=4
```

innerhalb der ersten fünf oder letzten fünf Zeilen eines Python-Skripts. Damit wird die für Python wichtige Einrücktiefe vom Autor des Skripts festgesetzt, selbst wenn Sie sonst »`shiftwidth=1`« oder »`shift-width=8`« nutzen, was beim Editieren problematisch wäre. Modelines sind eine Ausnahme von der Regel, dass die bearbeiteten Texte »passiv« zu sein haben, also nicht etwa aktiv irgendwelche Skripte starten dürfen, damit keine trojanischen Pferde in das System gelangen können. Aus diesem Grund dürfen Modelines nicht alle Optionen setzen, und die dabei in diesen Optionen definierte Ausdrücke bleiben in ihren Nebenwirkungen beschränkt (s. »`:help sandbox`«).

Sinnvollerweise werden die Optionen nur lokal zum aktuellen Puffer gesetzt (also mit »:setlocal«), falls die Option dies zulässt.

Bei der Syntax heißt es aufpassen, denn es gibt zwei Formen:

```
text vim: optionen
text vim: set optionen: text
```

Die erste Form sahen Sie oben, die zweite bietet sich z.B. für C-Programme an:

```
/* vim:set cindent ai: */
```

Wichtig ist hier der abschließende Doppelpunkt, der vor weiterem Text kommen muss.

Die Optionen »modeline« und »modelines« (Kurzformen »ml«, »mls«) beschränken die Allmacht der Modelines: »modelines« gibt die Zahl der Zeilen ab Dateibeginn und vor Dateiende an, in denen nach Befehlen gesucht wird, und die Boolesche Option »modeline« entscheidet, ob Modelines überhaupt interpretiert werden. Die zweite Option ist überflüssig, es reicht »:set mls=0«. Auch eine Prüfung auf die Version von *vim* kann eingebaut werden, vgl. dazu »:help modeline-version«.

Ich habe »:set mls=0« in .vimrc stehen, also Modelines ausgeschaltet, denn letztlich handelt es sich um einen erzwungenen Nebeneffekt, der mich schon einmal lange nach dem vermeintlichen Fehler suchen ließ. Wenn ich Modelines z.B. beim Editieren fremder Python-Skripte nutzen möchte, kann ich sie in einem Skript, über das ich *vim* starte, allemal noch aktivieren.

Auf der anderen Seite kann es wünschenswert sein, bei bestimmten Dateien automatisch Aktionen auszulösen und nicht nur Optionen zu setzen. Die Hilfe empfiehlt dazu Autokommandos:

```
au BufReadPost * if getline(1) =~ "VAR" |
   \ call SetVar() | endif
```

Diese Befehle bewirken für alle Dateien, deren erste Zeile nur die Zeichenkette »`VAR`« enthält, einen Ruf der Funktion `SetVar()`. Das ist dann eine Aktion, die Sie selbst vorgesehen haben und von der Sie wissen. Auch müssen Sie das Autokommando nicht immer aktivieren, sondern können es wiederum in einem Skript unterbringen, das am Ende *vim* startet – der Fantasie sind keine Grenzen gesetzt.

6.7 Text formatieren

Hilfe dazu: »`:help formatting`«

vim kann zwar Texte formatieren, doch das Programm ist keine Textverarbeitung, sondern ein in erster Linie für Programmierer gedachter Editor. Danach richten sich seine Fähigkeiten. Die mit Syntaxerkennung verbundene Formatierung wird erst im nächsten Abschnitt behandelt. Trotzdem bietet auch die »nicht syntaxgebundene« Formatierung einige Leckerbissen, die Sie vermutlich nutzen wollen und die über gängige Formatierungsprogramme deutlich hinausgehen, z.B. beim Zitieren von Mail oder Behandeln von Kommentaren in C.

6.7.1 Ausrichtung verändern

Beim Stichwort »Formatierung« denkt man wahrscheinlich zuerst an Ausrichtung und Randausgleich. *vim* kennt drei ex-Kommandos:

:*bereich* left [*offset*]	Ausrichtung nach links, *offset* Anschläge vor Zeilenbeginn
:*bereich* right	Ausrichtung des Bereiches nach rechts
:*bereich* center	Zentrieren des Bereiches

(Es reicht, von den Kommandos die ersten beiden Buchstaben einzutippen.) Dabei bestimmt bei »**right**« und »**center**« die Option »**textwidth**« die Textbreite (sie kann auch als Argument nach den ex-Befehlen angegeben werden). Ist »`textwidth`« gleich 0 (das ist Standard), dann wird eine Breite von 80 Spalten angenommen. Am bequemsten in der Praxis ist es, wenn Sie den Bereich visuell markieren, weil dann nach dem »`:`« die Bereichsgrenzen automatisch eingesetzt werden.

Ein Randausgleich ist nicht eingebaut – wie gesagt, *vim* ist keine Textverarbeitung. Der dänische Student PREBEN GULDBERG hat allerdings ein Makro dazu geschrieben, das Sie wie folgt nutzen können: Geben Sie von *vim* aus (oder in `.vimrc`) das Kommando

```
:runtime macros/justify.vim
```

Danach können Sie einen Bereich visuell markieren und mit dem neuen Befehl »`_j`« formatieren (geben Sie das »`j`« unverzüglich nach dem Unterstrich ein!). Das Makro fügt entsprechend Leerzeichen ein, das Ergebnis ist jedoch nicht optimal.

6.7.2 Einrücken, automatisch Umbrechen, Tabulatoren

Zwei wichtige Optionen zur Textgestaltung spielten schon in früheren Abschnitten eine wichtige Rolle: »**autoindent**« und »**shiftwidth**« (Kurzformen »`ai`«, »`sw`«). Die erste sorgt dafür, dass Einrückungen bei der Eingabe erhalten bleiben, die zweite bestimmt die »Schrittgröße« bei der Einrückung mittels »`Strg/D`« und »`Strg/T`« (standardmäßig 8, ich setze sie immer gleich 1 – vgl. das Beispiel in 4.5). Wenn im Einfügemodus auf eingerückte Zeilen eine ohne Einrückung folgen soll, nutze ich immer die Kombination »`Esc a`«, obwohl das natürlich auch anders geht.

Die Option »**textwidth**« leistet wesentlich mehr, als die Textbreiten für die obigen Ausrichtungsbefehle festzulegen. Standardmäßig ist sie gleich 0 gesetzt und wirkungslos. »`:set textwidth=60`« bewirkt aber auch, dass *vim* bei der Eingabe die Zeilen an Wortgrenzen automatisch umbricht, wenn sie länger als 60 Zeichen werden. Die Option »`formatoptions`«, die im nächsten Punkt genauer beschrieben wird, legt die Einzelheiten fest (vgl. die Hilfeseite dazu). Sie können diese Option für reine Texte und Mails setzen; in der Programmierung ist sie fehl am Platz und stört arg.

Ein leidiges Thema sind **Tabulatoren**. Standardmäßig werden sie alle acht Spalten gesetzt, und diese Einstellung sollten Sie auch tunlichst belassen, damit Sie unter anderen Umgebungen (oder beim Drucken) keine Probleme bekommen. Wenn *vim* die Einrücktiefe bei der Eingabe oder durch den Befehl »`=`« selbst festlegt, oder Sie die Einrücktiefe mittels »`Strg/D`« oder »`Strg/T`« verändern, füllt der Editor den Leerraum vor dem sichtbaren Zeilenbeginn so weit wie möglich mit Tabulatorsprüngen auf. Eine Einrückung von 21 Zeichen besteht also aus zwei Tabulatoren, gefolgt von fünf Leerzeichen (zu sehen mit »`:set list`«). Das konnte schon *vi*. Fügen Sie hingegen Leerzeichen und/oder Tabulatoren von Hand ein, respektiert der Editor natürlich Ihre Entscheidung.

Mit »`:set tabstop=...`« lässt sich die Schrittweite verändern, doch das ist wie erwähnt gefährlich. Sie sollten sie besser mit »**softtabstop**« (»`sts`«) neu definieren, denn das verändert die »reale« Einstellung nicht. Also: »`:set sts=4`« bewirkt, dass beim Druck auf »`Tab`« der Cursor nur 4 Spalten nach rechts rückt, doch nur bei jedem zweiten Schritt ein Tabulatorzeichen eingefügt wird.

Achtung – wenn Sie »:set list« und »sts« gesetzt haben, kommt *vim* durcheinander.

Nur am Rande erwähnt sei die Option »smarttab«, die wie »softtabstop« am Zeilenanfang wirkt. Mit »:retab« lassen sich Tabulatorsprünge nachträglich verändern – auch das ist nicht zu empfehlen, außer im folgenden Beispiel.

Vielleicht wollen Sie aber aus einem Programm oder Text alle Tabulatoren entfernen? Das wird z.B. notwendig, wenn Sie ein Listing in einer Zeitschrift oder einem Buch veröffentlichen wollen (und ist übrigens auch bei Python-Programmen angeraten). Normalerweise erledigt man das unter UNIX mit dem Befehl »pr«:

```
pr -e <supergood.c >tmp; mv tmp supergood.c
```

Doch es geht auch innerhalb von *vim* (das ist vor allem für Windows-Nutzer wichtig):

```
:set expandtab
:%retab
```

Beide Methoden haben den gleichen Fallstrick: Es werden wirklich *alle* Tabulatorzeichen ersetzt, selbst in printf()-Anweisungen oder in regulären Ausdrücken. Das erste Problem sollte nicht auftreten, weil man unter C/C++ tunlichst »\t« schreibt, doch nur einige Programme wie *vim* und *awk* erlauben diese Darstellung in regulären Ausdrücken – der Posix-Standard, an den sich z.B. *sed* und die Bibliotheksfunktion *regexec()* halten, versteht das nicht. Hier heißt es einfach aufpassen. Oder Sie schreiben das Programm von Anfang an unter *vim* mit gesetztem »expandtab« und fügen Tabulatoren per »Strg/V Tab« ein (zweckmäßigerweise sollte dann auch die Option »list« gesetzt sein).

6.7.3 Intelligent formatieren

Hilfe dazu: »:help gq«

Die wahren Stärken von *vim* beim Formatieren zeigen erst die Kommandos »**gq...**«. Angenommen, Sie erhalten eine Mail als Fließtext und wollen Teile daraus zitieren (solche Unsitten werden immer häufiger, doch so lange Sie den Text nicht als PowerPoint-Folie erhalten...). Ihr Mailprogramm präsentiert Ihnen

```
>Das ist eine zitierte, überlange Zeile (so genannter Fließtext,
wobei "so genannt" zu Zeiten vor der Rechtschreibreform noch als
"sogenannt" geschrieben wurde, was hier aber nichts zur Sache
selbst beiträgt) ... also, kurz gesagt ...
```

Normalerweise steht jetzt einige Handarbeit an. Es geht auch einfacher: Setzen Sie den Cursor in den Text und *geben* Sie das *vim*-Kommando **gqap**. Bei Textbreite 40 ergibt sich

```
>Das ist eine zitierte, überlange Zeile
>(so genannter Fließtext, wobei "so
>genannt" zu Zeiten vor der
>Rechtschreibreform noch als "sogenannt"
>geschrieben wurde, was hier aber nichts
>zur Sache selbst beiträgt) ... also,
>kurz gesagt ...
```

Ebenso hätten Sie die überlange Zeile im visuellen Modus markieren (mit »V«) und dann einfach »gq« tippen können. Auf den Befehl »gq« muss entweder ein Positionierungskommando folgen oder die Selektion eines Textobjekts wie die Auswahl des aktuellen Absatzes mittels »ap« (diese Befehle werden hier nicht behandelt, mehr dazu in »:help object-select«). Oder Sie verwenden wie beschrieben »gq« im visuellen Modus.

Folgende Optionen steuern die Formatierung:

textwidth Kurzform »**tw**«) Wie schon erwähnt, die Textbreite. Ist sie gleich 0, wird die Bildschirmbreite genommen, maximal aber 79 Spalten.

joinspaces (Kurzform »**js**«) Ist diese Option gesetzt, so folgen auf ein Satzende zwei Leerzeichen, sonst nur eines.

formatprg (Kurzform »**fp**«) Hier kann ein externes Programm angegeben werden, das als Filter arbeiten muss, also Text von der Standardeingabe liest und den formatierten Text auf die Standardausgabe lenkt. Unter UNIX wäre da an erster Stelle »`fmt`« zu nennen, das allerdings nicht so leistungsfähig wie die eingebaute *vim*-Formatierung ist (obiges Beispiel mit der Fließtext-Mail würde »`fmt`« überfordern).

comments (Kurzform »**com**«) Das ist die interessanteste Option, die einiger Erklärung bedarf, denn sie ist auch für die Formatierung von Listen zuständig. *vim* kennt drei Typen von Kommentaren:

- Einteilige, die an jedem Zeilenanfang wiederholt werden. Typisch ist z.B. »#« bei vielen Skriptsprachen wie der Shell, »//« in C++, aber auch »>« bei Mail kann als Kommentar angesehen werden.
- Einteilige, die nur vor der ersten Zeile eines Kommentars stehen; die folgenden Zeilen sind eingerückt. Das sind keine Kommentare im üblichen Sinne, sondern z.B. Listen mit Anstrichen.
- Dreiteilige, die aus Start, Mitte und Ende bestehen. Ein Beispiel dafür sind die C-Kommentare: »/*« als Start, »*« als Mitte (ohne Funktion, nur wegen der Lesbarkeit) und »*/« als Ende:

```
/* Das ist
 * ein Kommentar.
 */
```

Die Option »`comments`« besteht aus Paaren »`flag:string`«, die mit Kommata verbunden werden. Einige Flags sind:

- **(leer)** – Kommentar vom ersten Typ. Mit »`:set com=:>`« können Sie also bereits Mail wie oben gezeigt formatieren.
- **n** – (*nested*) Die Kommentare können verschachtelt sein. Mit »`:set com=n:>`« können Sie auch Mail mit Zeilen der Form »`>>...`« korrekt zitieren.
- **f** – Kommentar vom zweiten Typ. »`:set com=f:-`« erlaubt also, eine Liste mit Anstrichen zu formatieren, in der Form

```
- Das ist eine
  Liste mit An-
  strichen.
- Ein weiterer Punkt.
```

- **b** – Auf den Kommentar-String muss ein Leerzeichen (oder Tabulator) folgen. Besser wäre also im vorigen Punkt »`:set com=fb:-`« gewesen, um unbeabsichtigte Formatierungen zu vermeiden, z.B. wenn eine negative Zahl am Zeilenanfang steht.
- **s, m, e** – Beschreibung der drei Teile von Kommentaren des dritten Typs. Bei C-Programmen wird man (wenn überhaupt) »`mb:*`« schreiben, damit nicht versehentlich Pointer wie »`*p`« missverstanden werden.
- Die ausführliche Hilfe dazu finden Sie unter »`:help format-comments`«.

formatoptions (Kurzform »**fo**«) Das ist eine Aufzählung von Flags, von denen hier nur wenige erwähnt seien:

- **t** – Automatischer Umbruch bei der Eingabe auf die in »`textwidth`« angegebene Breite (falls sie von 0 verschieden ist), außer in Kommentarzeilen.

- **c** – Wie »t« für Kommentare, wobei der Kommentarstring am Zeilenanfang automatisch eingefügt wird.
- **q** – Auch Kommentare dürfen mit »gq« formatiert werden.
- **2** – Die Einrückung der zweiten Zeile eines Absatzes bestimmt die der folgenden Zeilen. Das erlaubt eingerückte erste Zeilen in Absätzen.
- **n** – Nummerierte Listen werden erkannt, wobei nach der Zahl am Zeilenanfang eines der folgenden Zeichen erwartet wird: ».:)]}«. Funktioniert nur für gesetztes »autoindent«.

Alle Flags finden Sie unter »:help fo-table«. Standardmäßig sind t, c und q gesetzt.

Als Beispiel für ein von mir sehr häufig eingesetztes Skript sei meine kleine Shellprozedur »viw« erwähnt (die Sie auch von der Homepage laden können):

```
#!/bin/bash

vim -c "nmap <F1> gqap" -c "set comments=fb:-" "$@"
```

Diese Prozedur rufe ich an Stelle von *vim*, um einfachen Text zu bearbeiten (z.B. Mail). Ein Druck auf die Funktionstaste F1 formatiert den aktuellen Absatz (der von Leerzeilen bzw. Dateianfang/-ende begrenzt sein muss). Die Option »comments« habe ich zurückgesetzt, damit ein »- « (auch mit folgendem Leerzeichen) am Zeilenanfang nicht als Liste aufgefasst wird. Es ist entscheidend, dass die Befehle nach »-c« erst als Letztes ausgeführt werden, denn Optionen, die die Dateityperkennung setzt, können so noch durch eigene Einstellungen überschrieben werden.

6.8 Syntaxerkennung (Einrücken)

Hilfe dazu: »`:help indent.txt`«

vim kann Programmtexte automatisch nach ziemlich frei wählbaren Regeln einrücken, beim Eintippen wie auch nachträglich. Das ist eine echte Hilfe, da sich so automatisch besser strukturierter Text ergibt und man schnell merkt, wenn man z.B. eine schließende Klammer »`}`« in C vergessen hat (die entstehenden Fehlermeldungen des Compilers dagegen erfordern oft echt Gehirnschmalz). Für C- und C++-Programme hat *vim* schon Regeln eingebaut, die über C und C++ hinaus angewendet werden können. Für andere Sprachen (wie z.B. Shell, XML) gibt es teilweise PlugIns, die die zweite Einrückungsmethode aktivieren: nach berechneten Ausdrücken.

6.8.1 C- und andere Programme einrücken

Hilfe dazu unter »`:help C-indenting`«.

Die C-Formatierung ist sehr leistungsfähig und deshalb nicht mit wenigen Zeilen zu beschreiben. Trotzdem kommen Sie damit schneller zum Ziel als mit dem GNU-Programm »`indent`« unter Linux, das auf reichlich 1300 Zeilen Manualseite 77 alphabetisch geordnete Optionen erklärt, obwohl es C-Quellen gründlicher analysiert als *vim* und echt umformatiert (was problematisch werden kann). *vim* versteht ebenso wenig wie *indent* die volle C-Syntax und rückt nur ein; für Zeilenwechsel müssen Sie selbst sorgen. Trotzdem funktioniert die Einrückung in der Praxis sehr gut, nach Berichten besser als bei manch anderem »syntaxerkennenden« Editor.

Vier Optionen bestimmen das Verhalten von *vim* dabei: `cindent`, `cinkeys`, `cinoptions` und `cinwords`. Dabei leistet »`cinoptions`« mehr als die hier nicht beschriebene Option »smartindent«. Eigene Formatierungswünsche bringt man in dieser Option unter; sie ist die wichtigste.

cindent

Diese boolesche Option schaltet die C-Formatierung ein. Sie ist wirkungslos, wenn die Option »indentexpr« nichtleer ist.

cinkeys, indentkeys

Diese Optionen kann man für C/C++-Programme auf den Standardwerten lassen.

Um Zeilen syntaxabhängig einzurücken, kann man das in Kapitel 2 erwähnte Kommando »=« nutzen: Entweder drückt man nach der visuellen Markierung eines Bereiches »=«, oder man gibt nach »=« ein Positionierkommando (am häufigsten nutze ich »=%«, also das Formatieren eines Blocks), oder man rückt nur die aktuelle Zeile mit »==« ein.

Ebenso rückt *vim* aber schon während der Eingabe Zeilen ein: Ein »else« verschiebt sich nach dem Tippen nach links, Anweisungen nach »{» rücken nach rechts, und Präprozessoranweisungen setzen sich »von allein« an den Zeilenanfang. Das ermöglicht sehr entspanntes Arbeiten!

Diese Optionen »cinkeys« und »indentkeys« beschreiben nun, welche Tasten diese Einrückung im Einfügemodus auslösen (»indentkeys« wird nur genommen, wenn »indentexpr« nichtleer ist, und hat das gleiche Format wie »cinkeys«). Der Wert besteht aus einer mit Kommata getrennten Liste von Paaren »Präfix-Zeichen«. Der Präfix kann leer sein, dann wirkt die angegebene Taste sofort: Wenn Sie »cinkeys=;« setzen, dann eine Zeile in einem C-Programm vielleicht zehn Zeichen nach rechts verschieben und »sleep(1);« anhängen, dann rückt die Zeile in dem Moment ein, wo Sie das Semikolon tippen. Folgende vier Präfixe sind möglich:

0	Das Zeichen muss als erstes sichtbares in der Zeile erscheinen. »`0#`« ist also dafür verantwortlich, dass Präprozessoranweisungen gleich nach dem Tippen von »`#`« auf Spalte 0 rücken.
!	Das folgende Zeichen wird nur als »Auslöser« betrachtet und erscheint nicht im Text. Ein Standard ist »`!^F`«, das heißt, Sie können während des Tippens mit »`Strg/F`« einrücken und danach sofort weiter schreiben.
*	Die Zeile wird *vor* dem folgenden Zeichen eingerückt.
(fehlt)	Das folgende Zeichen löst immer die Einrückung aus.

Für das auf den Präfix folgende Zeichen gibt es einige Sonderfälle:

<CR>	Bedeutet »`Enter`«, das heißt, die *vim*-typischen Tastaturbezeichnungen (»`:help keycodes`«) dürfen auch hier erscheinen.
^F	Bedeutet »`Strg/F`«
o, O	Beim Einfügen nach oder vor der Zeile mittels »`o`« oder »`O`« wird der Cursor gleich richtig gesetzt.
e	Einrücken beim zweiten »`e`« von »`else`«
:	Einrücken beim Tippen von »`:`« nach einer Marke oder einer »`case`«-Anweisung
=*wort*	Einrücken nach dem Tippen von »*wort*«

Wenn Sie eine Zeile manuell »zurechtrücken« (z.B. falls die *vim*-Einrückung nicht nach Ihrem Geschmack ist), etwa indem Sie entsprechend viele Leerzeichen vor den Zeilenanfang setzen, rückt *vim* beim Weitertippen nicht automatisch ein.

Standardmäßig hat »`cinkeys`« den Wert: »`0{,0},0),:,0#,!^F,o,O,e`«.

cinoptions

Diese Option ist das eigentliche »Arbeitspferd« und beschreibt, wie *vim* denn nun formatieren soll. Auch sie ist eine mit Kommata getrennte Liste von Elementen der allgemeinen Form:

```
c zahl [s]
```

Dabei ist »c« ein Zeichen aus der folgenden Liste, das angibt, was formatiert werden soll. Die Zahl gibt die Tiefe der Einrückung relativ zur vorhergehenden/folgenden Zeile an (sie darf auch negativ sein), und ein optionales »s« danach multipliziert die Zahl mit dem Wert von »shiftwidth«. So bedeutet »cino=>2s«, dass jede tiefer verschachtelte Anweisung 2*shiftwidth Spalten weiter rechts als die Anweisungen eine Ebene weiter höher erscheinen soll:

```
function(int a) {
    while(a--)      /* shiftwidth=2 */
```

Alle Optionen im Überblick (Details und Beispiele unter »:help cinoptions-values«):

>	»normale« Einrückungstiefe, z.B. nach »if«. Standard: shiftwidth
^	Innerhalb eines Blocks *zahl* Spalten einrücken, falls öffnendes »{» in erster Spalte steht. Standard: 0
:	»case«-Anweisungen *zahl* Spalten gegenüber »switch« einrücken. Standard: shiftwidth
=	Anweisungen nach »case« um *zahl* Spalten gegenüber »case« einrücken. Standard: shiftwidth
+	Fortsetzungszeilen *zahl* Spalten einrücken. Standard: shiftwidth
*	Höchstens *zahl* Zeilen nach anderem Ende des Kommentars suchen. Standard: 30
/	Kommentarzeilen *zahl* Spalten extra einrücken. Standard: 0

(	Fortsetzungszeilen zusätzlich um *zahl*∗Anzahl der noch zu schließenden Klammern »)« einrücken. Normalerweise Ausrichtung an letzter öffnender Klammer – eine Spalte rechts von dieser (sehr angenehm!). Standard: `2*shiftwidth`
)	Höchstens *zahl* Zeilen nach zugehörigen Klammern suchen. Standard: 20
{	Erste »{» eines Blocks um *zahl* Spalten extra einrücken, wenn die Klammer am sichtbaren Zeilenanfang steht und der Block in einem anderen enthalten ist. Standard: 0
}	Schließende »}« eines Blocks *zahl* Spalten relativ zur öffnenden einrücken. Standard: 0
c	Kommentartext *zahl* Spalten gegenüber »/*« einrücken, falls keine andere Ausrichtung vorgegeben (falls also Text auf »/*« folgt, an diesem ausrichten). Standard: 3
C	Wenn *zahl* nicht 0: Wie »c«, aber Einrücken in jedem Fall, unabhängig von evtl. Text nach »/*«. Standard: 0
e	Wenn das öffnende »{» des Blocks nicht am Zeilenanfang steht, *zahl* Spalten zusätzlich zu »>« einrücken. Standard: 0
f	Erste »{» eines Blocks um *zahl* Spalten extra einrücken, wenn die Klammer am sichtbaren Zeilenanfang steht und der Block in keinem anderen enthalten ist. Standard: 0
g	In C++ die Schlüsselwörter »`public:`«, »`private:`« und »`protected:`« um *zahl* Spalten einrücken. Standard: `shiftwidth`
h	Anweisungen nach den in »g« genannten Schlüsselwörtern *zahl* Spalten einrücken. Standard: `shiftwidth`
j	Wenn *zahl* nicht 0: Anonyme Java-Klassen korrekt ausrichten. Standard: derzeit immer aktiv.

l	Wenn *zahl* nicht 0 ist, dann an »`case`«-Anweisung ausrichten, nicht an der Anweisung nach »`case`«. Standard: 0
m	Wenn *zahl* nicht 0 ist: »`)`« in Fortsetzungszeilen nicht an »`(`» ausrichten, sondern an erstem sichtbaren Zeichen der Zeile. Standard: 0
n	Anweisung nach »`if`«, »`while`« usw. *zahl* Spalten zusätzlich einrücken, falls die Anweisung *nicht* in »`{...}`« steht. Standard: 0
p	Argumentdeklarationen in Funktionen (K&R-Stil) werden *zahl* Spalten eingerückt. Standard: 0
t	Wenn Funktionsdefinition/-deklaration und Returntyp auf getrennten Zeilen stehen, den Typ *zahl* Spalten einrücken. Standard: `shiftwidth`
u	Wie »`(`», aber ab zweiter Zeile der Fortsetzung. Standard: `shiftwidth`
U	Wenn *zahl* nicht 0, dann durch »`(`« oder »`u`« vorgegebene Einrückung auch anwenden, falls »`(`« als erstes sichtbares Zeichen in der Zeile davor steht (sonst Anordnung eine Spalte rechts von »`(`«). Standard: 0
w	Wenn *zahl* nicht 0: In Spezialfällen Fortsetzungszeilen direkt an öffnender Klammer ausrichten, nicht an erstem sichtbaren Zeichen danach.

cinwords

Liste von Schlüsselwörtern, nach denen sich die Einrückungstiefe vergrößert. Standard ist »`if,else,while,do,for,switch`«.

In meinem Shellskript »`vic`«, das ich zum Editieren von C- und C++-Quellen verwende und das in 7.2 vorgestellt wird, verwende ich folgende Einstellungen:

```
cino=f2,>3,{2,=2,l2,g3,h2,p2,+3,(0,:3
```

Damit entstehen Einrückungen in folgendem Stil:

```
class iter
  {
   public:
     int get_state(int arg1,
                   double arg2);
     void put_state(Boolfield& flags);
   private:
     Boolfield flags_;
     int size_;
  }

iter::put_state(Boolfield& flags)
  {
   switch(flag[0])
     {
      case Low:
        flags_[0] = (flags[0] ^ flags[1]) ?
           flags[0] : flags[1];
        flags[1] = (flags[1] ^ flags[3] ^
                    flags[5] ^ flags[7]) ?
           flags[3] : flags[5];
#ifdef SIMPLE
      case High:
        flags_ = flags;
#else
      case High:
        for(int i=_size; i--;) flags_[i] = !flags[i];
#endif
     }
  }
```

Das ist nur eine von vielen möglichen Geschmacksrichtungen, und sie entspricht nur zu 98% dem, was ich will. Ab und zu wird man beim Schreiben etwas »nachhelfen« müssen. Trotzdem ist dieses *vim-*

Feature eine große Erleichterung beim Tippen, und der Aufwand, sich einen cino-Wert nach eigenem Gusto zu erstellen, fällt nicht so sehr ins Gewicht, denn so etwas macht man nicht alle Tage.

Wie gesagt, *vim* versteht die C-Syntax nicht, so dass Sie diese Optionen auch für andere Sprachen nutzen können. Das kann schneller zu einem brauchbaren Ergebnis führen als die Berechnung der Einrücktiefe, so wie im nächsten Abschnitt gezeigt.

6.8.2 Einrückung frei wählen

Hilfe dazu unter »:help 'indentexpr'«

Sobald Sie die Option »indentexpr« setzen, werden »cindent« und »smartindent« ignoriert. Beim Formatieren wie bei der Eingabe wird für jede Zeile der in der Option angegebene Ausdruck berechnet; das Ergebnis ist die Einrücktiefe. Die Option »indentkeys« hat dann eine analoge Wirkung wie »cinkeys« im vorigen Abschnitt.

Die *vim*-interne Variable v:lnum nimmt während der Auswertung den Wert der jeweils aktuellen Zeilennummer an. Allerdings (das ist nicht dokumentiert) durchläuft *vim* die Zeilen nicht nur »virtuell«, sondern wirklich, so dass es gleich bleibt, ob Sie »getline(".")« oder »getline(v:lnum)« schreiben, solange *vim* beim Auswerten des Ausdrucks nicht in andere Zeilen wechselt. Das ermöglicht folgende kleine Anwendung »center.vim« (die von der Homepage geladen werden kann):

```
set indentexpr=(80-virtcol(\"$\")+indent(v:lnum))/2
set indentkeys=*<CR>
```

Damit wird Text in einem 80-spaltigen Fenster bei der Eingabe wie auch bei der nachträglichen Formatierung mittels »=« zentriert. Wenn Sie diese beiden Zeilen als Datei center.vim in $HOME/.vim/indent unterbringen und »filetype indent on« in .vimrc gesetzt haben, reicht ein »:set ft=center« aus, und schon zentriert sich jede Eingabe automatisch.

Theoretisch können Sie mittels indentexpr beliebige Einrückungsmethoden implementieren. Allerdings macht sich bei großen Dateien und sehr komplexen Algorithmen die Rechenzeit bemerkbar. Auf heutigen Rechnern sollte dies bei nachträglicher Formatierung in der Regel kein Problem mehr sein, vielleicht aber während des Schreibens, wenn nach jeder abgeschlossenen Zeile umfangreicher Kontext abgesucht werden muss. In diesem Fall darf man immer noch »indentkeys« auf leer setzen.

Fleißige Programmierer haben bereits für 43 Dateitypen Einrückungsmethoden implementiert, darunter für awk, C#, CSS, Eiffel, Fortran, HTML, Java, make, Perl, Python, Shell, XML und XSLT. Sie finden sie in $VIMRUNTIME/indent/. Zur Nutzung ist es am einfachsten, in .vimrc ein »filetype indent on« anzugeben (vgl. a. das Beispiel in 4.5). Behagt Ihnen der Stil nicht, können Sie die Vorlagen allemal verändern oder Eigenes schaffen. Diese bringen Sie am besten in $HOME/.vim/indent/ unter, z.B. als myindent.vim (das Suffix .vim ist notwendig).

6.9 Syntaxerkennung (Farben, Faltung)

Hilfe dazu: »:help syntax«

Im »Normalfall« sehen Sie beim Editieren z.B. C-Programme farbig: Schlüsselwörter haben eine andere Farbe als Datentypen, Konstanten eine andere als Zeichenketten usw. Das hat nichts mit Spielerei zu tun. Wenn Sie »wile« schreiben und das Wort sich nicht sofort braun (oder anders) färbt, haben Sie sich vertippt. Das macht nach kurzer Gewöhnungsphase stutzig und ist schnell korrigiert. Noch stutziger würden gewiss die Fehlermeldungen des armen Compilers machen, der nicht wissen kann, dass Sie »while« meinten. Verheerender wirken sich nicht abgeschlossene Zeichenketten und vor allem nicht abgeschlossene Kommentare aus. Ein *vim*-Programmierer hält sich mit solchen elementaren Dingen nicht mehr auf, er widmet sich niveauvolleren Fehlern.

6.9.1 Syntaxfarben einschalten

> Problemhilfe erhalten Sie unter »`:help 06.2`«, und unter »`:help syntax-loading`« wird im Detail erklärt, welche Dateien wann ausgewertet werden.

Release 6.2 von *vim* unterstützt 376 verschiedene Datenformate, *vim7* 481, die Sie in `$VIMRUNTIME/syntax` finden. Das Spektrum reicht von gängigen Programmier- und Skriptsprachen über HTML, XML, awk bis hin zu Docbook, DTD, Registry, dosbatch, wvdial (Modemkonfiguration unter Linux), m4 und grub.

Sollte eine Datei nicht farbig erscheinen, so sind dafür mehrere Ursachen denkbar:

- Haben Sie noch nie Farben gesehen, dann prüfen Sie, was der Befehl »`:syntax`« ausgibt. Bei einer Meldung wie »`No Syntax items defined for this buffer`« prüfen Sie, ob »`syntax enable`« in Ihrem `.vimrc` steht. (»`syntax on`« ist ebenso möglich, aber dann können Sie nicht Ihre eigenen Farben definieren.)
- Testen Sie, ob der Dateityp richtig erkannt wurde: »`:set ft?`«. Bei C-Programmen etwa sollte die Antwort »`filetype=c`« lauten. Zur Not setzen Sie diese Option erst einmal von Hand. Ergänzen Sie `.vimrc` um eine Zeile »`filetype on`«, besser noch »`filetype plugin indent on`«.
- Falls immer noch keine Farben erscheinen (auch in der Hilfe nicht), kann es an der Beschreibung Ihres Terminals liegen. Probieren Sie z.B. einmal »`set term=xterm-color`« statt »`set term=xterm`«.

6.9.2 Farben verändern

Hilfe dazu gibt es unter »:help :highlight«.

Farbschemata (colorschemes)

Wer meint, »*vim* benutze ich nie mit Farbe, das sieht scheußlich aus«, hat vermutlich noch nichts von Farbschemata gehört. Diese gibt es allerdings auch erst seit *vim* 6.0, wie so manch andere interessante Fähigkeit (Faltungen, Einrücken ...).

Es ist klar, dass nicht jede Farbkombination auf jedem Bildschirm gut aussehen kann. Farbdarstellung, Hintergrundfarbe, Kontrast und persönliche Vorlieben sind einfach zu verschieden. Deswegen liefert *vim* in der aktuellen Version 16 verschiedene Farbschemata mit, von denen Ihnen eines vielleicht schon zusagt. Unter *gvim* können Sie per »Edit > Color Scheme« per Menü wählen, doch die Farbgebungen für *gvim* und *vim* sind unterschiedlich. Folgendes kurze und kryptische Skript colortest.vim für UNIX (das Sie auch auf der Homepage finden) kann Ihnen dabei helfen:

```
let a='cd ' . $VIMRUNTIME . '/colors; ls *.vim | ' .
   \ 'sed -e "s/\([a-z]*\)\.vim/' .
   \ 'hi clear|colorscheme \1|redraw|' .
   \ 'call input(\"this is \1, press ENTER\")/"'
exe system(a)
```

Laden Sie beispielsweise eine »schön bunte« C-Datei und starten Sie dann das Skript mit »:so ...«. Mit Enter schalten Sie von Farbschema zu Farbschema weiter. Wenn Ihnen z.B. »peachpuff« gefällt, tragen Sie »colorscheme peachpuff« in .vimrc ein:

```
colorscheme peachpuff
```

Nach der Auswahl können Sie sich mit »`:hilight`« alle möglichen Färbungen ansehen (und ebenso alle Links zwischen Gruppen, die später erklärt werden).

Farben selbst ändern

Auch ohne langes Studium der Hilfeseiten sind Farbschemata nicht schwer zu verstehen. Eine Zeile sieht in `$VIMRUNTIME/colors` z.B. so aus:

```
hi Search term=reverse ctermbg=3 guibg=Gold2
```

Sie beschreibt die Farbgebung für die Gruppe »`Search`« (zu Gruppen gleich mehr), genauer für gesetztes »`hls`« (*highlightsearch*): Auf monochromen Terminals soll die gefundene Zeichenkette invers erscheinen, auf Farbterminals die Hintergrundfarbe 3 bekommen, und bei *gvim*/*evim* den Hintergrund »`Gold2`«. Alle anderen Einstellungen bleiben erhalten. Die Farbnummern erfahren Sie unter »`:help cterm-colors`«, die Farbnamen für das GUI unter »`:help gui-colors`«. Die rosa getönte Farbe von *gvim* entfernen Sie z.B. mit »`:hi Normal guibg=White`«. Die Argumente, das heißt die Werte vor »=«, finden Sie unter »`:help highlight-args`« – im Normalfall reichen Vorder- und Hintergrundfarbe aus.

Farbschemata setzen die Option »`background`«. Sie verändert keine Farbe, teilt aber anderen Skripten mit, ob der Hintergrund hell oder dunkel ist: Es sind nur die Werte »`light`« und »`dark`« erlaubt. Andere Farbgebungen können sich dann danach richten, z.B. die Standard-Farbgebung nach dem abgearbeiteten Befehl »`:highlight clear`«. – `NONE` bezeichnet die Standardeinstellung.

Was in keinem Farbschema definiert ist, entnimmt *vim* dem in `$VIMRUNTIME/syntax/syncolor.vim` definierten Standardschema sowie der Option »`highlight`«.

Farbgruppen

Mehr Informationen finden Sie unter »`:help :hi-link`«.

Das Highlight-Kommando »`:highlight`« (»`:hi`«) ordnet eine Farbgebung einem Gruppennamen zu, im obigen Beispiel z.B. »`Search`«. Jedes »`hi`«-Kommando mit dem gleichen Namen ergänzt vorangegangene Anweisungen und überschreibt ggf. Einstellungen. Die für Syntaxfarben vereinbarten Gruppen können Sie `$VIMRUNTIME/syntax/syncolor.vim` entnehmen. (Übrigens enthält diese Datei eine sinnvolle Anwendung nutzerdefinierter Kommandos – so kann elegant in der Wirkung zwischen »`syntax on`« und »`syntax enable`« unterschieden werden ... aber sehen Sie selbst hinein.)

Damit muss der Anwender nicht mehr für jede Konstruktion jeder Sprache gesondert Farben definieren, sondern er verwendet Gruppennamen, und die Farbgebung kann zentral vom Farbschema definiert werden. Allerdings sind ziemlich viele Gruppennamen vereinbart, und in der Regel werden nur wenige Farben benötigt. Deshalb sieht *vim* Synonyme vor, hier **Links** genannt:

```
:hi link Typedef      Type
```

besagt, dass die Gruppe »`Typedef`« die Werte aus »`Type`« übernehmen soll. Im Normalfall soll die links stehende Gruppe erzeugt werden (nur »`:hi! ...`« überschreibt schon vorhandene Einstellungen der linken Gruppe). Das Kommando

```
:hi default link Typedef      Type
```

hingegen definiert Standardwerte für die Gruppe »`Typedef`«, die Sie z.B. in `.vimrc` ändern können, ohne dass sie nachträglich von einer Systemdatei überschrieben werden.

Die Kommandos »:hi« und »:runtime syntax/hitest.vim« zeigen nicht nur die aktuellen Farben der verschiedenen Gruppen, sondern auch alle Links.

6.9.3 Syntaxbeschreibungen ändern oder neu erstellen

Detaillierte Hilfe gibt es kompakter unter »:help syn-define«, ausführlicher unter »:help usr_44«.

Das Erstellen einer eigenen Syntaxbeschreibung ist mit echter Arbeit verbunden, wie Sie nach einem Blick in eine der Dateien unter $VIMRUNTIME/syntax leicht selbst feststellen können. Dieser Abschnitt will keine vollständige Anleitung zum Schreiben eigener Dateien liefern – dazu sollten Sie obige Hilfeseiten lesen. Eher soll er helfen, den Wald vor lauter Bäumen doch noch zu sehen.

vim-Syntaxbeschreibungen unterscheiden sich von Syntaxdefinitionen, auf die z.B. Compiler zurückgreifen. Es geht hier ja nur darum zu erkennen, zu welcher Klasse von Sprachelementen eine Zeichenkette im Text gehört. Das Prinzip ist folgendes:

- Es gibt drei Arten von Objekten (*items*) in Syntaxanweisungen: **keyword**, **match** und **region.** Sie beschreiben Schlüsselwörter, reguläre Ausdrücke und Bereiche.
- Die Struktur der Zeilen ist für alle drei Arten ähnlich:

```
syntax keyword langKeyword   open close hold exit
```

  Das bedeutet, dass die Wörter »open, close, hold, exit« der Farbgruppe »langKeyword« zugeordnet werden.

- Verschiedene **Argumente** (dazu gleich mehr) beschreiben das Objekt genauer, z.B. ob es in einer anderen Gruppe enthalten sein muss oder einen Faltungsbereich definiert.
- Mehrere Syntaxgruppen können in einem **Cluster** zusammengefasst werden (»`:help syn-cluster`«). Das ist sinnvoll, wenn die Logik verschiedene Gruppen erfordert, aber am Ende nur einige Farbgruppen angewendet werden.
- Syntaxdateien können auch in andere eingefügt werden, um Schreibarbeit zu sparen und Änderungen auf wenige Stellen zu konzentrieren (»`:help syn-include`«).
- Am Ende einer Syntaxdatei ordnet man dann per Highlight-Link Farbgruppen wie »`langKeyword`« einem gängigen Gruppennamen zu.

Beispiele:

```
:sy match ErrorMsg /\h\w\*\ze\s*(/
```

lässt in einer C-Funktion alle Funktionsnamen (auch mit Leerzeichen zwischen Namen und öffnender Klammer) nebst »`if, while, for, switch`« weiß auf rotem Grund erscheinen. Das Suchmuster muss von zwei gleichen Zeichen eingefasst werden, hier »`/`«. Ein *vim*-spezifisches Konstrukt »`\ze`« im regulären Ausdruck setzt das Ende des »Matches« an diese Stelle, fordert aber, dass der folgende Teil des Musters trotzdem noch gefunden wird.

```
:sy region Question start=/"/ end=/"/ skip=/\\"/
```

färbt alle Zeichenketten »`"..."`« grün und weiß auch, dass »`\"`« die Kette nicht abschließt (dafür sorgt die Skip-Anweisung).

Die folgende Tabelle soll nur eine Übersicht über die **Argumente** geben, damit Sie eine Vorstellung von den Möglichkeiten der Syntaxbeschreibung bekommen. Vor dem praktischen Einsatz müssen Sie auf jeden Fall noch unter »`:help syn-arguments`« genauer nachlesen.

contains=	Syntaxgruppen aus der folgenden Liste können im Objekt enthalten sein.
contained	muss in einem anderen Objekt enthalten sein
containedin=	Objekt darf in angegebenen Objekten enthalten sein.
oneline	Objekt darf Zeilengrenze nicht überschreiten.
fold	Objekt (meist ein Bereich) erhöht Faltungsniveau um 1.
display	nicht auswerten, wenn Gruppe nicht angewandt wird (nur zur Performance-Steigerung)
keepend	Enthaltenes und umschließendes Objekt dürfen an gleicher Stelle enden (rekursive Verschachtelung ist nicht mehr möglich)
extend	hebt »keepend« für ein umfassendes Objekt wieder auf
nextgroup=	Auf das Objekt muss eines der angegebenen folgen.
skipwhite, skipnl, skipempty	nur bei »nextgroup«: Objekte dürfen mit Leerraum/ Zeilenende/Leerzeilen getrennt sein.
transparent	»gläsernes« Objekt ohne eigene Farbe, nur für Logik

Beispiel: Das oben gezeigte Einfärben von Konstrukten »name(« in C lässt sich auch mit weniger trickreichen regulären Ausdrücken beschreiben, wenn man Syntaxargumente verwendet:

```
sy match func /[a-z_A-Z][0-9a-z_A-Z]*[ \t]*
   \(/ transparent contains=fname
sy match fname /[0-9a-z_A-Z]\+/ contained
hi link fname ErrorMsg
```

Nur am Rande erwähnt sei hier, dass die *vim*-Syntax regulärer Ausdrücke für diesen Zweck nochmals erweitert wurde, und zwar um Ausdrücke »\z« und »\z1, \z2, ...«, damit sich das »end«-Muster bei

Bereichen auf das »start«-Muster beziehen kann (»:help :syn-ext-match«). Es gibt spezielle Regeln, um sich auf mehrere Zeilen zu beziehen (»:help :syn-multi-line«), sowie vier Methoden zur »**Synchronisierung**«: Im Unterschied zu einem Compiler liest *vim* den Text nicht immer vom Anfang an und soll trotzdem z.B. herausfinden, ob der Cursor innerhalb eines Kommentars steht.

6.10 Navigation für Programmierer: %, [, ctags, cscope

vim bietet vielfältigste Unterstützung für Programmierer. Syntaxfarben und automatisches Einrücken sind für die »lokale« Arbeit hilfreich. Beim Blick auf das »große Ganze« hingegen sind Faltungen, Marken und Suchen mit regulären Ausdrücken nützlich. Das reicht aber noch nicht. Die meisten Programmierer wissen vermutlich von der Freude zu erzählen, 100.000 Zeilen fremden Spaghetticodes verstehen zu dürfen. *vim* hilft bei globaler Navigation auf dreierlei Art: mit speziellen eingebauten Kommandos und mit Interfaces zu den Programmen **ctags** und **cscope**.

6.10.1 Eingebaute Navigationskommandos

Hilfe hierzu: »:help 29.4«

Ein schon von *vi* her bekanntes »Zauberkommando« ist »%«, das den Cursor zwischen Klammern gleicher Parität hin- und her springen lässt. Standardmäßig erkennt das Kommando die Klammern »{[()]}«; mehr Zeichenpaare lassen sich mit der Option »**matchpairs**« (s. Helpseite) festlegen. Außerdem kann man damit auch zwischen Präprozessoranweisungen »#if ...«, »#ifdef ...«, »#elif ...«, »#else« und »#endif« sowie zwischen Anfang und Ende eines C-Kommentars »/*...*/«

springen. Noch mehr wie z.B. die Navigation in if-else-Ketten und vor allem zwischen Tags in XML-Dateien leistet das mitgelieferte PlugIn **matchit.vim**, das Sie in `$VIMRUNTIME/macros` inklusive Dokumentation finden (es erweitert die Funktionalität von »%«).

Die nächsten, schon von 2.4.6 her bekannten Befehle sind »**[{**» und »**]}**«, die zum Beginn bzw. Ende des kleinsten umschließenden Blocks springen. Sie tippen sich sogar auf deutscher Tastatur halbwegs leidlich (man darf sie trotzdem mappen). In wenigen Sprüngen ist man so bei der Funktionsdefinition angelangt. Mit »`Strg/O`« kann man wieder zurückspringen. Es empfiehlt sich, die Option »**scrolloff**« z.B. auf »`3`« zu setzen, damit man nicht nur »`{`« in der obersten Zeile sieht, sondern auch noch eine Funktionsdefinition. *vim* analysiert dabei keine C-Syntax: Ein »`{`« innerhalb eines Kommentars wird ebenfalls angesprungen. Dies stört aber wenig bei interaktiver Arbeit.

Laut Dokumentation soll »**[[**« gleich zur Funktionsdefinition springen. Das klappt offensichtlich nur, wenn die Klammer »`{`« in der ersten Zeile steht. Mit »`[{`« kommen Sie fast gleich schnell ans Ziel.

Wie ebenfalls in 2.6.1 beschrieben, springen »**gd**« und »**gD**« zur lokalen bzw. globalen Definition/Deklaration der Variablen, auf die der Cursor zeigt. Auch diese Kommandos arbeiten »blind«, ohne Syntaxanalyse, doch Fehler können störender sein als bei »`[{`«. Meistens reichen aber schon die Befehle »*« und »#«, mit denen man nach dem Wort sucht, auf das der Cursor zeigt.

Es gibt noch ein interessantes Kommando:

`[I` Suche nach dem Bezeichner, auf den der Cursor zeigt, in der aktuellen und allen `#include`-Dateien (!). Dabei werden alle Verzeichnisse aus der Option »**path**« durchsucht. »`[I`« liefert eine Liste von Dateinamen, Zeilennummern und Zeilen, in denen der Bezeichner gefunden wurde. Auch diese Suche basiert nur auf Texterkennung, nicht auf

Syntaxanalyse, was wiederum weniger stört. Umständlicher ist es dagegen, an eine solche Stelle zu springen: Das dritte Vorkommen springt man mit »3[Tab« an. Unter »:help 29.4« erfahren Sie weitere Details.

6.10.2 ctags

Hilfe hierzu: »:help tagsrch«, »:help 29.1«

Das Programm **»ctags«** gehört seit langem zu UNIX und *vi*. Die Standardanwendung ist ausgesprochen einfach: Im aktuellen Verzeichnis das UNIX/Linux-Kommando »ctags *.c« geben, beim Editieren mit *vim* den Cursor auf einen C-Bezeichner setzen, und schon springt man mit »Strg/]« zur zugehörigen Definition und mit »Strg/T« wieder zurück (die »Strg/]«-Sprünge bilden einen Stack, der mit »Strg/T« wieder abgebaut wird). Falls Ihnen das bekannt vorkommt: Ja, auch die Hilfe ist tags-basiert, in $VIMRUNTIME/doc findet sich eine Datei tags.

Das Ganze funktioniert ebenso mit C++-Dateien und mit noch viel mehr Sprachen – vgl. dazu die sehr lange Manualseite von ctags unter Ihrem System. Sie können *vim* beibringen, dass er mehrere Tags-Dateien auswerten soll, Sie können bei mehreren gefundenen Definitionen die gesuchte auswählen und sogar bei der Tag-Suche das Fenster splitten, z.B. um Definition und Verwendung einer Funktion zu vergleichen. Sie brauchen nicht mit dem Cursor auf den Bezeichner zu zeigen, sondern können mit

```
:tag compute_filter_curve
```

zielgerichtet suchen. Dabei funktioniert sogar die Vervollständigung mittels Tabulatortaste und »Strg/D«. Also die ultimative Hilfe für den Programmierer?

Leider nein. Das Programm ctags verarbeitet zwar sehr viele Sprachen, aber keine lokalen Variablendefinitionen. Man kann mit ihm auch nur zu einer Definition springen, nicht etwa zu einer anderen Verwendung des Namens. Deswegen wird man mit den oben genannten Befehlen »[I« und »*n*[Tab« oft weiter kommen als mit dem traditionellen ctags, und das auch bei anderen Sprachen als C.

6.10.3 cscope

Hilfe hierzu: »:help cscope«

Bei der C/C++-Programmierung ist cscope für mich immer noch die »Killerapplikation«. Sie ist extrem einfach zu nutzen: Nur das Kommando »cscope« geben! Automatisch wird eine Datenbank gebildet bzw. aktualisiert, die Angaben über alle C/C++-Quelldateien im aktuellen Verzeichnis enthält. Dann erscheint folgendes Menü:

```
Find this C symbol:
Find this global definition:
Find functions called by this function:
Find functions calling this function:
Find this text string:
Change this text string:
Find this egrep pattern:
Find this file:
Find files #including this file:
```

Gibt man z.B. einen Variablennamen ein, so werden maximal neun Treffer gleichzeitig angezeigt. Ein Druck auf eine Ziffertaste, und schon öffnet der per Umgebungsvariable EDITOR eingestellte Editor die entsprechende Datei und setzt den Cursor in die betreffende Zeile. Auch wenn *cscope* keine Kommando-Geschichte kennt und leider keinen eingebauten Zeileneditor hat, der Tippfehler weniger ärgerlich erscheinen lässt: Das Tool leistet eigentlich genau das, was man als Programmierer braucht. Ursprünglich nur unter UNIX vertrieben, liegt es inzwischen auch Linux bei (die Open-Source-Variante *freescope*, die ich einst testete, leistete noch nicht das Gewünschte).

vim hat eine Schnittstelle zu *cscope* eingebaut, die aber nicht standardmäßig enthalten ist. Sie müssen dazu den Editor selbst übersetzen und am einfachsten beim *configure*-Befehl den Schalter »`--with-features=big`« angeben (vgl. 9.2.3). Das ist im Allgemeinen kein Problem und dauert nur wenige Minuten.

Problematischer ist dagegen das Interface, das nicht recht überzeugt. Ohne konfigurierte automatische Aktionen und Mappings ist Folgendes zu tun, um alle Vorkommen der lokalen Variablen `fct_calls` zu ermitteln:

- Starten Sie cscope und verlassen Sie es mit »`Strg/D`« wieder. Das erzeugt die Datenbank `cscope.out`.
- Editieren Sie eine C-Quelldatei in diesem Verzeichnis:
  `vim dysopt.c`.
- Geben Sie das Kommando »`:cs add cscope.out`«.
- Suchen Sie nach der Variablen mit »`:cs find 0 fct_calls`«. Dabei bedeutet »`0`« die erste Zeile im `cscope`-Menü, also »`Find this C symbol:`«.

Das Ganze wird erst mit einigen Mappings und automatischen Initialisierungen nutzerfreundlicher. Anregungen dazu finden Sie leicht auf der Hilfeseite. Ich werde hier nicht weiter darauf eingehen und die Gründe dafür im nächsten Abschnitt darlegen.

6.10.4 Tipps für den Einsatz

Die in 6.10.1 genannten Kommandos sind auf jeden Fall nützlich. Das Springen auf Klammern gleicher Ebene mittels »`%`« sollte zum Standardrepertoire gehören, und wer etwa XML editiert, sollte unbedingt das oben erwähnte »`matchit`« nutzen – die Suche nach dem zugehörigen öffnenden/schließenden Tag ist einfach notwendig. Zum Editieren von XML oder sauberem HTML sind keine Vorarbeiten außer dem Laden des Skripts notwendig.

Auch das Springen zu den Blockenden mittels »`[{`« und »`]}`« sowie die Suche mittels »`[I`« sind sehr nützlich. Es kann helfen, sich zumindest die Fingerakrobatik beim Eintippen von »`[I`« mittels Mapping zu ersparen.

Für C-Programme diente *ctags* lange als »Allheilmittel«. Es kann aber mit *cscope* nicht mithalten. Für schnelle und effektive Arbeit beim Entwickeln und Testen von C/C++-Programmen empfehle ich jedoch das umgekehrte Vorgehen als in der *vim*-Hilfe empfohlen:

- Nutzen Sie virtuelle Terminalfenster, z.B. auf der Konsole des unter Gurus verpönten KDE. Dort erzeugen Sie mit »`Alt/Strg/N`« ein neues Fenster und benennen es mit »`Alt/Strg/S`« um, je nach Bedarf; mit »`Alt`« + »`Cursor links/rechts`« wechseln Sie zwischen den virtuellen Fenstern und sortieren diese mittels »`Strg + Umschalt + Cursor links/rechts`« um.
- Setzen Sie die Umgebungsvariable `EDITOR` oder `CSCOPE_EDITOR` auf *vim* (oder auf ein Shellskript, das Ihre Formatierungsoptionen usw. setzt und dann *vim* ruft).
- In mehreren Fenstern starten Sie *cscope* und in weiteren z.B. *make* sowie den Debugger.

Gegenüber dem im folgenden Abschnitt erklärten Quickfix-Modus haben Sie beim Kompilieren so etwas mehr Arbeit: Sie müssen bei Fehlermeldungen manchmal Dateinamen und Zeilennummer angeben (wobei man die Dateinamen unter *cscope* aus einem Menü wählen kann). In der Praxis jedoch muss man oft in mehrere Quelltexte gleichzeitig hineinschauen. Das gilt insbesondere für die Hauptbeschäftigung des Programmierers, das Debuggen. Für die Einsicht in viele Codestellen gleichzeitig eignen sich virtuelle Terminalfenster ideal. Es ist nicht vorhersehbar, auf welche Dateien man zugreift und wonach man sucht. Auch sollte man nicht vergessen, dass sich Namen per Maus bequem übertragen lassen.

Diese Bemerkungen beziehen sich natürlich auf C-/C++-Programme, weil *cscope* deren Syntax (weitgehend) versteht (bei C++ gibt es einige Probleme). Für andere Sprachen ist wahrscheinlich eine Kombination aus *ctags* und den eingebauten *vim*-Kommandos das Beste.

6.11 Quickfix-Modus: :make, :grep und »Missbrauch«

Alle Hilfeseiten dazu finden sich unter »`:help quickfix.txt`«, eine Einführung steht unter »`:help 30.1`«.

Der Gedanke einer IDE (*integrated development environment*) ist alt; eines der vielen frühen Konzepte stammt vom Manx Aztec C Compiler der Amiga-Computer in den 80er Jahren: Mit möglichst wenig Tastendrucken wird aus dem Editor die Übersetzung des bearbeiteten Quelltextes angestoßen, und bei Fehlern soll der Cursor gleich auf die entsprechende Stelle zeigen.

Wer weiß, dass BRAM MOOLENAAR die erste Version von *vim* auf dem Amiga programmierte, kennt auch die Hintergründe des Quickfix-Modus. Im Standardfall ist dieser sehr einfach zu nutzen:

- Im aktuellen Verzeichnis muss ein *Makefile* existieren (sollten Sie nicht wissen, was das ist, dann entwickeln Sie vermutlich auch keine C-Programme).
- Bearbeiten Sie eine C-Quelltextdatei mit *vim*, speichern Sie sie mit »`:w`«, und geben Sie »`:make`« ein.

- »make« wird gestartet, die Ausgaben erscheinen unten im Fenster. Wenn keine Fehler auftreten, ist *vim* nach dem Druck auf die `Enter`-Taste wieder im alten Zustand.
- Bei einem Fehler steht der Cursor auf der Zeile, in der der Fehler auftrat. *vim* wählt dabei die erste Fehlermeldung aus.
- Mit »`:cn`« (»`:cnext`«) springen Sie zum nächsten Fehler, »`:cc` *nn*« zum Fehler Nr. *nn* (ohne Angabe einer Nummer wird die aktuelle Fehlermeldung angezeigt), und »`:cl`« (»`:clist`«) zeigt alle Fehler an.

(Die vollständige Kommandoliste gibt es unter »`:help :cc`«.) *vim* kann natürlich noch mehr: Mit »:cw« wird ein Kommandofenster geöffnet, das alle Meldungen anzeigt. Wenn Sie den Cursor auf eine Zeile mit einer Fehlermeldung setzen und `Enter` drücken, springt er an die entsprechende Stelle im Fenster darüber, wozu ggf. die entsprechende Datei nachgeladen wird. Falls Ihnen das bekannt vorkommen sollte: Dies ist kein Zufall, denn das in 1.2.1 beschriebene Kommando »`:helpg`« (»`:helpgrep`«) ist eine Anwendung des Quickfix-Modus.

Weiterhin erkennt *vim* Meldungen, wenn *make* (unter Linux) das Verzeichnis wechselt, und kann daher Dateien auch in anderen Verzeichnissen finden. Außerdem kann sich der Editor bis zu zehn Fehlerlisten merken – siehe »`:help quickfix-error-lists`«.

Die Implementierung dieser magischen Fähigkeiten ist nicht so kompliziert, wie es scheinen mag. Der Befehl »`:make`« stößt tatsächlich den UNIX-Befehl *make* an, leitet aber die Ausgabe in eine temporäre Datei um, die anschließend ausgewertet wird. Zwei Optionen sind dabei wichtig:

makeprg (Kurzform »`mp`«): Das auszuführende Programm.

errorformat (Kurzform »`efm`«): Ein Formatstring, mit dem die Fehlermeldungen ähnlich wie bei der C-Funktion *scanf()* geparsed werden.

Standardmäßig sind diese Werte zumindest unter Linux so gesetzt, dass der Quickfix-Modus für C-Programmierer ohne Vorarbeiten mit dem *gcc* nutzbar ist. »`makeprg`« hat den Wert »`make`«, und »`errorformat`« beinhaltet die leicht einprägbare Zeichenkette

```
%*[^"]"%f"%*\D%l: %m,"%f"%*\D%l: %m,%-G%f:%l: (Each undeclared
identifier is reported only once,%-G%f:%l: for each function
it appears in.),%f:%l:%m,"%f"\, line %l%*\D%c%*[^ ]
%m,%D%*\a[%*\d]: Entering directory `%f',%X%*\a[%*\d]: Leaving
directory `%f',%DMaking %*\a in %f
```

Wer dies verstehen möchte, muss mindestens die 300 Zeilen Hilfe unter »`:help errorformat`« (mit vielen Beispielen) durchlesen.

Zum Glück waren auch hier wieder Programmierer schon vor Ihnen fleißig und haben für 24 verschiedene Compiler die Konfigurationen erstellt, die Sie in `$VIMRUNTIME/compiler` finden können. Mit dem Befehl

```
:compiler msvc
```

beispielsweise haben Sie bereits den Microsoft Visual C Compiler eingestellt.

Wie am Ende des vorigen Abschnitts erläutert, sehe ich dieses Vorgehen für kompliziertere Programmieraufgaben als etwas problematisch, zumindest als zu wenig effektiv. Die Stärke des Quickfix-Modus liegt jedoch darin, dass er keinesfalls an irgendwelche Kompilierung gebunden sein muss – Sie können ihn für beliebige Zwecke »missbrauchen«. Ein simples Beispiel, das in 7.4 deutlich verbessert werden wird, ist die Überprüfung von XML-Dateien auf Wohlgeformtheit (das heißt, dass sie den »Format-Regeln« für XML genügen). Ein einfaches, zusammen mit dem (Linux-)Paket *expat* geliefertes Programm ist **xmlwf**, das leider fast nicht dokumentiert ist. Die Anwendung jedoch ist simpel: Wenn in `a.xml` in Zeile 21, Spalte 6 statt des schließenden Tags »`</big>`« ein »`</bbig>`« steht, erzeugt der Befehl »`xmlwf -x a.xml`« die Meldung

```
a.xml:21:6: mismatched tag
```

(der Schalter »-x« lässt xmlwf auch in anderen Dateien suchen). Nun können Sie die Quickfix-Optionen wie folgt setzen:

```
let &makeprg='xmlwf -x %'
let &errorformat='%f:%l:%c:%m'
```

Das Prozentzeichen in der ersten Zeile wird zum Dateinamen expandiert, und in der zweiten Zeile bezeichnet vereinbarungsgemäß »%f« den Dateinamen (*file*), »%l« die Zeilennummer, »%c« die Spaltennummen (*column*) und »%m« die Fehlermeldung (*message*).

Kampf dem Backslash: Optionen können Sie bekanntlich mit »set option=...« wie mit »let &option=...« setzen. Die zweite Form erlaubt, weniger Backslashs einzusetzen. In der »klassischen« Darstellung müsste es heißen:

```
set makeprg=xmlwf\ -x\ \%
```

Wenn Apostrophe in einem Optionswert vorkommen, wenden Sie folgenden Trick an:

```
let &decision='einmal ' . "'ja'" . ' sagen müssen!'
```

Für das leistungsfähigere Tool **xmllint** ist allerdings schon eine Datei im Verzeichnis »compiler« vorhanden (*xmllint* kann auch validieren, was für Docbook-Dateien wichtig ist).

:grep

Ganz analog zu »:make« arbeitet das Kommando »:grep«, nur heißen hier die Optionen analog »grepprg« und »grepformat«. Ersteres hat unter Linux standardmäßig den Wert »grep -n $* /dev/null«. Zu »:make« scheint es keinen funktionellen Unterschied zu geben. Vermutlich wurde das Feature eingeführt, um einfacher zwischen zwei Anwendungsarten wechseln zu können. Die wichtigste Anwendung wurde bereits oben und in 1.2.1 erwähnt: »:helpgrep« (»:helpg«), das im Prinzip nur ein Wrapper für »:grep« ist, doch zuvor in das Verzeichnis $VIMRUNTIME/doc wechselt.

6.12 vimdiff

Hilfe dazu unter »:help diff.txt«, eine kurze Einführung in »:help 08.7«.

vimdiff ist eine der wirklich angenehmen Neuerungen der Version 6, die zum Vergleich ähnlicher Dateien genutzt werden kann. Die Anwendung ist ausgesprochen einfach:

Wenn Sie z.B. zwei C-Programme search.c und searchold.c haben, die sich (hoffentlich) an wenigen Stellen unterscheiden, dann geben Sie das Kommando

```
vimdiff search.c searchold.c
```

– und schon erscheinen zwei Fenster nebeneinander, in denen die Unterschiede farblich markiert sind. Die Besonderheiten sind:

- Beide Fenster rollen synchron auf- und abwärts.
- Gleiche Bereiche erscheinen nicht in voller Länge, sondern sind als Faltungen verkürzt. Vor und nach jeder Faltung zeigt *vimdiff* einige Zeilen gleichen Kontexts. Das alles macht die Darstellung sehr viel übersichtlicher.
- Innerhalb differierender Zeilen erscheinen die unterschiedlichen Teile nochmals extra farblich hervorgehoben.

Im Allgemeinen wird das Terminalfenster zu schmal sein. Wenn Sie es erst nach dem Start von *vimdiff* groß ziehen, sollten Sie anschließend beide Fenster mittels »Strg/W =« auf gleiche Breite bringen.

Ähnlich wie *gvim* und *evim* ist *vimdiff* nur ein Synonym für *vim*. Beim Start werden spezielle Optionen gesetzt, unter anderem die Faltungsmethode »`diff`« und die Option »`scrollbind`«. Vier spezielle Farbgruppen bestimmen wesentlich das Aussehen:

DiffAdd hinzugefügte Zeilen

DiffChange geänderte Zeilen

DiffDelete fehlende Zeilen

DiffText unterschiedliche Textstellen in geänderten Zeilen

Zumindest auf grafischen Oberflächen unter Linux (acht Farben, Option »`t_Co`« hat den Wert 8) erscheinen hinzugefügte Zeilen fast unlesbar, weil mit schwarzer Schrift auf dunkelblauem Grund. Das können Sie leicht ändern, wenn Sie in `.vimrc` eine Zeile

```
hi DiffAdd ctermfg=7
```

einfügen – hellgraue Schrift auf dunkelblauem Grund ist gut lesbar. Zwar kann man Optionen speziell für den »Diff-Modus« setzen (Test auf die Option »`diff`«), aber diese Farbgruppe wird wahrscheinlich ohnehin nur für *vimdiff* verwendet werden. Zur Arbeit noch einige Tipps:

- *vimdiff* verhält sich wie *vim* mit eingeschalteter Faltung und gesplittetem Fenster. Wenn Sie die Faltungen in einem Fenster öffnen, müssen Sie das auch im anderen tun – nur das Rollen ist synchronisiert. Sie dürfen in beiden Fenstern editieren, und die Anzeige der Differenzen verändert sich dabei in der Regel nach Abschluss der Änderung. So können Sie zwei Programmversionen Schritt für Schritt angleichen: Eine komplizierte Aufgabe, für die das Tool *vimdiff* wie geschaffen ist.
- Zum Verlassen müssen Sie »`:qa`« eingeben (oder zweimal »`:q`«).
- *vimdiff* schafft sogar noch den Vergleich von drei und vier Dateien untereinander (nur der Bildschirm i. Allg. nicht mehr ...).

- Mit der Option **»diffopt«** können Sie einige Einstellungen für *vimdiff* vornehmen, u.a.:

`diffopt=context:`*n*	*n* Zeilen Kontext vor und nach Faltungen anzeigen (Standard: 3)
`diffopt=iwhite`	Leerräume wie ein Zeichen behandeln
`diffopt=icase`	nicht zwischen Groß- und Kleinschreibung unterscheiden

  Mehrere Werte müssen durch Kommata getrennt werden: »`dip=iwhite,icase`« (diese Kombination nutze ich bevorzugt)

  ```
  »diffopt=iwhite,context:2«
  ```

- Die Kommandos »`[c`« und »`]c`« springen direkt zwischen Änderungen hin und her; die vier Kommandos »`:diffget`«, »`:diffput`«, »`:do`« und »`:dp`« übertragen Änderungen direkt von einem Puffer in den anderen.
- Besonders praktisch ist folgender Befehl, der von *vim* aus zu starten ist:

  ```
  :diffpatch patchdatei
  ```

  Die angegebene Patchdatei wird auf den aktuellen Puffer angewandt und *vimdiff* für alten und neuen Inhalt gestartet. Der Patch darf sich nur auf die Datei im aktuellen Puffer beziehen, sonst ist das Ergebnis undefiniert. Die Option »`patchexpr`« beschreibt das dabei verwendete Programm (standardmäßig wird das UNIX-Programm *patch* ausgeführt). Beliebiger »Missbrauch«, ähnlich wie im Quickfix-Modus, ist also denkbar.

vimdiff startet das UNIX-Programm *diff* zur Ermittlung von Differenzen. Wahlweise kann in der Option »`diffexpr`« auch ein anderes Tool angegeben werden, doch das Ausgabeformat muss bestimmten Regeln genügen. Ein anderes Programm als *diff* kann dennoch sinnvoll sein, weil *diff* nicht immer ganz korrekt arbeitet. *vimdiff* leistet aber ohnehin mehr, denn es erkennt auch die geänderten Teile in geänderten Zeilen.

Deutlich genauer als *vimdiff* arbeitet mein C-Programm **wordcmp**, das in zwei unterschiedlich formatierten Texten nur reine Wörter (also Folgen von Buchstaben) vergleicht. Bei verschiedenen Umbrüchen ist jedes zeilenweise vergleichende Programm überfordert. Den Quelltext können Sie sich gern von der Homepage zu diesem Buch herunterladen; die Dokumentation ist darin enthalten. Autoren, die redaktionell korrigierte Texte mit dem Original unter Zeitdruck vergleichen müssen, lernen dieses Werkzeug schnell schätzen.

6.13 Python und Perl

Die Skriptsprache von *vim* ist zwar im Prinzip recht einfach, trotzdem ist *vim*-Programmierung oft sehr mühsam. Es sind nicht zuletzt unglückliche Entwurfskonzepte, die für Ärger sorgen. Allein die inkonsistenten Regeln für Kommentare und für das Unterbringen mehrerer Befehle auf einer Zeile mit »|« treiben wohl jeden irgendwann zur Weißglut. Sicherlich sind solche Design-Entscheidungen meist der Kompatibilität zu *vi* geschuldet, doch das ändert nichts an den Schwierigkeiten. Für komplexere Aufgaben ist zum Glück eine vielversprechende Lösung in Sicht: Die Anbindung an bewährte Skriptsprachen wie *Perl* und *Python*, wobei mir Python als das logischere Konzept erscheint und daher hier bevorzugt dargestellt wird.

6.13.1 Python-Einbindung

Hilfe dazu unter »`:help python`«.

Auf den ersten Blick mag Python etwas exotisch erscheinen, vor allem weil die Verschachtelungstiefe durch Einrückungen bestimmt wird und nicht durch »`if ... endif`« oder »`{...}`« wie in anderen Sprachen. Auf den zweiten Blick ist die Sprache erstaunlich klein und gut durchdacht. Sie beherrscht neben Arithmetik und Stringverarbeitung eine ziemlich effektive Listenverarbeitung, sie kennt Objekte (Klassen) und ist durch Module fast beliebig erweiterbar. Auch die Performance ist erstaunlich hoch. Gleichzeitig ist sie nicht so »tolerant« wie Perl und Shell, das heißt, sie ahndet die meisten Fehler sofort und verkürzt damit die Entwicklungszeiten beträchtlich.

Meine Empfehlung für den Einstieg ist das Buch von Beazley [BEAZ], das als Einführung wie als Referenz dienen kann, vor allem aber die mit Python gelieferte HTML-Dokumentation. Um Python unter *vim* zu nutzen, müssen Sie den Editor wahrscheinlich selbst übersetzen, was nicht immer ganz einfach ist. Wichtige Hinweise dazu finden Sie in 9.2.3.

Das Sprach-Interface lässt sich auf drei Arten nutzen:

- **`:python`** *`command`* (Kurzform »`:py` *`command`*«) Das Python-Kommando *command* wird ausgeführt (dazu gleich mehr).
- **`:pyfile`** *`dateiname`* (Kurzform »`:pyf` *`dateiname`*«) Ein Python-Skript aus einer Datei wird ausgeführt.
- **`:python <<END`** Die folgenden Zeilen bis zu einer nicht eingerückten Zeile mit dem Inhalt »`END`« werden als Python-Skript interpretiert. Dies entspricht den von der Shell her bekannten here-Dokumenten. Achten Sie auf die Einrückungen – insbesondere darf die erste Anweisung nicht eingerückt sein!

Das Interface verhält sich allerdings völlig anders als über »`:! ...`« oder »`system()`« gestartete externe Kommandos, bei denen jedes Mal eine neue Shell gestartet wird. So liefert

```
:! a=Hello; echo $a
```

erwartungsgemäß die Ausgabe »Hello«, während

```
:! a=Hello
:! echo $a
```

keine Wirkung zeigt: Schließlich wird die Shell-Variable a in zwei ganz verschiedenen Umgebungen angesprochen, in der zweiten ist sie gar nicht definiert. Anders bei Python:

```
:py a = [ "eins", "zwei", "drei" ]
:py a[1] = "zwo"
:py print a
['eins', 'zwo', 'drei']
```

Beim ersten Aufruf von Python (der deswegen etwas länger dauert) wird eine Umgebung erzeugt, auf die sich alle folgenden Kommandos beziehen (genauer: Der Interpreter wird in *vim* eingebettet). Wenn Sie nacheinander mehrere Python-Befehle mit »:py ...« ausführen, dann hat das eine ähnliche Wirkung, als würden Sie die Befehle direkt unter dem Python-Interpreter ausführen.

Der Unterschied zur Arbeit nur unter dem Python-Interpreter besteht im Python-Objekt vim, über das die Befehle mit dem Editor kommunizieren. Bevor Sie darauf zugreifen können, müssen Sie den Befehl

```
:py import vim
```

geben, um das vim-Modul zu laden. Das Objekt enthält einen Ausnahmetyp, zwei Methoden und drei als Konstanten zu behandelnde Objekte:

Methode vim.command(str):

Ausführen des *ex*-Kommandos *str*. Kein Rückgabewert. Beispiel: Schreiben Sie die folgenden beiden Zeilen in eine Datei, deren Name nicht auf ».py« endet:

```
import vim
vim.command("set ft=python")
```

Beim Editieren dieser Datei kann *vim* den Dateityp nicht erkennen, die Schrift bleibt schwarz. Nun führen Sie das Skript mit »`:pyf %`« aus (das Prozentzeichen wird von *vim* zum aktuellen Dateinamen umgewandelt). Die Darstellung sollte farbig werden (natürlich nur, wenn die Syntaxerkennung eingeschaltet ist, vgl. 6.9.1).

Methode vim.eval(str):

Auswerten des *vim*-Ausdrucks `str`, Rückgabe des Ergebnisses. Beispiel:

```
:py import vim
:py print '"' + vim.eval("@/") + '"'
```

Das zuletzt verwendete Suchmuster wird ausgegeben, eingerahmt von Anführungszeichen.

Objekte vim.buffers und vim.windows:

Das sind Listen, deren Elemente die geladenen Puffer bzw. geöffneten Fenster sind. Wenn nur ein Puffer in nur einem Fenster geladen ist, dann beinhaltet `vim.buffers[0]` das Gleiche wie `vim.current.buffer` und `vim.windows[0]` das Gleiche wie `vim.current.window` – vgl. den nächsten Punkt.

Objekt vim.current:

Dies ist ein Objekt, dessen Attribute den Zugriff auf *vim*-Daten ermöglichen:

vim.current.line	die aktuelle Zeile als Zeichenkette
vim.current.buffer	der aktuelle Puffer
vim.current.window	das aktuelle Fenster
vim.current.range	der beim Aufruf angegebene Bereich

- Das erste Attribut **line** ist eine Zeichenkette. Eine Zuweisung wirkt sich unmittelbar auf den *vim*-Puffer aus. Beispiel: Editieren Sie folgenden Text und speichern Sie ihn in eine Datei:

```
import vim
import string

# eins zwei drei
l = vim.current.line
ll = string.split(l)
ll.reverse()
vim.current.line = string.join(ll)
```

  Nun setzen Sie den Cursor in die Kommentarzeile und geben »`:pyf %`« ein, das heißt, Sie führen die Datei aus. Aus der Kommentarzeile wird »`drei zwei eins #`«.

- Das zweite Attribut **buffer** ist eine Liste von Zeichenketten, deren Elemente die Zeilen des aktuellen Puffers sind. Das folgende Beispiel kann wie das vorige editiert, gerettet und mit »`:pyf %`« ausgeführt werden:

```
import vim
import string

for i in vim.current.buffer:
    print string.upper(i)
```

  Der Bildschirminhalt wird in Großbuchstaben ausgegeben (der Puffer jedoch nicht verändert).

  Pufferobjekte haben ein Attribut **»name«** implementiert (den Puffernamen) und vor allem **drei Methoden**:

  append(*strlist*) Eine Zeichenkette oder eine Liste von Zeichenketten an den Puffer anhängen (also nach der letzten Zeile einfügen).

mark(*name*) Die Position `(Zeile,Spalte)` der Marke *name* wird als Tupel zurückgeben (`None`, falls die Marke nicht existiert).

range(*beg,end*) Ein Bereichsobjekt (*slice*) der Zeilen von *beg* bis *end* wird zurückgegeben.

Zu beachten ist, dass hierbei die *vim*-Zeilennummern verwendet werden, die mit 1 beginnen. Spaltennummern hingegen beziehen sich auf Indizes in Python-Zeichenketten und starten daher mit 0, wie in den meisten Sprachen üblich. Beispiel: Setzen Sie in einem Text eine Marke `a` (mit »`ma`«) in die ersten Spalte der ersten Zeile. Nach einem eventuellen »`:py import vim`« geben Sie das Kommando

```
:py print vim.current.buffer.mark("a")
```

und erhalten das Ergebnis (1,0).

- Das dritte Attribut **window** ist ein Fensterobjekt und hat wiederum vier Attribute:

  buffer der zum Fenster gehörige Puffer

  cursor die aktuelle Cursorposition als Tupel `(Zeile,Spalte)` (Zeile beginnt bei 1, Spalte bei 0!)

  width, height Höhe und Breite des Fensters in Spalten/Zeilen

  Zwei Beispiele, die wie oben von *vim* aus mit »`:pyf %`« gestartet werden können, zeigen die Anwendung in der Praxis:

```
import vim

vim.command("split")
for i in range(1, vim.current.window.height):
    vim.current.window.height -= 1
    vim.command("redraw|sleep 1")
```

  Hier verringert sich die Höhe des oberen Fensters schrittweise. Beim zweiten Beispiel wird ein Bildschirmbereich mäanderförmig mit »x« gefüllt (das lässt sich mit einem einzige Undo »u« wieder rückgängig machen):

```
import vim

R = range(len(vim.current.buffer))

for col in range(3):
    for row in R:
        vim.current.window.cursor = (row+1,col)
        vim.command("normal r*")
        vim.command("redraw|sleep 1")
    R.reverse
```

- Das vierte Attribut **range** schließlich schneidet einen Teilbereich (*slice*) aus einem buffer-Objekt heraus. Derartige range-Objekte haben keinen Namen und kennen nur die Methode **append()**. Standardmäßig umfasst der Bereich nur die aktuelle Zeile. Sie können das selbst leicht nachprüfen mit den Kommandos

```
:py print vim.current.range
:%py print vim.current.range
```

  Der Bereich der Zeilennummern wird dabei als Tupel `(Zeile1, Zeile2)` ausgegeben.

Ausnahme vim.error:

Das ist der Ausnahmetyp, der bei *vim*-Fehlern geworfen wird. Er ist mit »`except vim.error:`« zu fangen:

```
import vim

try:
    vim.command("echo undefined")
except vim.error:
    print "irgendwas ist schiefgelaufen"
```

Die Fehlermeldung des echo-Befehls, dass die Variable »undefined« nicht definiert sei, erscheint wie üblich, aber zusätzlich »irgendwas ist schiefgelaufen«. Werten Sie die interne Variable v:errmsg über vim.eval() aus, wenn Sie »intelligent« auf den Fehler reagieren wollen (die in Python übliche Konstruktion »except vim.error, e:« funktioniert hier nicht, »e« wird nicht belegt).

Ein- und Ausgabe

Normale Python-Ausgaben erscheinen wie normale Ausgaben von *vim*-Skripten (etwa durch »echo«), Ausgaben auf stderr hingegen in der Farbgruppe ErrorMsg, insbesondere Fehlermeldungen des Python-Interpreters. Selbst können Sie das z.B. wie in folgendem Skript steuern:

```
import sys

a = "Sonntag, der 32.Mai"
print a
sys.stderr.write("Illegale Datumsangabe: " + a)
```

Die übliche Eingabe raw_input() funktioniert dagegen nicht – ein eventueller Prompt erscheint nicht, und Sie tippen blind und müssen unter UNIX mit »Strg/J« abschließen, nicht mit ENTER. Offenbar ist das Terminal in einen Raw-Modus versetzt. Das Problem lässt sich zumindest für Dialoge leicht umgehen:

```
a = vim.eval('input("Ich bitte um eine Eingabe: ")')
print a
```

Möglichkeiten und Grenzen

Python ist eine moderne Interpretersprache, die von ihrer Abstraktion, Effizienz und Erweiterbarkeit her auch für komplexere Aufgaben geeignet ist. Die überschaubare Schnittstelle zu *vim* erlaubt, so ziemlich jede denkbare Textmanipulation lieber mit einem Python-Skript vorzunehmen, statt sich mit der teilweise etwas eigenwilligen Syntax von *vim*-Skripten herumzuschlagen. Bei schwierigeren Problemen ist das sicherlich angeraten. Vor allem gibt es schon unzählige fertige Python-Module für Netzwerkarbeit, Codierung, Systemverwaltung, mathematische Berechnungen, XML-Verarbeitung, E-Mail ... wenn Sie das nötige Geschick und die Ausrüstung haben, können Sie bestimmt auch Ihren Geschirrspüler über die Python-Schnittstelle von *vim* steuern.

Aber vergessen Sie nicht, dass *vim* eigentlich ein Editor ist, der zum intelligenten Bearbeiten von Texten entworfen wurde. Zum Mailen gibt es Programme, die das von Haus aus besser bringen. »*small is beautiful*« hieß doch das heute oft vergessene Motto aus der Anfangszeit von UNIX: Jedes Werkzeug hat seine Aufgabe, die es zur Zufriedenheit lösen soll, und für komplexere, nicht vorhergesehene Probleme findet sich dann immer etwas in dem Werkzeugkasten. Der Einsatz eines Python-Skripts unter *vim* sollte also seine Berechtigung haben und die Funktionalität des Editors sinnvoll erweitern, nicht jedoch ihn zu einem anderen Produkt umfunktionieren.

Python-Skripte sind portabel, doch die Einbindung von Python in *vim* erfordert extra Installations- und Übersetzungsarbeit. Einen attraktiven Zehnzeiler als *vim*-Skript kann dagegen fast jeder *vim*-Nutzer sofort anwenden.

6.13.2 Perl-Einbindung

Hilfe dazu unter »`:help perl`«.

Perl-Befehle werden ähnlich zu Python von *vim* aus gestartet:

- `:perl` *`command`* (Kurzform »`:pe` *`command`*«) Das Perl-Kommando *command* wird ausgeführt. Das aktuelle Paket heißt wie beim Perl-Interpreter »`main`«, und die Umgebung bleibt zwischen einzelnen Kommandos wie beim Python-Interface von *vim* erhalten.

- *Bereich* **`perldo`** *`command`* Das Perl-Kommando *command* wird für jede Zeile im angegebenen Bereich ausgeführt.
- **`:perl <<END`** Die folgenden Zeilen bis zu einer nicht eingerückten Zeile mit dem Inhalt »`END`« werden als Perl-Skript interpretiert.

Das Objekt, das die Verbindung zum Editor herstellt, heißt hier **VIM** und braucht im Unterschied zu Python nicht erst geladen zu werden. Auch unter Perl kann man *vim*-Befehle ausführen und *vim*-Ausdrücke auswerten lassen:

```
:perl VIM::DoCommand("normal A Elefant\e")
```

hängt einen Elefanten an die aktuelle Zeile an (zur Erinnerung: »`\e`« ist das Escape-Zeichen), und

```
:perl ($ret, $name) = VIM::Eval("expand('%')");
   \ print "\n", $name, "\n"
```

zeigt den aktuellen Dateinamen an (der Wert von »`ret`« ist gleich 1 bei Erfolg, 0 bei Fehler). Die Methode »**`VIM::SetOption`**`(`*`argument`*`)`« ist eigentlich überflüssig, da man den gleichen Effekt sowohl mit »`VIM::Eval("set ...")`« als auch mit »`VIM::DoCommand("let &hls=...")`« erreichen kann. Die Methode »**`VIM::Msg`**`(`*`message, group`*`)`«, die eine Nachricht *message* in der Farbgruppe *group* ausgibt, ist dagegen sinnvoll, weil die Perl-Anweisung »`print`« den Bildschirm durcheinander bringt und nicht mit *vim* kooperiert (es folgt kein Prompt nach einer mehrzeiligen Ausgabe, und das Terminal wird im Raw-Modus betrieben).

Analog zu Python erlauben die Listen »**VIM::Buffers(...)**« und »**VIM::Windows(...)**« den Zugriff auf Puffer- und Fensterobjekte. Die aktuellen Werte für Puffer und Fenster stehen in **$main::curbuf** und **$main::curwin**.

Folgende Methoden sind für Puffer- und Fensterobjekte implementiert:

b->Name()	gibt den Namen des Puffers **b** zurück
b->Number()	gibt die Nummer des Puffers **b** zurück
b->Count()	gibt die Zeilenzahl des Puffers **b** zurück
b->Get(num,...)	gibt angegebene(n) Zeile(n) des Puffers **b** zurück
b->Delete(num,...)	löscht eine Zeile oder einen Bereich des Puffers **b**
b->Append(num, line, ...)	hängt Zeilen an die Zeile **num** des Puffers **b** an
b->Set(num, line, ...)	ersetzt eine oder mehrere Zeilen im Puffer **b**
w->Buffer()	gibt das zum Fenster **w** gehörige Pufferobjekt zurück
w->SetHeight(h)	setzt die Höhe des Fensters **w**
w->Cursor([Zeile, Spalte])	setzt den Cursor imFenster **w** oder gibt (wenn keine Argumente angegeben) dessen Position zurück

Wenn Sie Perl beherrschen, können Sie mit diesem Interface wahrscheinlich leben. Zwar gibt es offenbar kein zu »`pyfile`« analoges Kommando, das heißt man muss ein *vim*-Skript schreiben und darin die Perl-Anweisungen per Here-Dokument (»`...<< END`«) einbetten (oder Sie arbeiten mit »`:perl exec(...)`«), zwar zerstört eine Perl-Ausgabe schnell einmal den Bildschirminhalt (ziehen Sie deswegen »`VIM::Msg()`« vor), und manches wirkt ein wenig umständlicher als bei Python, aber vermutlich lässt sich jede in Python lösbare *vim*-Aufgabe ebenso in Perl erledigen. Markenpositionen muss man dann eben über die *vim*-Funktionen `col()`, `virtcol()` und `line()` sowie

VIM::Eval() herausfinden, und Operationen auf Bereichen werden etwas aufwändiger, gehen aber auch.

6.14 Jonglieren mit Dateinamen: expand(), <sfile> und andere

Hilfe dazu unter »:help cmdline-special«, »:help expand«.

Ähnlich wie das Prozentzeichen »%« bei der Bereichsangabe den gesamten Puffer auswählt, expandiert es in der Kommandozeile zum aktuellen Dateinamen, allerdings nur an den Stellen, wo ein Dateiname erwartet wird:

```
:!ls -l %
```

listet also die aktuelle Datei, während

```
:echo %
```

einen Fehler ergibt. Ich rate wegen möglicher Zweifelsfälle zur Funktion »expand()«, die mit »%«, »#« und »<« beginnende Zeichenketten wie folgt deutet (die vollständige Übersicht findet sich auf o.g. Hilfeseiten):

%	der aktuelle Dateiname, so wie beim Aufruf angegeben
#	analog der Dateiname für den alternativen Puffer (in den man mit »Strg/^« wechselt)
#*n*	Dateiname von Puffer Nr. *n* (beginnend mit 1)
##	alle Dateinamen aus der Aufrufzeile, durch Leerzeichen getrennt
<cword>	das Wort unter dem Cursor; Wort im Sinne von C (»:help word«)

<cWORD>	das Wort unter dem Cursor; Wort im Sinne der Shell (durch Leerzeichen/Tabulator usw. begrenzt, vgl. »`:help WORD`«)
<cfile>	Dateiname unter dem Cursor (bestimmt durch die Option »`isfname`«)
<afile>	Dateiname beim Ausführen eines Autokommandos
<sfile>	Dateiname beim Einlesen eines Skripts per »`:so`«; beim Ausführen von Funktionen deren Namen (s.u.)

Als Beispiel betrachten wir folgendes Skript:

```
function! F1()
  call F2()
endf

function! F2()
  call F3()
endf

function! F3()
  echo expand("<sfile>")
endf

echo expand("<sfile>")
call F1()
```

Die Ausgabe beim Ausführen mittels »`:so t.vim`« erscheint auf dem Bildschirm:

```
home/wobst/tmp/t.vim
function F1..F2..F3
```

Entstehende Dateinamen können mit speziellen **Modifikatoren** verändert werden. Dazu hängt man an das Argument von »`expand()`«

einen Doppelpunkt und dann Zeichen aus der Tabelle unten an. Beispielsweise expandiert »%:p« zum vollständigen Pfadnamen der aktuellen Datei.

In der folgenden Tabelle ist in Klammern das Ergebnis von »:echo expand("%:*xxx*")« angegeben (*xxx* = Zeichen in der linken Spalte), wenn »t.vim« in »/home/wobst/tmp« editiert wird:

p	(*path*) vollständiger Pfadname (»/home/wobst/tmp/t.vim«)
h	(*head*) Pfadname des Verzeichnisses (»%:p:h« ergibt »/home/wobst/tmp«)
t	(*tail*) Dateiname ohne Verzeichnis (»t.vim«)
r	(*root*) Dateiname ohne Suffix (»t«)
e	(*extension*) Suffix des Dateinamens (»vim«)
~	(Tilde) wie »:p«, aber relativ zu $HOME (»~/tmp/t.vim«)
.	(Punkt) Dateiname relativ zu aktuellem Verzeichnis (»t.vim«)
8	Dateiname konvertiert auf 8.3-Format (DOS) (»t.vim«)
s/pat/repl/	einmalige Substitution eines Musters *pat* (»%:s/vim/bim/« ergibt »t.bim«)
gs/pat/repl/	Substitution überall im Namen (»%:gs/[tv]/B/« ergibt »B.Bim«)

Wie das Beispiel »h« zeigte, können mehrere Modifikatoren nacheinander verwendet werden. Sicherlich lassen sich alle beschriebenen Modifikatoren auch unschwierig als *vim*-Funktion schreiben, doch die vorgestellte Form ist deutlich kürzer und wird in Skripten häufig verwendet. Sie sollten sie also zumindest kennen.

6.15 Das netrw-PlugIn (vim7)

Hilfe dazu unter »:help netrw«.

6.15.1 Arbeiten über das Netzwerk

Transparente Arbeit über ein Netzwerk, also fast wie auf dem lokalen Rechner, ist unter UNIX seit den frühen 80er Jahren üblich. *vim* bietet mit der Version 7 ein standardmäßig installiertes PlugIn *netrw* an, das sich nahtlos in diese Philosophie einfügt. Um eine Datei auf einem anderen Rechner zu bearbeiten, muss man sie üblicherweise auf den lokalen kopieren, dort bearbeiten und danach zurückkopieren. Oder aber man startet z.B. mittels Secure Shell *ssh* einen Editor auf dem entfernten Rechner. Das *netrw*-PlugIn erlaubt nun Kommandozeilen der Form

```
vi scp://Kathrin/.profile
vi ftp://Cotopaxi@Manina/Simone/Gudrun.txt
```

Die erste Zeile editiert die Datei `$HOME/.profile` auf dem Rechner `Kathrin`, die zweite die Datei `Simone/Gudrun.txt` des Nutzers `Cotopaxi` auf dem Rechner `Manina`.

Vorausgesetzt wird hierbei, dass der andere Rechner das entsprechende Protokoll unterstützt, im ersten Fall also das Protokoll *ssh* der Secure Shell, was unter Linux standardmäßig der Fall ist (Näheres zur Secure Shell finden Sie in jedem Linux/UNIX-Administrationshandbuch und auf der Manualseite, die Sie mit »man ssh« aufrufen). Mit der *ssh* sind Sie im Unterschied zu *ftp* sogar auf der sicheren Seite: Diese Verbindung ist wirklich abhörfest. Allerdings wird sowohl beim Öffnen als auch bei jeder Schreiboperation Ihr Passwort auf dem anderen Rechner abgefragt. Bequemer ist hier ein passwortfreies Login – dazu verweise ich Sie wieder auf die Literatur (bzw. auf die o.g. Hilfeseite, genauer: »`:help netrw-listhack`«).

Nicht nur das ssh-Protokoll wird unterstützt – hier eine Auswahl einiger Protokolle:

fetch	Protokoll zum Abholen von Email
ftp	Zugriff auf einen ftp-Server
http	Zugriff auf Webserver mit `fetch` oder `wget`
rcp	remote copy, unsicher!
rsync	Datenabgleich über das Netz (häufig für Backup verwendet)
scp	Zugriff über Secure Shell (unter Windows z.B. von `PuTTY` unterstützt)

Es gibt dabei einige Feinheiten zu beachten. So unterstützen die Protokolle `http` und `fetch` derzeit nur das Lesen, nicht das Schreiben. Beim Zugriff mit `ftp` wie auch mit `scp` wird das Passwort abgefragt, bei `ftp` ebenso der Nutzername. Netzwerk-Fehlermeldungen werden oft durch *vim* überschrieben, der auch bei fehlgeschlagener Verbindung startet (das trifft zumindest noch für die Version *vim7.1* zu). Um `scp`-Zugriff unter Windows zu nutzen, muss `PuTTY` installiert sein. Mehr Informationen dazu, ebenso zu speziellen Variablen und ex-Befehlen, erhalten Sie auf der eingangs genannten, sehr umfangreichen Hilfeseite.

6.15.2 Wandern durch Verzeichnisse

Besonders bequem zu nutzen ist ein Feature von `netrw`, das mit dem vorigen Abschnitt nur bedingt zusammenhängt: *vim* kann jetzt auch Verzeichnisse »editieren«. Die Anwendung ist außerordentlich einfach. Sobald die angegebene Datei ein Verzeichnis ist, bietet sich ein Bild wie in Abb. 6.2.

Sie brauchen nur mit dem Cursor auf ein Verzeichnis zu fahren, ENTER zu drücken, und schon wechseln Sie in dieses Verzeichnis. Steht der Cursor auf einer Datei, wird diese editiert. Allerdings kommen Sie dann nicht wieder zurück. Um sich diese Hintertür offen zu lassen, drücken Sie nicht ENTER, sondern »P«: Dann wird das Fenster geteilt, und mit Strg/W+Cursortaste auf/ab können Sie wie üblich zwischen beiden Fenstern wechseln.

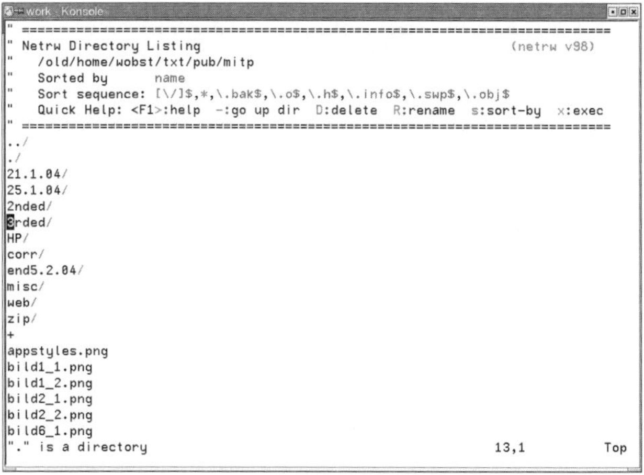

Abbildung 6.2: Das Navigieren in Verzeichnissen wird mit vim7 ganz einfach.

Das alles funktioniert auch über das Netz, sofern Sie als Protokoll scp oder ftp angeben. Damit können Sie Dateien scheinbar direkt auf einem ftp-Server editieren (in Wirklichkeit wird natürlich eine lokale Kopie bearbeitet und zurückgeschrieben, mit allen Gefahren der gleichzeitigen Bearbeitung durch mehrere Anwender).

Es gibt noch viele Extras, z.B. das Verstecken von Dateien (»help netrw-a«): Geben Sie mit Strg/H ein Muster an (z.B. ».*\.jpg«), und mit der Taste »A« können Sie zwischen Verbergen von Dateien dieses Namens, Anzeigen ausschließlich dieser Dateien oder Anzeigen aller Dateien wechseln.

Um den Rahmen dieses Büchleins nicht zu sprengen, empfehle ich Ihnen wiederum die übersichtliche, umfangreiche Hilfeseite zu »netrw«. Ein ausgereiftes Werkzeug wie den populären Midnight Commander will *vim* damit nicht ersetzen, aber das neue PlugIn kann die tägliche Arbeit dennoch erleichtern.

6.16 Arbeit mit zip- und tar-Archiven (vim7)

Hilfe dazu unter »:help zip« und »:help tar«.

Auch dieser Punkt kann sehr kurz gehalten werden: zip- und tar-Archive lassen sich ähnlich einfach betrachten und bearbeiten wie das unter 6.15.2 beschriebene Browsen von Verzeichnissen. Wenden Sie *vim* einfach auf ein solches Archiv an, und Sie bekommen dessen Inhalt angezeigt. Positionieren Sie den Cursor auf eine Datei, drücken Sie ENTER, und Sie können sie bearbeiten.

Gegenwärtig ist es noch nicht möglich, Dateien zum Archiv hinzuzufügen. Wünschenswert wäre auch ein PlugIn für die in der Linux-Szene zwar weniger populären, aber gegenüber tar kompakteren und flexibler zu handhabenden cpio-Archive, die vor allem bei Backups nützlich sind.

7 vim in der Praxis

Nach sechs harten Kapiteln Pflicht kommen wir nun zur Kür: Einige ausgewählte Themen sollen praxisnah zeigen, wo die vorgestellten Fähigkeiten nützlich sein können und wie Anwendungen implementiert sind. Die meisten Skripte sind nicht sehr lang. Daher erlaube ich mir den Luxus, manche detailliert zu erklären. Nicht zu vermeiden ist, dass dabei einige bisher nicht behandelte Sprachelemente vorkommen. Doch dieses Buch wurde ja ohnehin nicht als systematisches Lehrbuch konzipiert (ein vollständiges *vim*-Buch wäre mindestens doppelt so groß und doppelt so dick).

Alle Skripte stehen auf der Webseite zum Buch zur uneingeschränkten Nutzung zur Verfügung (vgl. Vorwort).

7.1 Automatismen kontra »Handarbeit«

Es ist angenehm, wenn C-Programme ohne Vorarbeit mit Syntaxfarben versehen und Zitatzeichen »>« in Mails beim Umformatieren erhalten bleiben. Das ist der automatischen Dateityperkennung zu verdanken. Ein »`filetype on`« in einer Konfigurationsdatei reicht dazu aus. Auf der anderen Seite ärgerte mich beim Laden eines harmlosen Textes eine notorische Fehlermeldung über angebliche illegale Optionen – aber ich hatte in `.vimrc` doch gar nichts verändert? Rein zufällig stand in der ersten Zeile ein »`vim:`«, und damit wurde diese als Modeline (6.6) interpretiert. Von diesem Automatismus wusste ich damals noch nichts, was mich einige Zeit kostete. Ein Übermaß an Automatismen richtet meist mehr Schaden als Nutzen an. Makrovirengeplagte Windows-Nutzer dürften an dieser Stelle zustimmend nicken.

Es ist also keine gute Idee, gleich alle Erweiterungen als PlugIn zu schreiben. Wenn ich mir eine häufige Arbeit wie das Editieren eines C-Quelltextes oder eines normalen Textes vornehme, dann weiß ich das in der Regel vorher und kann ebenso ein anderes Kommando als »vim« angeben, falls bestimme Features gebraucht werden.

Um beim Aufruf von *vim* andere Kommandos als beim Standard-Aufruf auszuführen, gibt es zwei Möglichkeiten: Über die Umgebungsvariable VIMINIT oder über Kommandozeilenargumente. Bei der VIMINIT-Variante sind bekanntlich zwei Fallstricke zu beachten: Zum Ersten wird bei gesetztem VIMINIT die Datei .vimrc nicht automatisch gelesen, und zum Zweiten lassen sich nicht alle Befehle mit »|« verketten und somit in VIMINIT unterbringen. Das erste Problem kann man mit einem »so ~/.vimrc | ...« am Anfang lösen, das zweite nur sehr schlecht. Die zweckmäßigste Methode der Initialisierung ist wahrscheinlich die aus dem Shellskript less.sh (7.8), das im Prinzip nur folgende Zeile enthält:

```
vim -c 'so $VIMRUNTIME/macros/less.vim' "$@"
```

Ebenso lässt sich das Ganze auch als Alias-Anweisung der Shell formulieren, z.B.

```
alias viless="vim -c 'so $VIMRUNTIME/macros/less.vim'"
```

Jedoch sind Aliase nicht ganz unproblematisch: Sie sind nur bedingt »exportierbar« (unter der Kornshell), überschreiben Shellfunktionen u.a.m. Ich finde die kleinen Shellskripte einfacher und unproblematischer.

Das hier angegebene Skript wird allerdings als letztes bei der Initialisierung ausgeführt. Ist dies nicht gewünscht, dann kann man den »source«-Befehl auch in VIMINIT unterbringen:

```
VIMINIT="so $HOME/.vim/inits/vic.vim" vim "$@"
```

– und in vic.vim als erstes »so $HOME/.vimrc«.

7.2 Zwei kleine Beispiele: Text formatieren und C-Programme editieren

viw: Text formatieren

Einen Großteil aller Texte schreibe ich mit *vim*. Wenn das Layout schon beim ersten Entwurf eine Rolle spielt wie bei diesem Buch, sind natürlich Textverarbeitungen wie OpenOffice/StarOffice, LaTeX oder Word angebracht, doch die meisten Texte will der Empfänger auch als Text erhalten: Artikel für Zeitschriften etwa und nicht zuletzt Mails (dort disqualifizieren Word-Dateien den Absender; interessanterweise hat mir noch niemand einen einfachen Text als OpenOffice-Dokument geschickt, nur im Word-Format ...).

Beim häufigen Umsortieren von Textteilen und Ergänzen entstehen oft Zeilenbruchstücke wie auch überlange Zeilen. Zum Glück formatiert das Kommando »`gqap`« einen von Leerzeilen bzw. Dateianfang/-ende eingefassten Absatz (s. 6.7.3). Ein Ärgernis dabei ist jedoch, dass jeder Bindestrich am Zeilenanfang als Anstrich einer Liste aufgefasst wird und die folgenden Zeilen nach der Formatierung eingerückt erscheinen. Erst ein Studium der Option »`comments`« hilft hier weiter. Für einfache Texte kann man sie auf einen leeren Wert setzen. Außerdem lege ich mir den Befehl »`gqap`« auf eine Funktionstaste, um Tipparbeit zu sparen. Für diese zwei Befehle lohnt keine mit »`:source`« zu ladende Datei, man bringt sie gleich in der Aufrufzeile mit unter. Das Shellskript **viw** sieht so aus:

```
#!/bin/sh
vim -c "nmap <F1> gqap" -c "set comments=" "$@"
```

Man könnte ebenso mit `VIMINIT` arbeiten, aber dann würde die Syntaxerkennung erst nach Auswertung der Variablen durchgeführt, und wahrscheinlich setzt sie wieder einen Wert für »`comment`«.

Das Skript ist auch hilfreich, wenn Sie Fließtext (eine überlange Zeile pro Absatz) in lesbaren Text umwandeln wollen. Ein Gegenstück dazu liefert die Funktion `Mkfliess()` aus 5.8.

vic: C-Programme editieren

Normalerweise arbeitet *vim* bei C-Programmen gleich mit den »richtigen« Voreinstellungen. Allerdings habe ich meine eigenen Vorstellungen vom Layout der Programme, möchte also die Option »`cinoptions`« auf einen anderen Wert setzen. Das Shellskript **vic** ist wiederum ein Einzeiler:

```
#!/bin/sh
vim -c 'so $HOME/.vim/myscripts/vic.vim' "$@"
```

Die Datei »`vic.vim`« sieht so aus:

```
set cindent
set cino=f2,>3,{2,=2,l2,g3,h2,p2,+3,(0,:3
set ft=c
```

(Die Wirkung der Faltungsoptionen wurde in 6.8.1 nach »`cinwords`« erklärt.) Sie werden berechtigt fragen, warum ich »`cinoptions`« nicht gleich in `.vimrc` setze, und bemerken, dass die anderen beiden Zeilen überflüssig sind. Im Prinzip ja, aber: Erstens bearbeite ich häufig Dateien in einem C-ähnlichen Format, deren Namen nicht auf »`.c`« endet. Dort versagt die automatische Syntaxerkennung. Zweitens stehen noch weitere Befehle in `vic.vim`, die erst in 7.10. aufgeführt werden.

7.3 Chiffriertes bearbeiten

In diesem Abschnitt lernen Sie ein PlugIn mit Autokommandos kennen, das es erlaubt, mittels *GnuPG* oder *PGP* (symmetrisch) verschlüsselte Dateien direkt mit *vim* zu bearbeiten. Braucht man so etwas, und wenn ja: *vim* hat doch bereits eine eingebaute Verschlüsselung (Kommando »`:X`«)?

Die zweite Frage ist schnell beantwortet. Die eingebaute Verschlüsselung basiert auf der *pkzip*-Chiffrierung, und für diese gibt es sogar ein frei verfügbares Programm, das sie knackt (vgl. [ABKRYPT], 5.7.1). Die meisten freien »Knackprogramme« probieren nur Schlüsselwörter durch, dies hier implementiert eine richtige Kryptanalyse. Außerdem ist das erzeugte Format *vim*-spezifisch, während *GnuPG* und *PGP* den Standard OpenPGP einhalten [OPENPGP]. Das hat zahllose Vorteile: Untersuchung auf Sicherheitslücken, Flexibilität bei der Algorithmenwahl, Komprimierung und vor allem Interoperabilität.

Die Antwort auf die erste Frage lautet »jein«. Kritische Dateien auf Notebooks oder auf der per Post versandten CD sollte man schon schützen, denn Notebooks wie CDs können urplötzlich verschwinden. Bei einem ordentlich aufgesetzten UNIX-System im einigermaßen geschützten betrieblichen Intranet (ohne WLAN-Anbindung) stellt sich die Frage weniger. Aber wenn schützen, dann wie?

Um komplexere Anwendungen mit chiffrierten Dateien zu betreiben, ist ein Kryptofilesystem besser. Manchmal ist das jedoch keine Option (z.B. wenn man nur Nutzer ist und der Administrator es nicht einrichten kann/will), und für nur wenige zu schützende Dateien wäre es Overkill. Falls Sie also nur wenige Texte zu verbergen haben und nicht mit einer größeren Applikation darauf zugreifen, reicht die gewöhnliche, symmetrische Chiffrierung aus. Mit GnuPG ist sie ganz einfach zu erzeugen. Das Kommando

```
gpg -c umsatz.txt
```

fordert zweimal eine Passphrase an und erzeugt die verschlüsselte Datei »`umsatz.txt.gpg`«. Eine Passphrase (bei GnuPG leider »Mantra« genannt) ist eine sinnlose Wortreihe mit möglichst unlogischen Fehlern darin, z.B. »Siemens & Furunckel«. Der Befehl »`gpg umsatz.txt.gpg`« dechiffriert die Datei nach Eingabe der Passphrase wieder und erzeugt `umsatz.txt`.

Hier wird mit dem gleichen Schlüssel chiffriert wie dechiffriert, deswegen spricht man auch von **symmetrischer Verschlüsselung**. GnuPG und PGP sind eher für asymmetrische Verschlüsselung von E-Mails bekannt, die hier jedoch kein Thema ist – siehe [ABKRYPT].

Die im Folgenden vorgestellte Lösung ist einfach zu nutzen:

- Verschlüsseln Sie die Datei anfangs »von Hand« wie gerade beschrieben mit GnuPG oder PGP. Löschen Sie das Original, z.B. mit folgendem Shellskript **wipeout**:

```
#!/bin/ksh

typeset -i cnt

cnt=$(wc -c <$1)
((cnt=(cnt/1024)+2))
yes "glibberish" | dd ibs=1k count=$cnt of=$1 2>/dev/null
sync
rm -f $1
```

  (Sie müssten im Beispiel also schreiben: »`wipeout umsatz.txt`«.) Umsichtiger und zeitraubender arbeitet (falls vorhanden) der Linux-Befehl *shred*, der eine Datei 25-mal überschreibt, um ihre Rekonstruktion auch für Spezialisten zu verhindern. Wenn Sie allerdings ein heute übliches Journaling Filesystem wie XFS oder JFS verwenden, war die Mühe umsonst, denn diese Systeme garantieren nicht mehr das Überschreiben am Ort.

- Sie können die chiffrierte Datei nun ganz normal editieren: »`vim umsatz.txt.gpg`«. Es wird einmal eine Passphrase angefordert. Bei falscher Passphrase erscheint eine Fehlermeldung, *vim* bricht ab. Ansonsten können Sie nun wie gewohnt editieren und anschließend abspeichern (aber nicht zwischendurch, s.u.!). *vim* hat die Passphrase intern noch gespeichert, Sie brauchen sie kein zweites Mal einzugeben.

- Eine Änderung der Passphrase oder das Rückverwandeln in Klartext müssen Sie mit GnuPG oder PGP von Hand vornehmen.

Das PlugIn **crypt.vim** (das Sie in `$HOME/.vim/plugin/` unterbringen können) sieht nun so aus:

```
augroup gpg
  au!
  autocmd BufReadPre *.gpg set binary noswapfile
  autocmd BufRead *.gpg call s:Decrypt()
  autocmd BufWrite *.gpg call s:Encrypt()
augroup END

function s:Decrypt()
  set shell=ksh
  let s:mykey = inputsecret("Enter passphrase:")
  exe "%! { echo " . escape(s:mykey, "!\"|") . "|& };
    \gpg -q --no-mdc-warning --passphrase-fd 3 3<&p
      \--decrypt 2>/dev/tty"
  set nobin
  if !nextnonblank(1)
    echohl ErrorMsg
    call input("type ENTER to exit")
    :q!
  endif
endf

function s:Encrypt()
  exe "%! { echo " . escape(s:mykey, "!\"|") . "|& };
    \gpg -q --passphrase-fd 3 3<&p -c -"
endf
```

Erklärung:

- Das Autokommando zu »BufReadPre« versetzt *vim* noch vor dem Einlesen einer Datei in den »Binärmodus«. Dies ist eine reine Vorsichtsmaßnahme, denn *vim* kann ohnehin Binärdateien lesen und schreiben: Auch Nullbytes werden korrekt verarbeitet, *vim* merkt sich die Positionen der Zeilenenden intern.

  Wichtiger ist die Option »`noswapfile`«: Es wird keine Arbeitsdatei »`.umsatz.txt.gpg.swp`« angelegt. Dadurch lässt sich bei einem ungewollten Abbruch/Absturz zwar kein Recovery mehr durchführen, andererseits liegt aber während der Arbeit kein Klartext auf der Festplatte herum, was entscheidend für die Sicherheit ist.
- Die Passphrase wird in der Funktion `s:Decrypt()` mittels `inputsecret()` (Eingabe ohne Anzeige auf dem Bildschirm) der Skriptlokalen Variablen `s:mykey` zugewiesen. Damit lässt sich die Passphrase nicht mehr interaktiv über »`:echo`« anzeigen. Auf der anderen Seite aber kann `s:Encrypt()` später bei der Chiffrierung noch auf `s:mykey` zugreifen.
- Dechiffrierung und Chiffrierung werden als Filterkommandos durchgeführt. Dabei legt Version 6 von *vim* leider auch unter UNIX noch Arbeitsdateien an, allerdings nur für die sehr kurze Dauer des GnuPG-Rufs. In Version 7 setzen Sie die Option `shelltemp`, die dafür sorgt, dass keine Daten mehr auf der Platte landen.
- Das eigentliche Problem des Skripts liegt außerhalb von *vim*: GnuPG lässt sich nur schwierig als Filter nutzen. Die einzige Möglichkeit, Passphrasen nicht interaktiv einzugeben, ist per Schalter »`--passphrase-fd` *n*« über den Dateideskriptor *n*. Üblicherweise verwendet man `n=0`, das heißt., die Passphrase wird von `stdin` geliefert. Leider geht das nicht, wenn GnuPG als Filter arbeiten soll!

Im Beispiel wird die Passphrase auf Deskriptor 3 über einen so genannten **Koprozess** geliefert. In der ersten Zeile der exe-Anweisung in `s:Decrypt()` wird im Wesentlichen ein Shellbefehl der Art

```
echo passphrase |&
```

konstruiert. Er schickt einen Prozess in den Hintergrund, und dessen Ausgabe (also die Passphrase) kann von einem anderen Shellkommando »abgeholt« werden. Genau das passiert in der folgenden Zeile im Teil »`3 <&p`«: Die Ausgabe liegt dadurch auf dem Deskriptor 3, woher GnuPG die Passphrase bezieht. Analoges geschieht beim Verschlüsseln.

Die Kornshell ksh kennt Koprozess zwar schon seit 1986, leider nicht die unter Linux verbreitete `bash`. Sie bietet dafür ein anderes Konzept, die so genannte **Prozess-Substitution**. Ein Konstrukt der Art

```
<(echo passphrase)
```

wird von der `bash` intern durch einen Treiber `/dev/fd/`*n* ersetzt, auf den der Befehl in Klammern seine Ausgabe schickt. Daher lässt sich mittels `bash` die kritische Zeile so formulieren:

```
gpg ...--passphrase-fd 3 3< <(echo passphrase)
```

(und es muss »`set shell=bash`« am Anfang der Funktion stehen). Auch die `ksh93` kennt die Prozess-Substitution. Ein Problem dabei ist leider, dass dieses Feature nicht nur von der Shell abhängt, sondern ebenso vom Betriebssystem unterstützt werden muss. Entweder es sind generische Treiber der Form `/dev/fd/`*n* erforderlich, oder man braucht FIFOs (benannte Pipelines). Weil die schlanke `pdksh` auch Koprozesse implementiert, weitgehend ksh- und POSIX-kompatibel ist und seit langem zu Linux gehört, habe ich dieses Konzept vorgezogen, damit es unter möglichst vielen Systemen eingesetzt werden kann.

- Eine böse Fußangel lauert in der Passphrase selbst. Wenn `s:mykey` beispielsweise ein Ausrufezeichen »`!`« enthält, dann wird es in einem Filterkommando durch das zuletzt gegebene Filterkommando ersetzt, was die für den Anwender völlig unverständliche Fehlermeldung »no previous command« erzeugt (und natürlich schlägt die Dechiffrierung fehl). Deshalb muss in beiden Funktionen `s:mykey` mit `escape()` so umgewandelt werden, dass vor sämtlichen »kritischen« Zeichen ein Backslash »`\`« erscheint.
- Falls die Dechiffrierung fehlschlägt, ist der Puffer leer. Das ermöglicht den Fehlertest in `s:Decrypt()`: Wenn es keine erste nichtleere Zeile gibt, wird das als Fehler gedeutet. Sie dürfen also keine leere Datei mit GnuPG verschlüsseln und dann editieren – wozu auch?

Sicherheit

Sicherheit lässt sich niemals absolut definieren, sondern immer nur im Kontext: Wovor will ich mich schützen, wer kann mich wie angreifen, lohnt der Aufwand die Mittel? (Ich empfehle in diesem Zusammenhang, im Buch »Beyond Fear« des bekannten Kryptologen und Sicherheitsexperten Schneier [SCHNF] zu lesen!) Auch wenn das Folgende scheinbar über dieses Buch hinausgeht: Ohne Analyse der praktischen Risiken braucht man eigentlich über Sicherheits-Software gar nicht zu reden.

Betrachten wir also drei Anwendungsfälle:

- *Szenario 1:* Sie führen die Datei auf einem Datenträger wie CD, (ZIP-)Diskette, USB-Stick o.Ä. mit und wollen sie unterwegs einsehen und eventuell bearbeiten. Nur unterwegs könnte sie in falsche Hände geraten.

  Analyse: Dank der Option »`noswapfile`« wird die Datei nicht im Klartext auf dem Datenträger abgelegt. Risiken sind System-Swap-Dateien und die Arbeitsdateien für Filterkommandos von *vim*. Die erste Gefahr können Sie abstellen, wenn Sie auf einem

Notebook arbeiten und beim Booten den Swap abschalten. Die zweite Gefahr wird nur dann real, wenn Sie eine ältere Version als 7 von vim nutzen, ein Angreifer Ihr Notebook stiehlt und sich forensischer Tools bedient, die gelöschte Dateien auf der Platte finden können.

Ergebnis: Der Datenträger ist sicher, aber achten Sie auf Ihren Notebook und vor allem, wenn Sie den Datenträger in fremde Rechner einhängen. Letzteres werden Sie hoffentlich nur bei vertrauenswürdigen Partnern tun müssen. Bei einem Versand des Datenträgers ist das Verfahren sicher, sofern Ihre Passphrase exotisch genug ist und nicht abgehört wurde.

- *Szenario 2*: Die Daten liegen auf der Festplatte eines Notebooks, Sie greifen unterwegs darauf zu.

  Analyse: Wiederum lauert potenzielle Gefahr in System-Swap- und Arbeitsdateien für Filterkommandos. Bei qualifizierten Gegnern sollten Sie den System-Swap vor dem Editieren abschalten.

  Ergebnis: Bei richtiger Konfiguration sollte ein Angreifer keine Chance haben.

- *Szenario 3*: Sie wollen Daten auf PC/Workstation gegen eventuelle Eindringlinge oder unter UNIX sogar gegen die neugierige Vertretung des Administrators schützen.

  Analyse: Die forensische Analyse in einem laufenden System scheint mir keine sonderliche Bedrohung zu sein (selbst wenn es entsprechende Tools gäbe, erzeugen sie immer erhebliche Last). Die Passphrase ist nicht mit »`ps`« aus der Umgebung ablesbar, denn »`echo`« ist ein interner Shellbefehl. Leider exportiert aber die `execute`-Anweisung das komplette Kommando »`echo` *`password`*« in die Prozessumgebung. Um dies auszunutzen, muss ein Angreifer ein »`ps`« mit hoher Wiederholfrequenz laufen lassen. Das ist zwar denkbar (und funktioniert im Modell), doch es ist eigentlich viel einfacher, Tastatursniffer oder getürkte Versionen von *GnuPG*, *vim* oder *Shell* unterzuschieben. Dagegen hilft nur die ordentliche Überwachung des Systems – z.B. mit *Tripwire*, was hier zu weit führen würde.

Ergebnis: Der Gefahren auf einem ständig am Netz hängenden Rechner sollte man sich bewusst sein. Einen Schutz gegen den Administrator gibt es kaum, wenn Sie auf von ihm betreuten Rechnern arbeiten. Wirklich sensible Daten müssen Sie also in vom Netz getrennten Umgebungen bearbeiten. Gegen die Putzfrau, die in Wirklichkeit eine bei der Konkurrenz beschäftige Diplom-Informatikerin ist, hilft die Methode schon eher.

Etwas Sicherheit ist immer besser als gar keine Sicherheit. Mit diesem Hintergedanken entwarf ich `crypt.vim`. Die unbedarfte Nutzung eines Kryptofilesystems bringt keine höhere Sicherheit, wenn man sich keine Gedanken um Arbeits- und Swap-Dateien macht. Ganz verkehrt wäre es, auf solche einfachen Lösungen wegen theoretischer Schwächen zu verzichten. Wie sagte ein unbekannter Aphoristiker: Das Streben nach dem Optimum verhindert das Machbare.

Anmerkung: In der Version 7 wird vim mit Pipelines arbeiten können. Damit wird sich das diskutierte Sicherheitsproblem erledigt haben. Ein entsprechendes PlugIn wird auf der Webseite zum Buch zu finden sein.

Tipps zur Anwendung

- Bringen Sie `crypt.vim` in `$HOME/.vim/plugin` unter, um es automatisch auf alle Dateien `*.gpg` anzuwenden.
- Damit das PlugIn funktioniert, müssen Sie *GnuPG* (Paket *gpg*) sowie *pdksh* (Paket *ksh*) installiert haben. Oder Sie nutzen *bash* und ändern das Skript wie oben beschrieben.
- Wenn die Datei vielleicht einmal mit PGP dechiffriert werden soll (oder mit einem anderen OpenPGP-Tool), dann sollten Sie in `$HOME/`

.gnupg/gnupg.conf eine Zeile »openpgp« einfügen, um vollständig kompatibel zum Standard und vor allem zu älteren PGP-Versionen zu sein (die z.B. den Algorithmus AES noch nicht kennen).

- Die Option »--no-mdc-warning« ist erst in neueren *GnuPG*-Versionen implementiert (zumindest aber Version 1.2). Der MDC ist eine eingebaute Prüfsumme, deren Bildung durch die Option »openpgp« (s. voriger Punkt) unterdrückt wird. Beim Dechiffrieren (also beim Start des Editierens) erscheint dann eine Warnung »message is not integrity protected«. Diese Warnung kann wie beschrieben unterdrückt werden.
- Die automatische Dateityperkennung wird durch crypt.vim »umschifft«. Geben Sie am einfachsten von Hand »:set ft=...« ein. Das Miniskript vic aus 7.2 können Sie trotzdem nutzen, wenn es sich um eine C-Quelle handelt: Die Option »cinoptions« z.B. bleibt gesetzt.
- Wenn Sie für alle Dateien die gleiche Passphrase verwenden und mehrere auf einmal editieren, dann machen Sie sich das Leben wie folgt einfacher: Schreiben Sie in s:Decrypt()

```
if !exists("s:mykey")
 let s:mykey = inputsecret("Enter passphrase:")
endif
```

  statt nur der mittleren Zeile. Dann wird die Passphrase nur einmal beim Start von *vim* angefordert.
- Wenn Sie den GnuPG-Agent nutzen (der die Passphrase im Speicher vorrätig hält), gibt es Probleme.
- Vergessen Sie nicht, bei vim7 die Option shelltmp zu setzen.

7.4 XML komfortabel editieren

Das unten stehende Listing von xml.vim wirkt auf den ersten Blick abschreckend lang, doch es ist weit weniger kompliziert als das im vorigen Abschnitt. Dieses Skript leistet Ihnen gute Dienste, wenn Sie XML-Dateien editieren:

- Rufen Sie statt *vim* das Shellskript *vixml* auf.
- Syntaxfarben und automatische Einrückung (2 Spalten pro Niveau) sind eingeschaltet.
- Mit »%« können Sie sowohl zwischen Anfang »<« und Ende »>« eines Tags als auch zwischen zugehörigen Tags hin- und herspringen (das ist eine große Hilfe, dank des mitgelieferten Makros `matchit.vim` von Benji Fisher).
- Wenn Sie schreiben

  ```
  und er hat <bold font="TimesBold"
  ```

  und dann die Taste F2 drücken, entsteht daraus

  ```
  und er hat <bold font="TimesBold"></bold>
  ```

  – und der Cursor steht zwischen beiden Tags im Einfügemodus. Das funktioniert auch im Kommandomodus. Bedingung ist nur, dass schon ein öffnendes »<« vorhanden ist und der Cursor hinter dem letzten Zeichen des Tags steht (Einfügemodus) bzw. auf dem letzten (Kommandomodus). Ebenso können Zeichen rechts vom Cursor stehen; das schließende Tag wird noch vor ihnen eingeschoben.
- Schließlich prüft ein Druck auf die Funktionstaste F4 den Puffer auf Wohlgeformtheit. Im Unterschied zur Quickfix-Anwendung in 6.11 brauchen Sie dazu die Datei nicht abzuspeichern. Bei einem Fehler zeigt der Cursor auf die entsprechende Stelle, und die Meldung erscheint rot in der Statuszeile, ansonsten nur »`... is well-formed`«.
- Bereits von *vim* mitgeliefert wird die automatische Einrückung von Tags (vgl. 6.8.1).

Das Shellskript **vixml** ist wie üblich ein Einzeiler:

```
#!/bin/sh
vim -c "so $HOME/.vim/myscripts/xml.vim" "$@"
```

Das Skript **xml.vim** besteht aus zwei kurzen Teilen und zwei Funktionen:

```
source $VIMRUNTIME/macros/matchit.vim
set filetype=xml
set shiftwidth=2

imap <F2> <Esc>:call <SID>MakeTag()<CR>a
nmap <F2> :call <SID>MakeTag()<CR>a
nmap <F3> :call <SID>Xmlwf()<CR>

function s:MakeTag()
  exe "normal a>\ \<Esc>"
  normal T<yEf>
  exe "normal a</\<Esc>"
  exe "normal pa>\<Esc>"
  normal F>X
endfunction

function s:Xmlwf()
  "save to tempfile and parse it
  let omod=&modified
  let tmp=tempname()
  echo tmp
  exe "silent w!" . tmp
  let err = system('xmlwf -x ' . tmp)
  call delete(tmp)
  let &modified=omod

  let n = stridx(err, ':')
  if n < 0
    echom expand("%") . " is well-formed"
    return
```

```
    endif

    let err = strpart(err, n+1)
    let line = err + 0
    let n = stridx(err, ':')
    let err = strpart(err, n+1)
    let col = err + 0
    let n = stridx(err, ':')
    let err = strpart(err, n+1)
    let err = substitute(err, '\n', '', '')
    call cursor(line, col)
    echohl ErrorMsg
    echo err
    echohl None
    return
endf
```

Die ersten drei Zeilen lesen das `matchit`-Makro ein, setzen Dateityp und Einrückungstiefe – das ist nichts Neues. Mit dem Setzen des Dateityps wird in jedem Fall auch noch `$VIMRUNTIME/indent/xml.vim` gelesen, selbst wenn der Dateiname nicht die Form `*.xml` hat. Damit kann *vim* intelligent einrücken.

Die Funktion `MakeTag()` zaubert Tagpaare aus den Ansätzen, und `Xmlwf()` prüft auf Wohlgeformtheit. Beides sind Skript-lokale Funktionen, also mit Präfix »`s:`«. Dementsprechend muss beim **Mapping** ein »`<SID>`« vor den Namen erscheinen (vgl. 6.2). »`imap`« wirkt nur im Einfügemodus, deswegen erscheint als Erstes ein Escape »`<Esc>`«, um diesen zu beenden. »`nmap`« dagegen wird nur im Kommandomodus erkannt. Wichtig in beiden Zeilen, die den `MakeTag()`-Ruf mappen, sind das gern vergessene »`<CR>`« nach dem Ruf (um das ex-Kommando auch abzuschicken) und ein folgendes »a«, das für den Übergang zum Einfügemodus sorgt (am Ende der Funktion ist das nicht möglich).

Die Funktion **MakeTag()** ist wenig originell. Ich habe die Befehle auf fünf Zeilen verteilt, um sie etwas lesbarer zu machen. Damit Sondertasten wie »<Esc>« im Klartext geschrieben werden können, muss teilweise das execute-Kommando herhalten (»:help key-codes«, »:help execute«). Die fünf Zeilen sind durchweg Befehle im Kommandomodus und bewirken Folgendes:

exe "normal a\ >\<Esc>"	rechts vom Cursor » >« (mit Leerzeichen!) schreiben, Einfügemodus beenden.
normal T<yEf>	nach links bis eine Position vor »<« suchen (T<), Zeichen bis vor das nächste Leerzeichen in das unbenannte Register schreiben (yE), vor zum gerade angehängten »>« (f>).
exe "normal a</\<Esc>"	Die Zeichen »</« an »>« anhängen, wieder zum Kommandomodus.
exe "normal pa>\<Esc>"	Das Register rechts von »</« schreiben (p) und »>« anhängen (a>), Kommandomodus.
normal F>X	Das »>« des öffnenden Tags suchen (also nach links) und das Leerzeichen davor löschen (X).

Der Trick mit dem Leerzeichen ist notwendig, weil Elementnamen auch Sonderzeichen enthalten können, aber mit Sicherheit durch Leerzeichen oder Tabulatoren beendet werden. Auf der anderen Seite soll ein eventuelles Attribut nicht im Register mit auftauchen. Daher das Leerzeichen als »Arbeitszeichen«, das dann wieder entfernt wird.

Xmlwf() sieht auf den ersten Blick abschreckend aus, ist aber einfach aufgebaut. Im ersten Teil wird der Puffer in einer temporären Datei abgelegt, deren Namen die Funktion tempname() liefert. Dann wird das Kommando *xmlwf* (enthalten im Linux-Paket *expat*) auf diese Datei angewendet und deren Ausgabe in der *vim*-Variablen err gespeichert.

Die Arbeitsdatei wird gelöscht und – nicht zu vergessen – der alte Modifikationszustand wieder hergestellt, damit man nicht versehentlich per »:q« alle Änderungen verliert (nach dem Schreiben setzt *vim* die Option modified immer auf 0, das heißt »nicht modifiziert«).

Bei einem Fehler liefert *xmlwf* eine Meldung der Form

```
a.xml:21:6: mismatched tag
```

Dabei ist 21 die Zeilen- und 6 die Spaltennummer. Diese Meldung wird nun mechanisch zerlegt. Der Dateiname interessiert nicht, also springen wir mit der Funktion strdix() zum ersten Doppelpunkt. Gibt es diesen nicht, dann ist auch kein Fehler aufgetreten. Wir können eine Nachricht ausgeben und abschließen:

```
echom expand("%") . " is well-formed"
```

»echom« bringt die Nachricht auf die Statuszeile, und »expand()« verwandelt »%« in den aktuellen Dateinamen.

Andernfalls wird immer der Rest der Meldung hinter einem Doppelpunkt ausgewertet. err erhält im Beispiel zuerst den Wert »21:6: mismatched tag«. In »line = err + 0« wird err zwangsweise als Zahl interpretiert. Dadurch erhält line den Wert 21, analog bei col. Eine Falle lauert noch – die Meldung enthält ein abschließendes »\n«, das den Bildschirminhalt nach oben schieben und ein lästiges »Hit Enter to continue« verursachen würde. Daher der Substitutionsbefehl. Das Zeilenwechselzeichen erscheint hier in Gänsefüßchen eingefasst, nicht in Apostrophen, damit »\n« auch interpretiert wird.

Schließlich wird die Meldung in der Farbgruppe ErrorMsg ausgegeben, die mit »echohl« eingestellt und wieder abgeschaltet werden kann (vgl. »:help echohl«).

Es gibt natürlich weitere Skripte, die beim Editieren von XML-Dateien helfen. Zum Beispiel schrieb DEVIN WEAVER ein interessantes PlugIn, das Tags in dem Moment vervollständigt, wenn Sie »>« tippen. Sie finden es auf der *vim*-Homepage [VIM]. Dafür ist dieses hier fast genau so bequem, testet auf Wohlgeformtheit und erlaubt obendrein, zwischen Tags gleicher Tiefe per »%« zu springen.

7.5 Killerapplikation in zwei Varianten: die Stilverbesserer

Ein chronisches Problem von Autoren sind Wortwiederholungen. Textverarbeitungen können hier kaum helfen, denn mechanische Tests gibt es nicht. Wenn drei kurze Sätze der Reihe nach mit »da«, »das« und »da« beginnen, ist das schlechter Stil. Oder wenn ein Satz auf »wird« endet und der nächste damit anfängt. Sind die Wörter besser verteilt, stört es u.U. nicht. *vim* erlaubt zwei mögliche Hilfestellungen, von denen sich zumindest die zweite in der Praxis hervorragend bewährt hat. Zwar bietet Ihnen *vim* keine Synonyme an (das sollte man schon dem Autor überlassen), doch er pickt die schwachen Stellen im Text sicherer heraus als ein flüchtiger oder schlechter Korrekturleser.

7.5.1 Dateityp sywdh: Der letzte Farbschrei

Der Gedanke ist ganz einfach: Wenn man seine Schwächen kennt, z.B. den zu häufigen Gebrauch von »auch« und »aber«, dann färbt man die »auchs« grün und die »abers« rot. Kein Problem mit Syntaxfarben, denn »`syntax keyword`« ist die einfachste Syntaxanweisung und kostet auch am wenigsten Rechenzeit. Um »kann« und »können« in der gleichen Färbung erscheinen zu lassen, bietet sich »`syntax match`« an, denn es verarbeitet reguläre Ausdrücke. Die eigentliche Arbeit ist eher, vernünftige Farbgruppen herauszufinden, deren Anzahl beschränkt bleiben muss, damit man im allgemeinen Farbrauschen noch den Text erkennt.

Die Anwendung kann einfacher nicht sein:

- Bringen Sie das unten stehende Skript **sywdh.vim** in `$HOME/.vim/syntax/` unter und achten Sie darauf, dass Syntaxfarben erlaubt sind (ein »`syntax enable`« in `.vimrc` reicht).
- Setzen Sie beim Editieren einfach »`:set ft=sywdh`«. Und schon leuchten die kritischen Worte in Bonbonfarben auf.

Hier zunächst einmal das Skript:

```
sy clear
set t_Co=16

hi doch ctermbg=Red ctermfg=White
hi ist ctermbg=Green ctermfg=Black
hi aber ctermbg=Yellow ctermfg=Black
hi wird ctermbg=DarkBlue ctermfg=White
hi kann ctermbg=Magenta ctermfg=White
hi da ctermbg=Black ctermfg=White
hi aller ctermbg=Brown ctermfg=Black
hi jede ctermbg=LightBlue ctermfg=Gray

sy case ignore
sy match doch /doch/
sy keyword ist  ist
sy keyword aber aber
sy match wird /\<w[ie]rd/
sy match kann /k[aoö]nn/
sy match da   /\<da\ze[s .]/
sy match aller /\<aller/
sy match jede /\<jede/
```

Die regulären Ausdrücke können Sie auf »Ihre Schwächen« ausrichten und selbstverständlich auch die Farben nach Ihrem Geschmack ändern (zwei Gründe, das Skript nicht global verfügbar zu machen). Vier Anweisungen darin bedürfen vielleicht einer Erklärung:

- Das einleitende »`syntax clear`« schaltet evtl. aktivierte Syntaxfarben ab. Dieser Befehl dürfte in der Regel unnötig sein, doch er kostet kaum Zeit oder Platz.
- Der Befehl »`set t_Co=16`« stellt ein 16-Farben-Terminal ein. Unter KDE-Konsolen und »`xterm`« unter Linux funktioniert er, obwohl standardmäßig nur 8 Farben eingestellt sind.
- »`syntax case ignore`« sorgt dafür, dass *vim* bei der Syntaxanalyse nicht zwischen Groß- und Kleinschreibung unterscheidet.
- Einige Muster, z.B. für die Syntaxgruppe »`da`«, verwenden *vim*-spezifische reguläre Ausdrücke: Auf »`da`« müssen ein Leerzeichen, ein Punkt oder ein »s« folgen, doch ein »`\ze`« sorgt dafür, dass die Färbung bereits beim »a« endet (»`\ze`« markiert das Ende des »Matches«). Des Weiteren bedeutet »`\<da`«, dass »da« am Wortanfang stehen soll.

7.5.2 »:Style« und <F4> für Profis

Die zweite, eigentlich näher liegende (und von mir ständig genutzte) Möglichkeit bietet »*highlight search*«, also die Option »`hlsearch`«, bei der gefundene Suchmuster farbig hervorgehoben werden. Man lässt eine Zeichengruppe »aufleuchten«, editiert und geht dann möglichst bequem zur nächsten Zeichengruppe über. Das ist nicht ganz so einfach zu programmieren, aber wiederum sehr einfach zu nutzen:

- Bringen Sie die beiden Dateien **wdh.vim** und **wdh** in `$HOME/.vim/plugin/` unter.
- Um nach dem Entwurf des Textes zu korrigieren, geben Sie das Kommando »`:Style`«. Zunächst passiert noch nichts.
- Wenn Sie nun die Taste F4 drücken, leuchtet die erste Zeichengruppe weiß auf rotem Grund auf, und Sie können korrigieren.

Mit »n« können Sie vorwärts nach dem Muster suchen, mit »N« rückwärts, wobei aus gutem Grund die Suche nicht vom Dateiende zum Anfang zurückspringt.

- Jeder weitere Druck auf F4 lässt eine neue Zeichengruppe aufleuchten, bis zum Schluss ein grünes READY in der Statuszeile erscheint. Die alten Optionen sind wieder eingestellt (beim nächsten Druck auf F4 wird wieder nach der ersten Zeichengruppe gesucht).
- Standardmäßig werden die regulären Muster aus `$HOME/.vim/plugin/wdh` verwendet. Sie können auch andere Mustersammlungen nutzen. Dazu müssen Sie diese in eine Datei, z.B. `wdh1`, schreiben, im gleichen Verzeichnis (...`plugin`) unterbringen und beim Aktivieren »`:Style wdh1`« schreiben.

Auf der KDE-Konsole müssen Sie ggf. darauf achten, dass der Terminaltyp auf »`linux`« gesetzt ist, damit F4 funktioniert (»`set term=linux`« in `.vimrc`).

Hier nun das Skript `wdh.vim`:

```
if version < 602 || exists("wdh_is_loaded")
  finish
else
  let wdh_is_loaded = 1
endif

function s:Init(...)
  if a:0 | let s:fn=a:1 | else | let s:fn='wdh' | endif
  let s:fn=$HOME . '/.vim/plugin/' . s:fn

  if !filereadable(s:fn)
    echoerr '----> file "' . s:fn . '" is not readable!'
    return
  endif
```

```
  let s:cnt=0
  map <F4> :call <SID>Do_search()<CR>
endf

function s:Do_search()
  if !s:cnt
    let s:oso=&sessionoptions
    let &sessionoptions='options' | mkview
    highlight Search cterm=bold ctermfg=7 ctermbg=Red
    let &wrapscan=0 | let &hlsearch=1 | let &ignorecase=1
    let &scrolloff=3 | let s:cnt=1
  endif

  let pat=system('tail +' . s:cnt . ' ' . s:fn . '|head -1')
  if !strlen(pat)
    "end of file reached, restore and quit
    let s:cnt=0
    echohl Question
    echon '****************** READY ******************'
    set all& | loadview | let &sessionoptions=s:oso
    return
  endif

  let @/=substitute(pat, "\n", '', '')
  1
  try
    normal n
    catch
  endtry
  redraw
  let s:cnt=s:cnt+1
endf

command -nargs=? Style call <SID>Init(<f-args>)
```

Erklärung:

- Der Test am Anfang ist in vielen Skripten üblich: Zuerst wird auf die *vim*-Version geprüft, denn wir brauchen Ausnahmebehandlung, und dann (aus Gründen der Sparsamkeit), ob das Skript etwa schon einmal gelesen wurde (was bei einem PlugIn nur bei Fehlkonfiguration vorkommen kann). Wenn nein, wird die Variable `wdh_is_loaded` als Markierung gesetzt.
- Anschließend werden nur die beiden Skript-lokalen Funktionen `s:Init()` und `s:Do_search()` sowie das anwenderdefinierte Kommando (6.3) »`Style`« gespeichert. Letzteres verdient eine Erläuterung: Wie üblich müssen Skript-lokale Funktionen und Variablen in einem Map-Befehl mit dem Präfix »`<SID>`« angesprochen werden; »`-nargs=?`« erlaubt kein oder ein Argument danach (nämlich den Namen der Datei mit den Suchmustern), und der Term »`<f-args>`« setzt ein eventuelles Argument in Anführungszeichen, so dass es beim Aufruf als Zeichenkette übergeben wird (vgl. »`:help q-args`«!).
- Der Befehl »`:Style ...`« (mit optionalem Dateinamen danach) ruft `s:Init()` auf, eine Funktion mit variabler Argumentzahl, erkennbar an den drei Punkten in der Definition der Funktion. Bei angegebenem Argument testet `s:Init()`, ob diese Datei in `$HOME/.vim/plugin/` existiert (mit `filereadable()`) und gibt ggf. eine Fehlermeldung mit »`echoerr`« aus, ansonsten wird die Datei `wdh` genommen, deren Existenz vorausgesetzt wird.

  Außerdem setzt `s:Init()` den internen Zähler `s:cnt` auf null und mapped erst jetzt die Taste F4.
- Durch Druck auf F4 wird `s:Do_search()` gerufen. Beim ersten Aufruf, den die Funktion am Wert 0 des Zählers `s:cnt` erkennt, rettet sie die eingestellten Optionen des Editors in einen View (s. 4.6.2). Damit nur Optionen abgespeichert werden (dann aber mit Gewissheit), setzt sie »`sessionoptions`« auf »`options`«. Deswegen

muss diese eine Option noch in der Variablen `s:oso` aufgehoben werden. Die Veränderung der Farbgruppe »Search« wird nicht mehr rückgängig gemacht (es wäre zu aufwändig). Schauen Sie selbst in der Hilfe nach, was die einzelnen Optionen bedeuten.

- Nach diesem Test konstruiert `s:Do_search()` ein Shellkommando der Art

```
tail +3 wdh | head -1
```

  um die 3. Zeile aus der Datei `wdh` zu extrahieren (es lohnt sich absolut nicht, diese Werte in irgendeiner Weise zwischenzuspeichern). Das gelesene Muster steht in der Variablen `pat`.

- Wenn `pat` leer ist, sind wir fertig. Der Zähler wird auf null zurückgesetzt, eine Meldung in grüner Farbe ausgegeben und »alles« wiederhergestellt. Hier heißt es aufpassen: Views speichern nicht alle Optionen, sondern nur die vom Standard abweichenden Werte. Deswegen steht an erster Stelle ein »`set all&`«, das Standardwerte einstellt, und erst dann wird der View geladen (und danach die letzte Option aus `s:oso` zurückgeholt).
- Ansonsten wird der angehängte Zeilenwechsel aus dem Muster per `substitute()` entfernt (eine schöne Fehlerquelle!) und das Ergebnis im Register »`/`« abgelegt – dies ist das zuletzt verwendete Suchmuster.
- Der Befehl »`n`« sucht dieses Muster (und Sie können ihn beliebig oft wiederholen) und lässt es farbig aufleuchten. Kann es nicht gefunden werden, zeigt *vim* eine störende Fehlermeldung an. Diese Ausnahme wird mit »`try...catch`« abgefangen.
- Regelmäßig wundert sich der Programmierer danach, warum die Muster nicht erscheinen, sondern erst bei einem interaktiven Befehl »`n`«: Er hat das »`redraw`« vergessen.
- Den Zähler `s:cnt` um 1 erhöhen, und wir sind fertig.

Die Datei **wdh** mit den Mustern sieht bei mir so aus:

```
[dn]och
\<ist
\<aber
w[ie]rd
\<k[aoö]nn
\<da[s ]
\<aller
\<jede
\<auch
schon
bereits
\<und
\<\(gibt\|geben\)
```

Hierbei markiert »`\<`« einen Wortanfang.

7.6 Rechtschreibprüfung inklusive

7.6.1 Die alte Rechtschreibprüfung (bis vim6)

Die aufwändigste Applikation in diesem Kapitel ist eine Rechtschreibprüfung von MATHIEU CLABAUT und CLAUDIO FLEINER. Um sie zu nutzen, müssen die Pakete *ispell* und/oder *aspell* auf Ihrem System installiert sein, natürlich inklusive Wörterbücher (das ist unter Linux wie SuSE 8 meist schon der Fall). Anschließend brauchen Sie theoretisch nur noch das Paket **vimspell.vim** in `$HOME/.vim/plugin/` unterzubringen, um die Rechtschreibprüfung automatisch beim *vim*-Start zu aktivieren. Wenn der Dateityp (Option »`ft`«) einen bestimmten Wert hat (u.a. `html`, `mail`, `text` und »keiner« (`none`)), werden nicht erkannte Wörter auf der aktuellen Seite sowie neue beim Eintippen nach etwa zwei Sekunden Verzögerungszeit rot und unterstrichen dargestellt.

Das fast 1900 Zeilen lange Skript finden Sie auf der Webseite zum Buch (vgl. Vorwort) oder original auf der *vim*-Homepage, wenn Sie in der Kategorie »scripts« nach »vimspell« suchen. Wahrscheinlich erhalten auch Sie dort den Link:

http://www.vim.org/scripts/script.php?script_id=465

Als originelles Extra installiert sich bei der ersten Verwendung die zugehörige Hilfe von allein (Neugierige sollten sich die Funktion SpellInstallDocumentation() ansehen und deren Aufruf). Sie können mit »:help vimspell« alles zur Konfiguration und Nutzung erfahren.

Allerdings werden Sie nur bedingt Freude an dieser simplen Konfiguration haben. Das Erste, was auffällt, ist: Fast alle Wörter erscheinen als Fehler. Standardmäßig sind nämlich nur Englisch und Französisch als Sprachen eingestellt. Zweitens wollen Sie die Rechtschreibprüfung sicherlich nur in speziellen Fällen nutzen. Und drittens ist das Skript wirklich lang. Das erfordert Ressourcen wie Ladezeiten, Speicher und vor allem Rechenzeit, die auf lokalen Systemen vielleicht nicht so ins Gewicht fallen, sehr dagegen auf Servern, die von vielen Anwendern über X-Terminals genutzt werden. Überhaupt sollte man nicht jedes irgendwann mal benötigte Werkzeug gleich als PlugIn implementieren, denn PlugIns werden bei *jedem* Start geladen.

Meine **Konfiguration** sieht daher so aus:

- Ein Shellskript **visp** wird in $HOME/bin/ o.Ä. untergebracht:

```
#!/bin/sh
vim -c 'so $HOME/.vim/myscripts/myvimspell.vim' "$@"
```

- Das *vim*-Skript vimspell.vim selbst steht auch in ...myscripts/, und
- myvimspell.vim enthält folgende Befehle:

```
nmap <Esc>s  <Plug>SpellCheck
nmap <Esc>A  <Plug>SpellAutoEnable
nmap <Esc>?  <Plug>SpellProposeAlternatives
```

```
nmap <Esc>l  <Plug>SpellChangeLanguage
nmap <Esc>q  <Plug>SpellAutoDisable
so $HOME/.vim/myscripts/vimspell.vim

let spell_case_accept_map="<Esc>i"
let spell_executable = "ispell"
let spell_language_list = "german,english"
let spell_auto_type = ""
let spell_update_time=500
```

Benutzung:

- Wenn Sie die Rechtschreibprüfung nutzen wollen, rufen Sie den Editor als *visp* auf.
- Mit »`Esc A`« (keine längere Pause zwischen den beiden Tastendrücken lassen!) schalten Sie die laufende Prüfung ein, und
- mit »`Esc q`« wieder aus.
- Wenn der Cursor auf einem fehlerhaften Wort steht, können Sie mit »`Esc ?`« eine Auswahlliste anfordern und das Wort ggf. ersetzen.
- Ein richtiges, aber nicht als korrekt erkanntes Wort können Sie mit »`Esc i`« in Ihr persönliches Wörterbuch aufnehmen (bei *ispell* ist das `$HOME/.ispell_german`).
- Wird ein Wort korrigiert, erlischt die farbige Hervorhebung.
- Mit »`Esc l`« können Sie zwischen Deutsch und Englisch wechseln.

Nach meinem Geschmack sind das die wichtigsten Befehle. Es gibt natürlich noch mehr, die Sie analog mittels der Hilfeseite leicht herausfinden und ggf. als Mappings eintragen können.

Erklärung:

- Standardmäßig implementiert *vimspell* die Kommandos »`\sA`«, »`\s?`« usw. Auf der deutschen Tastatur erfordert das eine beachtliche Fingerakrobatik. Deswegen mappte ich die Befehle nach Hinweisen in der Hilfe auf einfachere Tastenfolgen. Sie können das nach eigenem Gusto ändern, doch verwenden Sie nicht »`nnoremap`« wie in der Hilfe angegeben – die rechte Seite der Mapping-Befehle wird intern sehr wohl wieder gemappt! Das Mapping von »`<Esc>i`« über eine Variable ist etwas eigenwillig, aber es ist wenigstens dokumentiert.

- Die nach dem »`source`«-Kommando angegebenen Einstellungen bewirken die Verwendung von *ispell* (die Alternative *aspell* funktioniert ebenso), schaltet die Prüfung durch Setzen von `spell_auto_type` erst einmal ab und drückt die Verzögerungszeit von 2 Sekunden auf 500msec (das soll nur eine Anregung zum Experimentieren sein).

Sicherlich sollten wir die Domäne Rechtschreibprüfung den »richtigen« Textverarbeitungen überlassen. Dieses Beispiel hier zeigt vor allem, was sich mit den Mitteln von *vim* alles machen lässt. Außerdem ist es nicht so abwegig, einen Text erst unter *vim* zu bearbeiten und dann mit einer Textverarbeitung fortzufahren. Der »Stilverbesserer« aus diesem Kapitel nebst der Rechtschreibprüfung können dabei schon »vorarbeiten«.

`vimspell.vim` stellt die Verbindung zum externen Werkzeug *ispell* bzw. *aspell* her und sorgt für Hervorhebung sowie ggf. Ersetzungen. Es ist ein gutes Beispiel dafür, wie man umfangreiche Skripte gliedern kann, und nicht ohne Grund hat der Autor Marker für Faltungen eingefügt. Ich empfehle »`:set fdm=marker`« zu geben, um einen Überblick zu bekommen.

7.6.2 Einfacher und schneller mit vim7

Hilfe dazu unter »`:help spell.txt`«

vim7 bringt eine eingebaute Rechtschreibprüfung mit, die robuster und vor allem schneller als das in 7.6.1 beschriebene Skript ist. Man kann sie problemlos während des Schreibens eingeschaltet lassen (was bei dem besagten Skript nicht zu empfehlen ist). Auch wenn immer wieder korrekte Wörter oder Abkürzungen als fehlerhaft markiert werden, ist sie doch eine große Hilfe beim Vermeiden von Faselfehlern.

Allerdings sind einige Vorarbeiten nötig, bevor man die Rechtschreibprüfung auf deutsche Texte anwenden kann. Hier eine Übersicht der Vorarbeiten:

- Standardmäßig werden nur englische Wörterbücher mitgeliefert. Deutsche laden Sie am besten von einem Spiegel von `http://ftp.vim.org/pub/vim/runtime/spell/` herunter, denn die Originalseite ist oft überlastet. Sicherheitshalber sollten Sie Dateien für die Zeichensätze `latin1` (ISO-Umlaute) und `UTF-8` (Unicode) ablegen, je nach verwendetem System und nach Dateityp. Etwa 2,5 MB sind für ein Wörterbuch zu veranschlagen (`de.latin1.spl`, `de.utf-8.spl`), 7 bis 8 MB für einen Thesaurus (Vorschläge ähnlicher Wörter – `de.latin1.sug`, `de.utf-8.sug`), auf dessen Verwendung ich aber bisher verzichtete.
- Diese Dateien bringen Sie im Unterverzeichnis `spell` des Runtime-Verzeichnisses von *vim* unter, also z.B. in `/usr/local/share/vim/vim70/spell` (Starten Sie *vim* und geben Sie den ex-Befehl »`:echo $VIMRUNTIME`« ein, dann sehen Sie den Namen des Runtime-Verzeichnisses).
- Konfigurieren Sie die Farben für Hervorhebungen, die standardmäßig für hellen Untergrund nicht taugen. Ich habe in `.vimrc` folgende zwei Einträge stehen:

```
highlight SpellBad ctermfg=Red ctermbg=Gray cterm=underline
highlight SpellCap ctermfg=blue ctermbg=Gray cterm=under-
line
```

Das heißt, dass fehlerhafte Wörter rot auf grauem Grund erscheinen, fehlende Großschreibung hingegen mit Blau auf grauem Grund markiert wird.

- Ich habe die wichtigsten Befehle so gemappt, dass sie dem Skript in 7.6.1 entsprechen und nutze dazu folgendes PlugIn-Skript:

```
nmap <Esc>A  :set spell<CR>
nmap <Esc>?  z=
nmap <Esc>i  zg
nmap <Esc>q  :set nospell<CR>
set spelllang=de

let spellst = ["de", "en"]
let langcnt = 0

function! Sel_lang()
  let g:langcnt = (g:langcnt+1) % len(g:spellst)
  let lang = g:spellst[g:langcnt]
  echo "language " . lang . " selected"
  exe "set spelllang=" . lang
endfunction

nmap <Esc>l  :call Sel_lang()<CR>
```

Damit schaltet `Escape+A` die Rechtschreibprüfung ein, `Escape+q` sie wieder aus. `Escape+i` fügt ein Wort zu Ihrem lokalen Wörterbuch hinzu (Sie finden die erzeugten Dateien in `$HOME/.vim/spell/`), und `Escape+l` wechselt zwischen Deutsch und Englisch. Das ist übrigens bisher der einzige Fall, wo ich die Python-artigen Listen der Skriptsprache von *vim* nutzte. Sie können jederzeit in die Definition von `spellst` eine weitere Sprache einfügen, ohne den Rest des Skripts ändern zu müssen.

Es gibt noch einige Mängel. So werden auch »einbuchstabige Wörter« überprüft (mit Absicht, wie mir der Chefentwickler bestätigte), und nach jedem Punkt erwartet *vim* einen Großbuchstaben, also auch nach Abkürzungen. Aber wie bereits oben gesagt, ist der Nutzen dieses neuen Features deutlich größer als seine Nachteile.

7.7 Hexdumps bearbeiten

vim kann zwar auch Binärdateien lesen und schreiben, aber im Normalfall haben Sie wenig Freude daran: Der Bildschirminhalt ist schlicht unlesbar. Wenn Sie jedoch die Datei mit dem *gvim* laden und im Menü »`Tools`« den Eintrag »`Convert to HEX`« wählen, erhalten Sie einen ansehnlichen Hexdump (Abbildung 7.1).

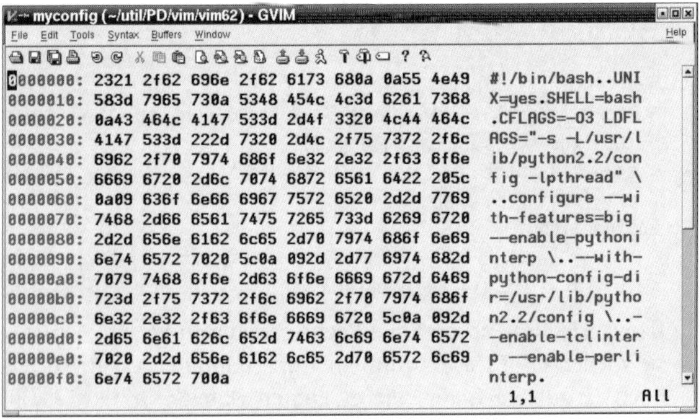

Abbildung 7.1: Hexdump mit gvim

Das Schöne dabei ist: Es handelt sich nicht nur um einen Betrachter, sondern Sie können auch editieren, allerdings unter Vorbehalt: Sie können einzelne Bytes nur ändern! Fügen Sie weder welche hinzu, noch löschen Sie Bytes. Wenn Sie allerdings den Puffer in dieser Form abspeichern, dann erschrecken Sie nicht: Es ist der Klartext, den Sie auf dem Bildschirm sahen, nicht etwa die geänderte Binärdatei. Sie müssen den Text vorher rückverwandeln: »`Tools > Convert back`« ist dazu anzuwählen.

vim kann also nicht zaubern. Was wirklich passiert, steht bereits hinter dem Menüeintrag: Es wird lediglich der Filterbefehl »`:%xxd`« ausgeführt, beim Rückverwandeln »`:%xxd -r`«. Sie können Hexdumps daher auch mit dem normalen *vim* betrachten und patchen, wenn Sie diese Befehle von Hand geben (und beim zweiten die History nutzen – dann brauchen Sie nur noch »` -r`« anzuhängen).

Alles Wissen zur Befriedigung von Sonderwünschen können Sie der Manpage von `xxd` entnehmen.

7.8 Der Farb-Pager less.sh

In `$VIMRUNTIME/macros/less.sh` finden Sie ein kleines Shellskript, das *vim* zu einem Betrachter ähnlich dem Linux-Tool **less** macht (oder auch **more**), das heißt, Sie können längere Dateien seitenweise ansehen und per Leertaste weiterschalten, Muster mit »`/`*`muster`*« suchen, mit »`v`« den Editor starten, mit »`:n`« zur nächsten angegebenen Datei übergehen usw. – die wenigen Kommandos werden nach Druck auf die Taste »`h`« angezeigt.

Der Unterschied zu `less` und `more` ist, dass auch die Syntaxfarben erscheinen. Natürlich könnten Sie gleich *vim* nutzen, aber `less.sh` ist einfacher zu bedienen (sowie für Nutzer geeignet, die aus irgendwelchen Gründen *vim* nie benutzen würden).

Es ist eine lehrreiche Übung, sich das geladene Makro `$VIMRUNTIME/macros/less.vim` einmal anzusehen. Das Skript ist gut kommentiert und besteht unter anderem natürlich aus vielen Mappings. Da der *vim*-Entwickler BRAM MOOLENAAR selbst der Autor ist, werden alle Register gezogen. Nur ein Detail: Nach jedem Kommando sollen Dateiname, relative Position u.a.m. angezeigt werden. Außerdem soll der Cursor unten links in der letzten Zeile stehen. Das zugehörige Kommando hängt von der Option »wrap« (die den Umbruch überlanger Zeilen steuert) ab. Dies wird unter anderem in folgendem Codestück definiert:

```
if &wrap
  noremap <SID>L L0:file<CR>
  au VimEnter * normal L0
else
  noremap <SID>L Lg0:file<CR>
  au VimEnter * normal Lg0
endif
```

Die auszuführenden *vim*-Kommandos sind »L0« und »:file« (bzw. »Lg0«). Das richtige Kommando wird auf die Taste »L« gemapped. Weil »L« eigentlich eine andere Bedeutung hat, setzte der Autor den Skript-Identifikator »<SID>« davor (s. 6.2 und »:help SID«). Damit wird der Befehl gegen »unbefugte Nutzung von außen« geschützt – eine ziemlich trickreiche Methode.

7.9 C-Programme falten

vim unterstützt C-/C++-Programmierer besonders gut, nur ein Feature fehlt: eine sinnvolle Faltungsmethode. »Sinnvoll« soll hier heißen, dass Blöcke, zumindest aber Funktionskörper, gefaltet werden. Das hilft bei langen und einigermaßen kommentierten Programmen wirklich, schneller einen Überblick zu gewinnen.

Beim von mir bevorzugten Stil haben öffnende und schließende geschweifte Klammern immer die gleiche Einrückungstiefe. In diesem Fall würde die Faltungsmethode »expr« zum Ziel führen, etwas schlechter (weil tiefer verschachtelt) auch »indent«. Wie das in der Praxis funktioniert, war bereits in 6.5.2 zu lesen. Fremde Programme halten sich leider nicht an meine Vorgaben, und gerade für deren

Analyse sind Faltungen nützlich. Die ebenfalls in 6.5.2 vorgeschlagene Methode, »{« und »}« als Marker zu nutzen, könnte helfen. Leider versagt sie, wenn geschweifte Klammern in Zeichenketten, Kommentaren oder Präprozessoranweisungen auftauchen. Das leistet nur die Faltungsmethode »syntax«, die leider für C im Release 6.2 noch nicht definiert ist (für die Leser in der Zukunft: Suchen Sie vorsichtshalber in `$VIMRUNTIME/syntax/c.vim` nach dem Wort »fold«). Es ist außerdem möglich, die Syntaxbeschreibung nachträglich um Einträge zu erweitern bzw. andere Einträge zu überschreiben. Das ist kurz, aber nicht einfach. Für *vim 6.2* sieht mein in 7.2 vorgestelltes Skript **vic.vim** in vollständiger Form so aus:

```
set cindent
set cino=f2,>3,{2,=2,l2,g3,h2,p2,+3,(0,:3
if(&ft != 'c' && &ft != 'cpp')
  let &ft='c'
endif

syn region cMyBrace transparent fold start=/{/ end=/}/
    \ containedin=ALLBUT,cString,cComment,
    \    cCharacter,cMyPreproc

syn region cMyString
    \  start=/L\="/ skip=/\\\\\|\\"/ end=/"/
    \ transparent keepend contains=ALL

syn region cMyPreproc start=/^\s*#/ skip=/\\$/ end=/$/
    \ transparent keepend contains=ALL

set foldmethod=syntax
normal zi
```

Anwendung:

Wie in 7.2 beschrieben, können Sie `vic.vim` z.B. in `$HOME/.vim/myscripts/` unterbringen und über ein Argument in der *vim*-Aufrufzeile »sourcen« lassen.

Erklärung:

- Die ersten beiden Zeilen kennen Sie aus 7.2, die Wirkung der Einrückung wurde in 6.8.1 erklärt.
- Gegenüber der ersten Version von `vic.vim` in 7.2 ist der Test auf den Dateityp hinzugekommen, damit auch C++-Dateien mit abgedeckt werden, denn die Beschreibung von C++ ist eine Obermenge von der von C. Wenn der Dateityp »`cpp`« ist, soll er das auch bleiben, nur ein von »`c`« und »`cpp`« verschiedener soll auf »`c`« gesetzt werden. In jedem Fall wird die Syntaxbeschreibung `$VIMRUNTIME/syntax/c.vim` gelesen, spätestens nach dem Setzen des Dateityps mit »`let &ft=c`«.
- Danach werden drei Syntaxbereiche definiert, einer mit der Definition des Faltungsbereichs (`cMyBrace`) und zwei »Hilfsbereiche«. Die Definitionen werden beim Scannen von hinten nach vorn abgearbeitet, das heißt, auf die zuletzt definierten Bereiche wird zuerst getestet.
- Die entscheidende Definition ist die des Syntaxbereichs `cMyBrace`, der einen Block beschreibt. Er ist »transparent«, also »farblos«, und definiert gleichzeitig einen Faltungsbereich. Mit einem »`containedin = ALLBUT,...`« sollen die oben erwähnten Ausnahmen berücksichtigt werden, das heißt. Kommentare, Zeichenketten und Zeichen (»`'...'`«) sowie Präprozessoranweisungen. Die Gruppennamen ohne vorgesetztes »`my`« beziehen sich auf die C-Syntaxbeschreibung. Für Kommentare und Zeichen funktioniert das bereits.

- Bei Zeichenketten gibt es Probleme, also definieren wir uns cMyString selbst. Dabei heißt es aufpassen, denn diese Gruppe soll nur »logisch« sein und sich nicht auf andere auswirken. Daher das Attribut »transparent« nebst »keepend« (das Ende dieses Bereichs kann auch das Ende anderer Bereiche sein) und »contains=ALL« (darf alle anderen Gruppen enthalten).
- Für Präprozessoranweisungen gibt es keine geeignete Gruppe, weswegen ein zu cMyString analoger »logischer« Bereich cMyPreproc definiert wird. Das »skip«-Muster berücksichtigt Fortsetzungszeilen.
- Mit »set fdm« wird Faltung aktiviert und mit »zi« gleich wieder aufgehoben.

Diese Lösung ist nicht perfekt. Farbige Hervorhebungen innerhalb von Präprozessoranweisungen und Formatstrings gehen verloren. Namensräume (*namespaces*) in C++ werden mit gefaltet. Ohnehin kann man mit Definitionen wie

```
#define obrace    {
#define cbrace    }
```

(und im Folgenden der konsequenten Verwendung von obrace und cbrace für Blockanfang und -ende) jede noch so clevere Syntaxbeschreibung aushebeln (auch der Befehl »%« funktioniert dann natürlich nicht mehr). Doch solche Makros sollte man in fremdem Quelltext vermutlich erst einmal global ersetzen – mit *vim* natürlich ...

7.10 Anwendungen über Anwendungen

Auf www.vim.org [VIM] finden Sie unter der Rubrik »scripts« derzeit (Ende 2007) über 2000 verschiedene Skripte, die von Nutzern beigesteuert wurden. Auch eine Suche ist verfügbar, denn es ist nicht gerade einfach, sich in dieser unübersehbaren Vielfalt zurechtzufinden.

Leider gibt es im Moment das Inhaltsverzeichnis nur »stückchenweise«.

Bei komplexeren Problemen lohnt es sich also, dort einmal nachzuschauen. Bei einfachen und vielleicht gar nur einmal benötigten Anwendungen haben Sie diese unter Umständen schneller selbst geschrieben und getestet, als nach ihr gesucht, Dokumentation und Installationsanleitung gelesen und dann noch konfiguriert.

Wenn Sie aber ein neues Problem gelöst haben, vor dem andere auch stehen, und glauben, dass Sie sich mit Ihrem Skript an die Öffentlichkeit trauen können, dann zögern Sie nicht und stellen es auf dieser Webseite vor.

8 Tipps ohne Ende

Bisher ging es in diesem Buch vorwiegend darum, ausgewählte Fähigkeiten und Kommandos von *vim* zu beschreiben. Die Anwendungen in Kapitel 7 zeigten zwar, was sich mit dem Editor alles machen lässt, helfen jedoch nicht bei den kleinen Problemen, die man zumindest am Anfang erst einmal hat. Natürlich gibt es auch hier Hilfe. Die Auswahl der Tipps in diesem Kapitel ist zwangsläufig sehr subjektiv, aber als Anregung können sie allemal dienen.

8.1 Tipps aus der Hilfe

Mit »`:help tips`« finden Sie einige Tipps bereits auf der Hilfeseite. Es wäre müßig, diese hier zu wiederholen; ich beschränke mich daher auf den Überblick. Am interessantesten erscheinen mir davon

- Editieren von C-Programmen (Überblick)
- Löschen bzw. Umschalten von xterm-Fensterinhalten
- mehrere leere Zeilen zusammenfassen
- Help-Dateien komprimieren bei Platzmangel
- Verwendung von Tastaturcodes wie `<CR>` in Autokommandos

Die anderen Tipps beinhalten:

- Suche nach Bezeichnern (das kann ggf. *cscope* besser)
- Rollen im Einfügemodus
- »weiches« Rollen (offensichtlich nur für langsame Terminals interessant)

- Tippfehler mit Abkürzungen korrigieren (Spellcheck aus 7.6 ist besser!)
- Wörter, Zeichen und Zeilen zählen (das meiste geht auch mit *wc* und *grep*)
- Cursorposition nach einem Kommando wieder herstellen (= Sprung zu Marke)
- mehrere Dateien in einem Schritt umbenennen (eher eine Aufgabe für Shellskripte)
- Performance-Probleme bei externen Shell-Kommandos (zu große Initialisierungsdateien)
- *emacs*-Tastaturmappings
- Shellkommandos in separaten Fenstern ausführen (kein Thema für virtuelle Konsolen!)
- Hexadezimales Editieren (wie in 7.7 beschrieben)

Schließlich finden sich auch noch unter »`:help 90.4`« Hinweise.

8.2 FAQs und www.vim.org

FAQs, *frequently asked questions*, sind in der Regel Sammlungen von Antworten auf besonders häufig gestellte Fragen. Auf der Webseite zu *vim*, `www.vim.org`, haben die FAQs den Umfang eines Lehrbuchs angenommen. Es ist gewiss kein Fehler, sich die aktuellste Version dieser Datei herunterzuladen (Ende 2003 waren es bereits 210 KB englischer Text). Sie finden sie unter »`Documentation > FAQ`«. Aus Platzgründen seien hier nur die Übersetzungen der Hauptüberschriften aufgeführt:

1. Allgemeines
2. Quellen
3. Verfügbarkeit
4. Hilfe
5. Eine Datei editieren

6. Mehrere Dateien editieren
7. Puffer
8. Fenster
9. Positionieren
10. Suchen
11. Text ändern
12. Vervollständigung bei der Eingabe
13. Text formatieren
14. Visueller Modus
15. Kommandozeilenmodus
16. Remotes Editieren
17. Optionen
18. Tastatur-Mapping
19. Abkürzungen
20. Aufzeichnen und Abspielen
21. Autokommandos
22. Syntaxfarben
23. vim-Skripte schreiben
24. PlugIns
25. Programme editieren
26. Quickfix
27. Faltungen
28. vim mit externen Anwendungen verbinden
29. vim GUI
30. vim unter UNIX
31. vim unter MS Windows
32. Drucken
33. vim selbst übersetzen
34. Verschiedenes
35. Unicode

Des Weiteren finden Sie auf der *vim*-Webseite über 1300 Tipps und über 2000 von Anwendern beigesteuerte Skripte (Stand Ende 2007). Auch eine Suchfunktion ist verfügbar – falls Sie wissen, wonach Sie suchen sollen. Selbstverständlich gibt es ebenso Mailinglisten zur Nutzung und Weiterentwicklung des Editors. Je nach Aufgabe, Können und vorhandener Zeit werden Sie diese Angebote rege nutzen oder Ihr Problem schneller selbst lösen.

8.3 Eigene Tipps

Die folgende Auswahl von Tipps ist zwangsläufig willkürlich. Es sind einfach die Probleme, die ich teils mit *vi* (den ich schon seit 1987 nutze) selbst oder bei anderen beobachtete, später dann mit *vim*.

8.3.1 Elementare Probleme

- *vim* beschwert sich, dass ein »**swap file ...swp**« vorhanden ist und bringt einen ganzen Bildschirm voller Meldungen und Angebote, was Sie jetzt tun könnten.

  Ursache: Diese Datei wird bereits mit *vim* bearbeitet, oder *vim* wurde bei einer früheren Sitzung abgebrochen (vgl. 4.6.1). Das müssen Sie selbst herausfinden. Falls das Wiederherstellen nicht klappt, müssen Sie die Swap-Datei löschen, sonst gibt es die gleiche Meldung beim nächsten Start.

- **Ich kann nichts eingeben/kein Kommando absetzen.**

  Für Texteingaben müssen Sie erst in den Einfügemodus wechseln, zum Geben von Kommandos diesen mit »`Esc`« verlassen (Kap. 2). Ich empfehle, in `.vimrc` ein »`set showmode`« einzutragen – dann wird der Einfügemodus immer unten angezeigt.

- **Ich habe mich bei einem Kommando vertippt, es aber noch nicht abgeschickt.**

  Mit »`Esc`« und noch schneller »`Strg/C`« können Sie jede Aktion abbrechen. Wurde die Aktion schon ausgeführt, dann hilft wie immer das undo-Kommando »`u`«.

- **Ich kann keine Änderungen vornehmen oder abspeichern.**

  Wenn eine Datei nur zum Lesen geöffnet wurde (»`vi -R ...`« oder »`view ...`«), können Sie zwar ändern, müssen aber mit »`:w!`« abspeichern. Ist die Datei schreibgeschützt und wollen Sie sie wirklich überschreiben, so müssen Sie den Schreibschutz zumindest zeitweilig aufheben. Das können Sie von *vim* aus erledigen, falls Sie die Rechte dazu besitzen:

  ```
  :!chmod u+w %
  :w!
  :!chmod u-w %
  ```

  (nutzen Sie die *ex*-History). Wenn die Option »`modifiable`« nicht gesetzt ist (z.B. bei Hilfe-Dateien), sind Änderungen während der Sitzung nicht mehr möglich. Zwar können Sie die Option selbst einschalten, doch meist hat es einen triftigen Grund, dass das Editieren unterbunden wird.

- **Nach dem Drücken der Escape-Taste passiert eine Sekunde lang nichts.**

  Viele Tasten senden Zeichenfolgen, die mit »`Esc`« beginnen. *vim* wartet, ob noch andere Zeichen kommen. Sie können diese Zeitdauer mit der Option »`timeoutlen`« verstellen; lesen Sie Näheres dazu unter »`:help timeout`«. Die Wartezeit tritt übrigens auch auf, wenn Sie z.B. auf die Tastenfolge »`vv`« ein Kommando mappen. Da das besonders im Einfügemodus sehr stört, sind derartige Mappings zwar möglich, aber ziemlich unklug.

- ***vim* erkennt manche Funktionstasten nicht.**

  Achten Sie darauf, dass die Umgebungsvariable `TERM` bzw. die Option »`term`« richtig gesetzt sind (unter Linux auf »`xterm`« oder »`linux`«). Unter SuSE Linux gibt es zudem eine System-Konfigurationsdatei `/etc/vimrc`, die spezielle Mappings vornimmt. Prüfen Sie mit »`script`«, ob diese ausgeführt wurde und was sie bewirkt. Manche Codes sind auch nicht belegt (z.B. Umschalt-Funktionstaste) oder werden vom Desktop »weggefangen« (wie z.B. »`Alt/F4`«).

- ***vim* startet sehr langsam.**

  Das tritt vor allem bei reinen Text-Terminals auf, wenn *vim* mit grafischer Unterstützung übersetzt wurde. Er versucht, mit dem nicht vorhandenen X-Server Kontakt aufzunehmen und gerät in eine längere Warteschleife. Abhilfe: »`vim -X ...`«. Weitere mögliche Ursachen finden Sie unter »`:help slow-start`«.

- ***vim*-typische Kommandos wie visueller Modus, Such-History usw. funktionieren nicht.**

  Vermutlich läuft *vim* im Kompatibilitätsmodus zu *vi*. Sie brauchen eine Datei `.vimrc` in Ihrem HOME-Verzeichnis oder müssen *vim* mit dem Schalter »`-N`« starten, damit der Editor auf alle neuen Funktionen zurückgreifen kann.

- **Nach einer Neuinstallation »ist nichts mehr wie früher«.**

  Die Ursache könnte ein System-`virmc` sein, der nur früher ausgeführt wurde oder aber erst jetzt ausgeführt wird. Vergleichen Sie die Ausgaben der Befehle »`:version`« und »`:script`« von altem und neuem Release.

8.3.2 Alltag

- **»Umschaufeln« mit dem visuellen Modus:**

  In der Regel nutzt man Editierbefehle wie »`c3w`« (drei Wörter ersetzen) oder »`ct,`« (Text bis zum Komma ändern). Manchmal wird es der Zählerei zu viel, oder ein Bezugspunkt lässt sich nicht so einfach angeben, z.B. wenn man Teile komplizierter regulärer Ausdrücke ändern will.

Hier hilft der »gewöhnliche«, zeichenweise visuelle Modus: »v« tippen, mit dem Cursor bis zur gewünschten Stelle fahren und dann z.B. »c«, »d« oder »y« eingeben. Diese Variante ist oft stressfreier – probieren Sie es aus. Beachten Sie, dass ausgewählte Bereiche, die sich über mehrere Zeilen erstrecken, auch die Zeilenenden »\n« mit enthalten: Nach Zwischenspeicherung in einem Register per »y« (Yank) wird das Zeilenende bei jedem Put-Kommando »p« mit eingefügt.

- **Zeilenwechsel einfügen:**

  Mitten im Wort: »i«, »Enter«, »Esc«. Zeilenwechsel statt Leerzeichen: »r«, »Enter«. Bei wie üblich gesetzter Option »autoindent« wird die neue Einrückung richtig ermittelt, ebenso bei sprachabhängiger Einrückung.

- **Zeilen zusammenfügen:**

  Üblich mit »J« (join) vorzunehmen. Ist die Option »joinspaces« gesetzt (Standard), dann fügt *vim* nach einem Satzende zwei Leerzeichen ein, sonst nur eines (deswegen schalte ich diese Option in .vimrc aus). Zwar fügt »gJ« zwei Zeilen ohne Leerzeichen aneinander, aber besser merkt sich die Folge »Jx« aus zwei Kommandos, die das Leerzeichen löscht.

  Manchmal muss man zwei Zeilen der Form

  ```
  eine Zeile mit Wort-
  trennung
  ```

  zusammenfügen. Hier hilft »JXx«.

- **Einfügen mit geringerer Einrückung bei »autoindent«:**

  Wenn man in folgendem Textstück

  ```
  - erster Anstrich mit
    Fortsetzungszeile
  - zweiter Anstrich
  ```

zwischen beide Punkte einen neuen Anstrich einfügen möchte und die Option »autoindent« gesetzt ist, gibt es mehrere Möglichkeiten: Entweder der Cursor steht auf »Fortsetzungszeile«, und man tippt »o«, »Esc«, »i« – dann verschwindet die Einrückung um zwei Spalten. Oder man setzt den Cursor auf den nächsten Anstrich und fügt mit »O« vor der Zeile ein. Oder man startet vom obigen Punkt mit »o« und korrigiert die Einrückung mit mehrmaligem Drücken von »Strg/D«. Ich selbst setze die erste Variante am häufigsten ein.

- **»Strg/D« verringert die Einrückung immer gleich um acht Spalten.**

  Setzen Sie »:set sw=1« (oder auf einen anderen Wert, am besten gleich in .vimrc).

- **Buchstaben vertauschen:**

  Kommando »xp«, wobei der Cursor auf dem ersten der beiden Buchstaben steht (das gelöschte Zeichen wandert in ein unbenanntes Register, das nach dem nächsten Zeichen eingefügt wird). Dieser Hinweis fehlt vermutlich in keiner Sammlung, hilft er doch den häufigsten Tippfehler zu korrigieren. Ich vermisse das Kommando schmerzlich in Textverarbeitungen (wo ich mir dazu erst ein Makro schreiben muss).

- **Ein Wort mitten im Text nachträglich in Anführungsstriche setzen:**

  Aus »eine starke Sache« soll »eine "starke" Sache« werden: Cursor auf Anfang von »starke« setzen und nacheinander tippen: »i"«, »Esc«, »f « (f + Leerzeichen), ».« (Punkt). Das Punktkommando (Wiederholen der letzten Änderung) ist eines der besonders nützlichen und spart in vielen Situationen wie dieser Tipparbeit.

  Wenn mehrere einzelne Wörter so zitiert werden sollen, nutzen Sie »recording« (Kommando »q«) und zeichnen die fünf Tastendrucke auf. Das Beispiel versagt übrigens am Satz- und Zeilenende.

- **Einfügen von Sonderzeichen:**
  Sonderzeichen, die nicht direkt von der Tastatur erzeugt werden, können Sie mit Digraphen eingeben: »`Strg/K C u`« im Einfügemodus generiert z.B. das Euro-Zeichen €. Ein Übersicht über alle Digraphen liefert Ihnen das Kommando »`:diagraphs`«.
  vim ist obendrein Unicode-fähig, wenn er mit der Fähigkeit »`+multi_byte`« übersetzt wurde, doch die Nutzung dieses Features hängt auch von der konkreten Umgebung ab. Ich verweise auf die in 8.2 erwähnten FAQs, Sektion 35, auf die Optionen »`encoding`«, »`fileencoding`«, »`fileencodings`«, »`termencoding`« und »`bomb`« sowie auf »`:help multibyte`« und »`:help usr_45`«.
- **Unter UNIX/Linux erstellte Dateien ärgern Windows-Nutzer:**
  Textdateien werden unter Windows anders dargestellt als unter UNIX und Linux (UNIX-Zeilen enden mit »`\n`«, Windows-Zeilen mit »`\r\n`«). Setzen Sie »`:set ff=dos`« vor dem Abspeichern für den Export nach Windows. Umgekehrt erkennt vim beim Einlesen das Dateiformat automatisch. Sollen Windows-Textdateien unter UNIX verwendet werden, so setzen Sie »`:set ff=unix`« vor dem Abspeichern.
- **Tabulatoren durch Leerzeichen ersetzen:**
  Dies erledigen »`:set expandtab`« und nachfolgend »`:%retab`«. Das ist z.B. bei Python-Skripten wichtig, weil Tabulatorzeichen (aus gutem Grund) von der Syntaxerkennung mit warnendem Rot versehen werden (es kann dann nämlich Probleme bei der Portierung geben). Angewendet habe ich das gleich im nächsten Punkt:
- **Zusätzliche Einstellung für Python-Skriptdateien:**
  In `$HOME/.vim/after/syntax/` brachte ich eine Datei `python.vim` mit folgendem Inhalt unter:

```
let &sw=4
set expandtab
%retab
```

Das ersetzt nachträglich und bei Eingabe alle Tabulatoren durch entsprechend viele Leerzeichen und stellt die Einrücktiefe 4 ein (die ich in `.vimrc` auf 1 setzte). Der Trick dabei: Die Verzeichnisse in `$HOME/.vim/after/` werden bei der Initialisierung *nach* den anderen Konfigurationsdateien gelesen.

Allerdings muss die zu editierende Datei als Python-Skript erkannt werden: Entweder ihr Name endet auf »`.py`«, oder in ihrer ersten Zeile steht ein Eintrag wie »`#!/usr/bin/python`«. Ansonsten müssen Sie von Hand »`:set ft=python`« eingeben.

8.3.3 Farbprobleme

- **Es erscheinen gar keine Farben.**
  - Einfache Texte erscheinen nicht farbig. Wenn »`:set ft?`« einen leeren Dateityp anzeigt oder einen Typ, für den keine Syntaxdatei existiert, bleibt alles schwarz-weiß.
  - Prüfen Sie, ob »`syntax enable`« in `.vimrc` steht.
  - Kann Ihr Terminal überhaupt Farben darstellen?

  vgl. a. 6.9.1!
- **Die Farben sind hässlich.**
  Dann testen Sie doch einmal die mitgelieferten Farbschemata, am besten so wie in 6.9.2 mit dem Skript `colortest.vim`. Bei beigefarbenem Hintergrund bevorzuge ich `peachpuff`. Das Verändern der Farben ist sehr einfach, und Sie können Ihr eigenes Schema in `.vim/colors/` unterbringen.
- **Warum sind »XXX«, »TODO« und manche Leerräume gefärbt?**
  Das ist bei der Syntaxfärbung absichtlich so eingestellt und hängt somit vom Dateityp ab. Wenn Sie es ändern wollen, dann kopieren Sie sich die entsprechende Datei aus `$VIMRUNTIME/syntax` nach `$HOME/.vim/syntax` und editieren sie (um diese Färbung zu beseitigen, brauchen Sie nicht die gesamte Syntax zu verstehen).

8.3.4 Kontakt zum System

- Wenn ich per »su« lokal zum **Superuser** werde und dann *vim* rufe, erscheinen nach der Sitzung **seltsame Meldungen** der Art

  ```
  Xlib: connection to ":0.0" refused by server
  Xlib: Invalid XDM-AUTHORIZATION-1 key (failed key comparison)
  ```

  Ursache: Der Superuser »root« hat keine Zugriffsberechtigung zum X-Server. Das passiert vermutlich nur, wenn Sie den Befehl »su« und nicht »su -« eingegeben haben. Entweder Sie verwenden »su -«, oder Sie starten den Editor mit dem Schalter »-X«, oder Sie geben vor dem »su«

  ```
  »export XAUTHORITY=$HOME/.Xauthority«
  ```

  ein.

- **Ich möchte größere Teile einer Datei in eine andere einfügen.**

  (nur unter UNIX) Vor diesem Problem stehe ich oft und habe mir deshalb in .vimrc zwei Mappings definiert:

  ```
  cmap <F9> w ! cat - >~/p<CR>
  nmap <F10> :r ~/p<CR>
  ```

  Zur Vorbereitung ist noch die Fifo ~/p im HOME-Verzeichnis per Kommando

  ```
  mkfifo p
  ```

  zu erzeugen (der Name »p« ist willkürlich, er muss aber mit dem in den Mappings übereinstimmen). Um einen Bereich von a.txt nach b.c zu kopieren, starten Sie zwei Sitzungen in zwei Fenstern und markieren den Bereich von a.txt visuell. Danach »:« und »F9« drücken, zur zweiten Sitzung wechseln und dort (im Kommandomodus) »F10« drücken – fertig. (Selbstredend können Sie den Bereich auch anders als visuell auswählen!)

In der Hilfe und anderen Tipps wird das Kopieren über eine Datei statt eine Fifo empfohlen (das erste Mapping müsste dann »`cmap <F9> w! ~/p<CR>`« heißen). Allerdings ist nun die Reihenfolge zu beachten (erst senden, dann empfangen), und es gibt eine »Dateileiche« mehr auf der Platte. Bei Fifos wird an jedem »Ende« gewartet, bis ein Sender/Empfänger am anderen Ende auftaucht, zumindest laut Theorie. Instabilitäten im Linux-Kern, die in Zukunft hoffentlich behoben werden, erfordern manchmal das erneute »Senden« per Taste `F9`. Wenn Sie den visuellen Modus verwendet haben, dann nutzen Sie das Kommando »`gv`«, um den gleichen Bereich erneut zu markieren.

Natürlich darf über die Fifo »`~/p`« zu jedem Zeitpunkt nur eine Kommunikation laufen!

- **Wie komme ich nach $VIMRUNTIME?**

  Auf die Umgebungsvariable `VIMRUNTIME` wird im Buch oft Bezug genommen – unter dem Verzeichnis, dessen Namen sie enthält, residieren die wichtigen Systemdateien des Editors: Hilfe, Syntaxbeschreibungen, Makros, Farbschemata, Beispieldateien usw. Im Standardfall hat die Variable einen Wert wie etwa »`$VIM/vim62`«. Da *vim* auch die Variable `VIM` selbst setzt, können Sie im einfachsten Fall aus *vim* heraus »`:sh`« eingeben und dann (schon unter der Shell) »`cd $VIM; cd *`«.

  Das muss nicht immer klappen, nämlich falls diese Variablen bereits beim Aufruf gesetzt sind. Im Zweifelsfall prüfen Sie unter *vim* mit »`:echo $VIMRUNTIME`« nach.

  Bei Debian-Paketen (zumindest von *vim 6.1*) musste ich feststellen, dass diese Umgebungsvariablen in der Shell nicht gesetzt sind, obwohl das ausdrücklich in der Hilfe erwähnt wird. Mir ist nicht bekannt, was die Paket-Designer hier verändert haben (und wozu).

8.3.5 Kniffligere Editieraufgaben

- **Einen Bereich mit »#« in der ersten Spalte auskommentieren:**

  Der klassische Weg wäre: An den Anfang des Bereiches gehen, mit »ma« die Marke »a« setzen, zum Ende des Bereiches wechseln und folgendes *ex*-Kommando absetzen:

  ```
  :'a,. s/^/#/
  ```

  Die Rechteck-Auswahl im visuellen Modus macht es viel leichter:

  An den Bereichsanfang gehen, »Strg/V« tippen, mit dem Cursor (oder einem Suchbefehl) zum Ende fahren, »I#«, »Esc« eingeben (die Kommentarzeichen erscheinen nach einer Sekunde, dem »Escape-Timeout«). Auch »//« in C++-Programmen kann man so einfügen – und ebenso die Kommentarzeichen später wieder entfernen!

- **Eine Datei vor die erste Zeile einlesen:**

  Der klassische Weg der *vi*-Nutzer war: »O«, »Esc«, »:r ...«, »kdd« (also: eine Zeile vor der ersten einfügen, nach dieser Leerzeile die Datei einlesen, zur Leerzeile wechseln und diese löschen).

  Mit *vim* geben Sie einfach »:0r ...« ein.

- **Einen Bereich einrücken:**

  Dazu empfehle ich prinzipiell den visuellen Modus. Nach dem Markieren können Sie mit »>« und »<« einmal und dann (Achtung!) mit ».« (Punkt) erneut verschieben. Die Schrittweite der Verschiebung ist in der Option »shiftwidth« angegeben (die bei mir den Wert 1 hat). C-Blöcke kann man bequem mit »V%« markieren, wenn der Cursor auf einer geschweiften Klammer steht.

- **Zeilen im Einfügemodus kopieren:**

  Manchmal will man Teile einer Zeile in die gleiche Spalte eine Zeile darüber oder darunter kopieren. Das erledigen die Kommandos »Strg/E« und »Strg/Y« zeichenweise im Einfügemodus (im Kommandomodus rollen sie den Bildschirm um eine Zeile). Eselsbrücke: »Y« zeigt mit der Spitze nach unten, kopiert also in diese Richtung (aus der Zeile darüber), »E« erinnert an einen Kamm, der oberhalb des Kopfes (hier eben der Zeile) entlang gezogen wird.

8.4 Meine Favoriten

Die bisherige Auswahl an Themen in diesem Kapitel war schon subjektiv genug, nun wird es noch willkürlicher. Die folgende »Favoritenliste« von Befehlen und Fähigkeiten stellt einfach das zusammen, was mir bei der täglichen Arbeit mit *vim* sofort als besonders angenehm einfällt und in den meisten Fällen auch einen großen Fortschritt gegenüber *vi* darstellt. Zwangsläufig werde ich dabei die Hälfte vergessen zu erwähnen. Aber die andere Hälfte könnte für Sie dennoch eine Anregung sein, ähnliche Erfahrungen zu machen und zu entspannterer, effektiverer Arbeit zu finden!

»Klassiker«

Punkt: Der »Superbefehl« war schon unter *vi* für mich immer das Punkt-Kommando ».«. Es wiederholt die letzte Änderung, egal wie komplex sie sein mag: Alle Zeilen bis zum Bildschirmende löschen, 147 Zeilen eines Blocks eine Spalte nach links verschieben, Ausführung eines komplexen *vim*-Skripts. Wer dieses Kommando nicht nutzt, sollte auf *evim* umsteigen.

Yank/Put: Die y- und p-Kommandos (Klein- wie Großbuchstaben), die Textteile in Registern speichern und Register an anderer Stelle einschieben, gehören zum Grundwerkzeug. Wie will man sonst Programme oder Texte umordnen?

Undo, Redo: Der Undo-Stack ist eines der *vim*-Features, das man als Erstes schätzen lernt. Mit »u« und »Strg/R« können Sie Befehle in aller Ruhe »ausprobieren« und manchmal »unwiderrufliche« Änderungen, die zu spät als falsch erkannt wurden, doch noch wieder rückgängig machen: Das Speichern der letzten 1.000 Zustände dürfte auch die Anspruchsvollsten zufrieden stellen.

Strg/O, Tab: In die gleiche Kategorie (und viel zu oft vergessen) gehören diese beiden Befehle, die Sprungbefehle rückgängig machen bzw. wiederholen. Vor allem wenn man einmal die Übersicht verloren hat, sind sie wertvolle Helfer.

Nerven sparen, Fehler vermeiden

Strg/P, Strg/N: Diese Befehle lernte ich viel zu spät kennen: Sie bieten mögliche, bereits im Text vorkommende Ergänzungen zu einer Zeichenfolge an. Solche Einsichten sind nicht ungewöhnlich, doch machen Sie nicht den gleichen Fehler und nutzen Sie diese Kommandos von Anfang an. Gerade in Programmen mit längeren und vor allem komplizierten Namen spart man nicht nur Zeit und Anspannung, sondern vermeidet auch tückische Tippfehler (vor allem beim Programmieren)! Eselsbrücke: P = *previous*, sucht also ab Cursor in davor liegendem Text, N = *next* – analog Suche nach hinten. Wiederholtes Tippen des Kommandos lässt alle gefundenen Wörter durchlaufen. In *vim7* werden Ihnen Menüs mit allen möglichen Ergänzungen angeboten, was nochmals deutlich entspannteres Arbeiten ermöglicht. Die Menüs ändern sich dynamisch, wenn Sie einen Buchstaben hinzufügen oder löschen.

Visueller Modus: Der visuelle Modus erfordert höchstens einen Tastendruck mehr als die »klassischen« Kommandos, aber man sieht immer, was man macht, erkennt also Fehler eher oder kommt überhaupt zu »vernünftigem Editieren«. Versuchen Sie doch einmal, in dem regulären Muster

```
<\s*\([^[:alnum:]_:\-[:blank:]]\=\)\s*\([[:alnum:]_:\-]\+\)\>
```

den ersten Teil »\(...\)« hinter den zweiten zu verschieben, ohne den Bereich zu markieren ... Auch das Verschieben von mehreren Zeilen nach rechts und links mittels »<« und »>« macht sich im visuellen Modus besser. Die »Rechteck-Markierung« mit »Strg/V« erlaubt das bequeme Einfügen und Löschen von Textspalten.

Tabs: Ein simpler Schalter "-p" bewirkt bei Angabe mehrerer Dateien auf der Kommandozeile, dass jede in einem eigenen Tab erscheint, und mit "gt" und "gT" kann man vorwärts- und rückwärts schalten. Mit ":tabe dateiname" wird ein neuer Tab eröffnet (das klappt auch ohne den Schalter "-p"). Das Ganze arbeitet ähnlich wie die von mir so sehr geschätzten virtuellen Konsolen im KDE. Tabs sind für mich der wichtigste Grund, auf jedem neuen Rechner nach Möglichkeit gleich vim7 zu übersetzen.

gv: Dieses Kommando »zaubert« den visuell markierten Bereich wieder hervor, wenn man ihn wieder braucht und er z.B. nach einem ex-Kommando verschwunden ist.

Such-Geschichte, ex-Geschichte: Allein der Umstand, dass man alte Suchbefehle und ex-Kommandos einfach mit der Cursortaste zurückholen und primitiv editieren kann, war schon Grund genug zum Jubel. Der wurde noch größer, als ich »q/« und vor allem »q:« kennen lernte ...

ex-Vervollständigung mit »Tab«: Wo es geht, sollten Sie versuchen, ex-Kommandos mit »Tab« zu vervollständigen. Nur brave Nutzer schreiben »:set expandtab«, die genialen und daher faulen tippen »:set expa« und ergänzen mit »Tab«. Auch die Auswahl mittels »Strg/D«, wie schon im Kapitel 1 bei der Hilfe beschrieben, hilft sehr bei der Suche nach Optionen mit nur teilweise bekannten Namen.

Aufzeichnen mit »q«: Jedes Mal, wenn ich versehentlich an die Taste »q« komme, werde ich daran erinnert, dass ich das so einfach zu nutzende Feature »recording« viel zu selten verwende. Sobald es nach Routine riecht (beginnend mit der ersten Wiederholung der gleichen Tätigkeit), denken Sie an das Kommando »q«!

Sich besser zurechtfinden

, #: Die Suche nach dem Wort unter dem Cursor ist vor allem für Programmierer nützlich. Allerdings hat das Kommando kein »Gedächtnis«: Wenn Sie ein gefundenes Wort mit dem Cursor verlassen, können Sie nicht mit »« weitersuchen. Kein Problem: »n« bzw. »N« nutzen, denn das Muster ist als letztes Suchmuster gespeichert!

%: Der Prozentzeichen-Befehl war schon unter *vi* unerlässlich, um sich in Ausdrücken wie

```
if((L = (WORD *)calloc((b+sizeof(WORD)-1)/
                        sizeof(WORD), sizeof(WORD))) == NULL)
```

noch zurechtzufinden. Auch für eckige und vor allem geschweifte Klammern funktionierte das schon unter *vi*. Die nützlichste *vim*-Erweiterung dieses Befehls ist, dass man damit selbst zwischen Präprozessoranweisungen wie `#if`, `#else` und `#endif` springen kann (sowie zwischen Anfang und Ende von C-Kommentaren). Erweiterungen wie mit dem `matchit`-Makro (7.4) erlauben sogar, zwischen zugehörigen XML-Tags zu wechseln.

`[{`, `}]`: Den Sprung zum Anfang bzw. Ende des umfassenden Blocks nutze ich zwar seltener, doch er kann in (zu) großen Programmen sehr nützlich sein (vor allem wenn man obendrein den »Sprung-Stack« mittels »`Strg/O`« und »`Tab`« nutzt).

`[I`: Dieses Kommando ist das »kleine cscope«: Es listet Dateinamen und Zeilennummern aller Vorkommen des Wortes unter dem Cursor auf, und man kann direkt dort hin springen.

Nützliche Optionen

»:options«: Wer nach einer Option sucht und nicht weiß, wie sie heißen könnte, sollte dort ansetzen.

ruler: Auf die ständige Anzeige von Zeilen- und Spaltennummer sowie Position in der Datei (in %) möchte ich mittlerweile nicht mehr verzichten müssen.

showmode: Die Anzeige des aktuellen Modus (außer Kommandomodus) war schon unter *vi* »Pflicht«.

showmatch: Das ist das »ausgeführte Prozent-Kommando« während des Schreibens und zum Vermeiden von Tippfehlern unerlässlich (und funktionierte bereits unter *vi*).

autoindent: Ein Schreiben mit automatischer Ausrichtung auf die Einrückung der vorigen bzw. nächsten Zeile ist bei mir seit *vi*-Zeiten selbstverständlich.

shiftwidth: Die Standard-Einrücktiefe von 8 ist für die meisten Zwecke zu groß. Um mit »Strg/D« und »Strg/T« Zeilen genau justieren zu können, setze ich den Wert in .vimrc auf 1 (und bei Python z.B. nachträglich auf 4 – s. 8.3.2).

showcmd: Es stört fast nicht und ist oft nützlich, wenn Tastendrücke, die man sonst blind eintippt, angezeigt werden.

»High-Tech«

Automatische Einrückung von Programmen: Die in 6.8.1 und 7.2 beschriebene bzw. konfigurierte Einrückung von C-Programmen ist eine der größten Erleichterungen beim Programmieren. Man schreibt entspannter, kann sich besser auf den Inhalt konzentrieren, und wenn Codeteile auf eine andere Ebene wandern, dann reicht das visuelle Markieren des »chaotischen« Abschnitts und ein anschließender Druck auf die »=«-Taste – schon ist alles nach eigenen Vorstellungen formatiert. Unerwartete Einrücktiefen weisen untrüglich auf einen versteckten Fehler hin.

Syntaxfarben: Syntaxfarben sind ein Muss, obwohl sie von Puritanern geschmäht werden. Doch vergessen Puritaner etwa nicht, Zeichenketten abzuschließen, und vertippen sie sich auch niemals bei Schlüsselwörtern? Die Zahl der Fehler, die man so bereits beim Schreiben eines Programms vermeidet, ist erstaunlich hoch.

Text formatieren, Stil verbessern: Mein Miniskript *viw* aus 7.2 und die beiden »Stilverbesserer« aus 7.5 sind längst zu unentbehrlichen Helfern geworden. Fast alle Zeitschriftenartikel und E-Mail-Texte werden zuerst mit ihrer Hilfe entworfen.

Faltungen, zi, zC, zO (zM, zR): Beim Neuschreiben oder Analysieren etwas umfangreicherer Programme und Skripte freundet man sich sehr schnell mit Faltungen an. Derzeit helfen sie mir beim »Übersetzen« eines 1.500 Zeilen langen Kornshellskripts (mit vielen Funktionen) nach Python, 2004 dann bei der Untersuchung abschreckender, 10.000 Zeilen langer, dürftig kommentierter Fortran-IV-Monster. Meist klappe ich mit »`zi`« alle Faltungen gleichzeitig auf und zu. Bei einzelnen Faltungen machen das »`zC`« und »`zO`«, und nur wenn nicht alle Faltungen geöffnet sind, brauche ich »`zM`« und »`zR`«, um alle gleichzeitig zu schließen bzw. zu öffnen.

vimdiff: Das Angleichen ähnlicher Quelltexte ist selten, aber in der Regel unangenehm. *vimdiff* hilft hier gerade deswegen, weil es keinen rein passiven Vergleich liefert, sondern Änderungen erlaubt und erfolgte Angleichungen umgehend vom Bildschirm verschwinden. Das Navigieren zwischen den Fenstern empfinde ich allerdings nach wie vor als umständlich.

vim-Skripte und Mappings: Mappings sind gegenüber *vim* nicht nur lesbarer geworden (dank Tastensymbolen), sondern viel leistungsfähiger, denn sie können zwischen den Modi unterscheiden und statt langer Kommandos einfach eine Funktion (oder auch ein nutzerdefiniertes Kommando) aufrufen. Fast überflüssig zu sagen, wie wichtig die Skriptsprache von *vim* ist – bei komplizierteren Aufgaben muss immer sie herhalten (und bei wirklich schwierigen in Zukunft eher Python, zumindest bei mir).

Zum Tasten- und Mausgebrauch

Jeder eingefleischte *vi*-Nutzer wird darauf bestehen, dass Sie »`hjkl`« statt der vier Cursortasten verwenden sollen (auch das *vim*-Tutorial beginnt mit diesen Kommandos). Doch warum eigentlich? »Weil es schneller ist.« Das überzeugt wenig, denn Cursorbewegungen kommen in Aktionen vor, bei denen man ohnehin etwas überlegt. Intuitive Bedienung ist wichtiger. »Weil sie nicht auf jedem Terminal funktionieren.« Das kann sein, aber erstens sollte so etwas inzwischen die Ausnahme sein, und zweitens sind damit nicht alle Probleme gelöst: Ich erinnere mich noch zu gut, wie ich Mitte der 90er Jahre händeringend durch eine große Nürnberger Behörde irrte und fragte, wo auf dieser Siemens-Tastatur denn die Escape-Taste sei. Keiner wusste es (die Beamten nutzten nur Funktionstasten). So musste ich mich auf einem anderen Terminal einloggen und die *vi*-Sitzung gewaltsam beenden, denn ich kam nicht mehr aus dem Einfügemodus heraus.

Solange sie arbeiten und es sich anbietet, nutze ich jedenfalls alle Sondertasten, auch »Bild hoch« und »Bild runter«. Da ich ca. zehn Jahre ohne diesen Komfort lebte, weiß ich ihn inzwischen zu schätzen. Auf Tastaturen ohne Escape-Taste müsste ich ohnehin mehr überlegen.

Auch sollten Sie sich nicht scheuen, Cut&Paste mit der Maus nach Belieben mit *vim*-Befehlen (wie »`i`« und »`o`«) zu verknüpfen. »KISS-Prinzip« nennt man das – *keep it simple, stupid*, der Weg zum schnellen Erfolg bei komplexen Aufgaben.

9 Installation, Lizenz

Hilfe zu diesem Kapitel unter »`:help install`« und »`:help copying`«

Hinweise wie in diesem Kapitel stehen in manchen Büchern am Anfang, was ich immer frustrierend finde, denn erst kommt die Motivation, dann die Installation! Doch zum Glück werden Sie das Wissen über Installation in der Regel nicht brauchen. Dazu gleich mehr im nächsten Abschnitt.

9.1 Wann müssen Sie »vim« selbst installieren oder übersetzen?

Zum Zeitpunkt der Manuskripterstellung war *vim7.1* noch »der letzte Schrei«. Die nächsten Releases der wichtigsten Linux-Distributoren werden den Editor gewiss in dieser Version mit ausliefern. SuSE bezeichnet *vim* sogar als »Grundausstattung« des Systems, er ist für dessen Funktionieren unerlässlich.

Wenn Sie also *vim* in der aktuellen Ausgabe auf Ihrem System finden und auch die Hilfe vorhanden ist, können Sie das Folgende bis vor Abschnitt 9.3 getrost erst einmal überspringen. Falls das Paket mitgeliefert und nur noch nicht installiert wurde, brauchen Sie vermutlich keine Hilfe (die Installation bedeutet dann nur Einspielen per *apt*, *rpm* oder *YaST*). Es gibt allerdings eine Reihe von Situationen, wo Sie *vim* selbst besorgen und installieren müssen:

- Windows-Nutzer erhalten den Editor nicht »frei Haus«. Die Installation beschränkt sich für sie (wie unter Windows üblich) auf das Herunterladen und Einspielen der entsprechenden Binaries für ihr System (hoffentlich mit dem gewünschten Funktionsumfang). Alles Notwendige dazu finden Sie unter »`:help 90.2`« bzw. – falls Sie noch keinen lauffähigen Editor *vim* haben – auf `www.vim.org`, denn von dieser Seite müssen Sie sich die Dateien ohnehin besorgen.
- Ihr Distributor bietet nicht das neueste Release an, doch Sie wollen es nutzen. Beispielsweise sind Ausnahmebehandlung und einheitliche Fehlernummern erst seit 6.2 verfügbar, und das so nützliche »`helpg`« ist erst mit Patch 6.1.423 hinzugekommen (nicht alle Versionen von *vim6.1* kennen es also, wie ich leidvoll bei einer Vorführung feststellen musste).
- Sie wollen beispielsweise das Python-Interface nutzen. Leider bietet Ihr Distributor kein entsprechendes *vim*-Paket an. Generell entscheidet der Anbieter von Paketen, welche Zusammenstellungen von Features für Sie »gut« sind und welche nicht. Sie sehen das vielleicht anders.

9.2 »vim« selbst übersetzen – oder Teile installieren

Alles Folgende bezieht sich auf die Installation unter Linux (UNIX analog) für den Fall, dass Sie kein gewünschtes fertiges Paket auf Ihren Installations-CDs bzw. bei Ihrem Distributor finden und Sie es sich selbst übersetzen müssen. Zwar finden Sie unter »`:help 90.1`« (ein Abschnitt der Hilfe-Seite zu »install«) Hinweise, die ich hier nicht wiederholen möchte. Sie sind jedoch nicht ganz aktuell und vollständig, auch gibt es Fallstricke zu beachten.

9.2.1 Der Standardfall

Die Standardprozedur sieht wie immer bei guter Software einfach aus und sollte unter Linux erst einmal glatt durchlaufen:

- Laden Sie sich von `www.vim.org` am besten das komplette Paket `vim-7.1.tar.bz2` herunter (etwa 7 MB). Es enthält die Quelltexte nebst allen Laufzeit-Dateien wie Hilfe, PlugIns und Syntaxbeschreibungen. Bringen Sie es in ein leeres Verzeichnis.
- Im Unterschied zum geläufigen `.tgz`-Format wurde dieses Archiv nicht mit *gzip*, sondern mit *bzip2* komprimiert, das noch kürzere Dateien erzeugt. Sie packen es von Hand wie folgt aus:

  ```
  bunzip2 <vim-7.1.tar.bz2 | tar xf -
  ```

  Sollte *bunzip2* nicht vorhanden sein: Das Paket *bzip2* gehört zum Lieferumfang von Linux und ist mit minimalem Aufwand einzuspielen. Ansonsten finden Sie natürlich auch die etwas längeren `tar.gz`-Archive auf der *vim*-Homepage.
- Wechseln Sie in das erzeugte Verzeichnis `vim62` und starten Sie mit »`./configure`«.
- Dann geben Sie »`make`«, eventuell »`make test`« ein. Erst jetzt (!) müssen Sie Superuser (*root*) werden, um »`make install`« auszuführen. Fertig!

Die ganze Prozedur des Auspackens, *configure*-Laufs, Übersetzens und Installierens dauert auf einem Athlon XP 1700 (haben Sie noch einen so langsamen Rechner??) nicht einmal drei Minuten.

Die Praxis hält allerdings Überraschungen bereit, die nach Murphy genau dann eintreten, wenn »überhaupt nichts schief gehen kann«. Zunächst einmal sollten Sie eine alte *vim*-Version deinstallieren, oder besser: sichern.

- Wenn bereits ein »alter« oder reduzierter *vim* auf Ihrem System vorhanden ist und als Paket installiert wurde, dann sind Sie auf der sicheren Seite, wenn Sie ihn deinstallieren, damit es keine Konflikte gibt. Andererseits ist er vielleicht schon ein so wichtiges Arbeitsmittel, dass Sie ihn auch während der Neuinstallation zur Verfügung haben wollen. Und außerdem könnte es mit dem »neuen« *vim* Probleme geben. Das sollte ein Argument dafür sein, den alten Editor zu sichern, statt zu löschen.
- Sie müssen erst einmal herausfinden, wo *vim* residiert und welche Dateien er nutzt. Ersteres sagt Ihnen die Ausgabe des Shell-Kommandos »`type vim`«, das Zweite erfahren Sie über »`:version`«, Angabe zu »`fall-back for $VIM:`« (vgl. a. 8.3.4). Falls *vim* in z.B. `/usr/local/bin/` sitzt, dann wechseln Sie dort hinein und sehen mit »`ls -l *vim*`«, dass eine ganze Reihe von Dateien – z.B. *evim, gvim, rvim* und sogar *vimdiff* – in Wirklichkeit nur symbolische Links auf das einzige Binary *vim* sind. Zum Retten brauchen Sie sich also nur um diese eine Datei zu kümmern, und um das Verzeichnis `$VIMRUNTIME` (und evtl. `$VIM`).
- Solange Sie `configure` und `make` als unprivilegierter Nutzer laufen lassen, kann nichts passieren. Um *vim* aber in den gleichen Verzeichnissen wie bisher unterzubringen, sollten Sie entsprechende Schalter beim Lauf von `configure` angeben, z.B.:

  ```
  ./configure --prefix=/usr/local
  ```

  (mehr dazu liefert die Ausgabe von »`./configure --help`«).
- Wenn dies geschehen ist und Sie Superuser werden, sichern Sie noch vor dem »`make install`« das genannte *vim*-Binary, etwa mit »`cp vim vim.old`«, und benennen Sie `$VIMRUNTIME` um, falls dies erforderlich ist (wenn es »`...vim62`« heißt: »`mv vim62 vim62.old`«).

Die symbolischen Links in `/usr/local/bin` hängen nun in der Luft, Sie können sie jetzt nicht mehr nutzen, nur noch das umbenannte *vim*-Binary!

- Nach »`make install`« sollte der neue *vim* laufen, ansonsten müssen Sie die Umbenennungen wieder rückgängig machen.

Ein mögliches Problem kann entstehen, wenn Ihr alter *vim* System-Konfigurationsdateien ausführte, etwa `/etc/vimrc` (unter SuSE) und diese nun nicht mehr findet. Schauen Sie in die Ausgabe von »`:version`« von altem und neuem *vim*, wo diese Dateien gesucht werden, und kopieren oder linken Sie ggf. die alte `vimrc` an den neuen Ort.

Wenn immer noch Schwierigkeiten auftreten (vor allem beim Übersetzen), müssen Sie sich in die Details vertiefen: Die Header-Datei `src/auto/config.h` kann einen Anfang liefern, und in `src/Makefile` finden Sie zahllose Hinweise zu vielen UNIX-Systemen.

9.2.2 Lokale Installation

Auch wenn sich das manch ein Linux-Crack nicht vorstellen mag: Es gibt tatsächlich qualifizierte Anwender ohne Administratorrechte auf den Computern, mit denen sie täglich arbeiten! Daher kann es durchaus vorkommen, dass sich ein Programmierer den Alltag mit *vim6.2* verschönern möchte, während sein Administrator der Auffassung ist, *vim5.7* täte es ebenso gut (und außerdem habe er dringendere Aufgaben).

Dem Anwender kann geholfen werden, denn *vim* lässt sich ebenso lokal installieren, ohne alle Superuser-Rechte. Die einzige Hürde hierbei könnten die Ressourcen sein, denn die »fetteste« Version von *vim* – inklusive Python- und Perl-Unterstützung – frisst ca. 10 MB Plattenplatz (davon etwa 4 MB für Hilfe, 3,2 MB für Syntaxdateien). Wenn das nun jeder Anwender für sich machen würde ... allerdings ist für den betrieblichen Alltag zu bedenken, dass 20 im PowerPoint-Format gemailte und abgespeicherte »Kurzmitteilungen« schon mehr Platz verbrauchen, auch bei Nutzern, die gewiss nie Editoren übersetzen und installieren werden ...

Was müssen Sie tun, um *vim* lokal unter ihrem Verzeichnis `$HOME` zu installieren?

- Erzeugen Sie sich am besten ein »`vim`-Verzeichnis«, z.B. `$HOME/vim`.
- Übersetzen Sie *vim* in einem anderen, leeren Verzeichnis, und geben Sie beim Start an:

```
./configure --prefix=$HOME/vim
```

Der Rest geschieht analog zum vorigen Abschnitt – nur dass Sie bei »`make install`« nicht mehr Superuser zu werden brauchen. Im Verzeichnis `$HOME/vim` entstehen drei Unterverzeichnisse: `bin`, `man` und `share`. Im ersten stehen die ausführbaren Dateien, im zweiten die Manualseiten und im dritten die Systemdateien (die Sie mittels `$VIM` finden).

Der so installierte Editor *vim* weiß, dass er unter `$HOME/vim` zu suchen hat, nicht aber die Shell und der *man*-Befehl. Sie müssen in `.profile` (oder was Sie sonst als Initialisierung für die Shell nutzen) noch die Variablen `PATH` und `MANPATH` modifizieren:

```
PATH=$HOME/vim/bin:$PATH
MANPATH=$HOME/vim/man:$MANPATH
```

(Wenn Sie `PATH` oder `MANPATH` explizit setzen, dann fügen Sie die neuen Verzeichnisse einfach an erster Stelle ein.) Es ist wichtig, dass in diesen Variablen die neuen Komponenten *vor* den System-Komponenten stehen, damit Sie auch wirklich Ihren neuen *vim* ausführen und bei »`man vim`« nicht die alte Manualseite angezeigt bekommen.

9.2.3 Übersetzen mit Extra-Features

Fast alles ist schon gesagt, doch nicht, wie Sonderwünsche befriedigt werden. Unter »`:help :version`« erfahren Sie, welche Features Sie während der Übersetzung aktivieren können. So erhalten Sie einen *vim* mit Unicode-Unterstützung, wenn Sie vor dem Kompilieren

```
./configure --enable-FEATURE=multi-byte
```

angeben. Diese Wirkung hätte auch der Schalter »`--with-features=big`«, allerdings aktiviert dieser gleich die Unterstützung für Arabisch mit, nebst einer maximalen Zahl unterstützter Terminals, verschiedenen Tastaturen, korrekten Behandlung von Dec- und Net-Term-Mäusen und so weiter ... vielleicht brauchen Sie das gar nicht?

Noch schlimmer, einige in diesem Buch beschriebene Extras sind nicht einmal in der umfangreichsten Standardvariante aktiviert, nämlich die **Python**- und die **Perl**-Unterstützung. »`./configure --help`« sagt Ihnen, dass dazu »`--enable-pythoninterp`« und »`--enable-perlinterp`« erforderlich sind. Für Perl reicht das, für Python jedoch nicht. Wer es nicht weiß, sucht lange danach. Für Python gibt es einige Hinweise zu beachten, die ich Ihnen nicht vorenthalten möchte:

- Das Python-Entwicklungspaket muss installiert werden (unter SuSE »`python-devel`«) ...
- ... und offenbar auch »`python-nothreads`«.
- Das Konfigurationsverzeichnis für Python ist anzugeben, in dem Headerdateien gesucht werden.
- Im gleichen Verzeichnis werden zusätzliche Bibliotheken gesucht. Das ist bei den Linker-Flags einzutragen.
- Schließlich muss noch die Thread-Bibliothek »`pthread`« hinzugelinkt werden.

Dieser Aufwand ist notwendig, weil Python in *vim* »eingebettet« wird, das heißt, der Interpreter arbeitet als Teil von *vim.* Allerdings kann man die genannten Hinweise nicht alle aus den README-Dateien, Hilfe-Ausschriften und dergleichen mehr extrahieren. Ich habe mir einen »Wrapper« um `configure` geschrieben, der so aussieht:

```
#!/bin/bash

UNIX=yes
SHELL=bash
CFLAGS=-O3 \
    LDFLAGS="-s -L/usr/lib/python2.5/config -lpthread" \
    ./configure --with-features=big --enable-pythoninterp \
    -with-python-config-dir=/usr/lib/python2.5/config \
    --enable-perlinterp --prefix=$HOME/vim \
```

Die letzte »`prefix`«-Anweisung bezieht sich auf die in 9.2.2 beschriebene lokale Installation und kann im Normalfall weggelassen werden. Der Schalter »`-s`« in `LDFLAGS` ist genaugenommen überflüssig, da »`make install`« das Binary stripped (das heißt, die Symboltabelle entfernt). Wenn Sie sich aber nur einen neuen Editor mit anderen Features erzeugen und ihn dann von Hand kopieren wollen, ist »`-s`« sinnvoll und bequem.

Auf der *vim*-Homepage finden Sie auch das Tutorial sowie die Menütexte in Deutsch. Diese müssen Sie ebenfalls von Hand in die richtigen Verzeichnisse bringen. Angesichts der englischsprachigen Hilfe und des Anwenderkreises vermute ich jedoch, dass sich das Interesse daran in Grenzen hält.

9.3 Lizenz

Details hierzu unter »`:help copying`«

vim ist Open Source, was allein nur besagen würde, dass der Quellcode von jedermann eingesehen werden kann. Die meiste freie Software steht unter der GPL (GNU General Public License). Die *vim*-Lizenz ist etwas anders, was durchaus positive Seiten hat (s.u.). Der *vim*-Autor BRAM MOOLENAAR bezeichnet sein Produkt als »**Charityware**« und nennt folgende GPL-kompatible Nutzungsbedingungen, deren genauen Wortlaut Sie unter »`:help copying`« nachlesen können:

- Sie dürfen unmodifizierte Kopien oder unmodifizierte Teile von *vim* ohne Einschränkung weiterverbreiten, sofern die *vim*-Lizenz beiliegt. Auch selbst erzeugte Binaries sowie eigene Skripte dürfen Sie beilegen.
- Sie können *vim* modifizieren und diese Version weiterverbreiten, wenn der unveränderte Lizenztext beiliegt und der »**Maintainer**« (derzeit Bram Moolenaar) die Änderungen erhält bzw. sie ihm auf Anfrage zugänglich gemacht werden.
- Die geänderte Version sollte ebenfalls unter dieser Lizenz stehen und dem »Maintainer« gesendet werden. Außerdem sollte ein entsprechender Vermerk in »`:version`« erscheinen.

Das ist eine sehr grobe Wiedergabe der Bestimmungen, doch sie will eigentlich nur einen Unterschied zu anderer freier Software ausdrücken: Es gibt einen »zentralen Punkt« (ähnlich wie bei Python), an dem alle Änderungen zusammenlaufen sollen und entschieden wird, was davon in das nächste Release einfließt und was nicht. Anwender sollten außerdem immer wissen, ob sie mit einer originalen oder einer geänderten Version arbeiten.

Die Existenz des Maintainers dämmt den Wildwuchs etwas ein, unter dem viele freie Software-Produkte leiden: Ständig werden neue Features implementiert, die schlecht zu anderen passen und zu völlig überladenen Produkten und Manualseiten führen, deren Studium Anwendern, für die das kein Hobby ist, kaum noch zugemutet werden kann (Z-Shell zsh: 18.000 Zeilen Beschreibung, Manualseite zur mutt-Konfiguration: knapp 4.000 Zeilen, Mailchiffrierung mit GnuPG: ca. 200 Optionen ...). Auch *vim* steht kurz vor der Schmerzgrenze, und BRAM MOOLENAAR ist längst mehr auf Fehlerbehebung bedacht als darauf, immer neue Extras einzubauen. Noch ist *vim* kein solches »Monster« wie *emacs*.

Charityware

Das Bemerkenswerte folgt auf der Hilfeseite unmittelbar nach der Lizenz: »Wenn Sie zufrieden mit *vim* sind, dann lesen Sie doch bitte weiter und überlegen Sie, ob Sie nicht den Waisenkindern in Uganda helfen wollen.« Konkret geht es dabei um das **Kinderzentrum Kibaale**, wo Kinder von AIDS-Opfern betreut werden. Diese Region hat eine der höchsten AIDS-Raten der Welt (Schätzungen sprechen von 10 bis 30%); etwa 60.000 Kinder (bei 350.000 Einwohnern) sind Halb- oder Vollwaisen. Bram hat selbst ein ganzes Jahr dort mitgeholfen und war danach bisher dreimal vor Ort. Das macht sein ungewöhnliches Ansinnen, freie Software mit einer humanitären Aktion zu verknüpfen, glaubwürdig. Überlegen Sie, ob finanzielle Hilfe auch für Sie eine Option ist – unter »`:help kcc`« finden Sie alle nötigen Informationen.

L Literatur

[ABKrypt] R. Wobst, Abenteuer Kryptologie, Addison-Wesley 2001, ISBN 3-8273-1815-7

[Beaz] D. M. Beazley, python referenz, Markt+Technik Verlag 2001, ISBN 3-8272-5959-2

[C++] B. Stroustrup, Die C++-Programmiersprache, 4. Auflage, Addison-Wesley Verlag 2000, ISBN 3-8272-1660-X

[GPL] `http://www.gnu.org/licenses/licenses.html`

[OpenPGP] `www.faqs.org/rfcs/rfc2440.html`

[OUA] S. Oualline, Vi IMproved - Vim, New Riders 2001, ISBN 0-7357-1001-5

[SchnF] B. Schneier, Beyond Fear, Copernicus Books 2003, ISBN 0-387-02620-7

[VIM] `www.vim.org`

[vimix] G. Glendown, Erweiterter Standard, iX 9/98, S.67

Stichwortverzeichnis

T

U

V

W

X

Z